U0578819

河南双创蓝皮书
BLUE BOOK OF MASS ENTREPRENEURSHIP AND
INNOVATION IN HENAN

河南创新创业发展报告
（2024）

ANNUAL REPORT ON INNOVATION AND ENTREPRENEURSHIP
DEVELOPMENT OF HENAN (2024)

双创赋能产业链提质增效

主　　编／喻新安　胡大白　杨保成
执行主编／于善甫　郭军峰　于广超
副 主 编／张志娟　刘晓慧　豆晓利　张　冰

社会科学文献出版社
SOCIAL SCIENCES ACADEMIC PRESS (CHINA)

图书在版编目（CIP）数据

河南创新创业发展报告 . 2024：双创赋能产业链提
质增效 / 喻新安，胡大白，杨保成主编 . --北京：社
会科学文献出版社，2024.3
（河南双创蓝皮书）
ISBN 978-7-5228-3397-2

Ⅰ.①河… Ⅱ.①喻… ②胡… ③杨… Ⅲ.①企业创
新-企业发展-研究报告-河南-2024 Ⅳ.
①F279.276.1

中国国家版本馆 CIP 数据核字（2024）第 051436 号

河南双创蓝皮书

河南创新创业发展报告（2024）
——双创赋能产业链提质增效

主　　编 / 喻新安　胡大白　杨保成
执行主编 / 于善甫　郭军峰　于广超
副 主 编 / 张志娟　刘晓慧　豆晓利　张　冰

出 版 人 / 冀祥德
组稿编辑 / 任文武
责任编辑 / 丁　凡
责任印制 / 王京美

出　　版 / 社会科学文献出版社·城市和绿色发展分社（010）59367143
　　　　　　地址：北京市北三环中路甲 29 号院华龙大厦　邮编：100029
　　　　　　网址：www.ssap.com.cn
发　　行 / 社会科学文献出版社（010）59367028
印　　装 / 天津千鹤文化传播有限公司

规　　格 / 开　本：787mm×1092mm　1/16
　　　　　　印　张：24.75　字　数：370 千字
版　　次 / 2024 年 3 月第 1 版　2024 年 3 月第 1 次印刷
书　　号 / ISBN 978-7-5228-3397-2
定　　价 / 128.00 元

读者服务电话：4008918866

河南创新创业发展报告（2024）
编　委　会

主要编撰者简介

喻新安 经济学博士，教授，研究员，河南省政协常委、学习和文史委副主任，河南省社会科学院原院长、首席研究员，河南省高校智库联盟理事长，河南中原创新发展研究院院长、河南新经济研究院首席专家、国家统计局"中国百名经济学家信心调查"特邀专家。享受国务院政府特殊津贴专家，曾获"河南省跨世纪学术带头人"、"河南省优秀专家"、"河南省杰出专业技术人才"、第二届（2012）"河南经济年度人物"称号。先后在河南省委党校、河南省社科联、河南省社会科学院工作。兼任河南省社科联副主席、中国区域经济学会副会长、中国工业经济学会副理事长，河南省"十五"至"十四五"规划专家委员会成员，第三、四届皮书学术评审委员会委员。主持国家级、省部级课题30余项；公开发表论文400余篇。出版著作30多部，获省部级社科特等奖、一等奖、二等奖20余项。

胡大白 黄河科技学院创办人、董事长，教授，中国当代教育名家，享受国务院政府特殊津贴专家。第十届全国人大代表，第九届河南省人大代表，河南省第七、八、九、十次党代会代表，曾任中国民办教育协会监事会主席、河南省民办教育协会会长，现任名誉会长。曾荣获"中国十大女杰""全国三八红旗手""60年60人中国教育成就奖""中国好人""中国好校长""世界大学女校长终身荣誉奖""河南省劳动模范""河南省道德模范""河南省优秀共产党员""改革开放40周年影响河南十大教育人物""新中国成立70周年河南省突出贡献教育人物"等荣誉称号。从事民办高校管理工作，致力于创新创业理论研究、民办高等教育理论研究等，担任《河南创新创业发展报告》主编、《河南民办教育发展报告》主编。出版著作 7 部，主持"民办高校实施内涵式发展的战略研究"等省部级以上课题十余项，发表论文 60 余篇，获第六届河南省发展研究奖一等奖、河南省哲学社会科学优秀成果二等奖等。

杨保成 黄河科技学院副院长、教授，北京大学化学专业硕士，美国康涅狄格大学化学专业博士、弗吉尼亚大学 MBA，美国特许金融分析师。兼任欧美同学会 2005 理事会理事，中国教育信息协会副理事长，河南省生物工程学会理事长，河南省高等学校专业管理服务中心常务副主任等。入选教育部"新世纪优秀人才支持计划"，省级重点实验室主任、省级国际联合主任、河南省高校工程技术研究中心主持人、河南省创新型科技团队负责人等。在国外知名期刊发表学术论文 240 余篇，被引用 6000 多次。完成国家自然科学基金、省部级以上项目十余项，获得包括河南省自然科学奖、科技进步奖、高等教育教学成果特等奖等高层次奖励 20 余项。出版专著、教材 8 部。

序

　　河南中原创新发展研究院对河南创新创业的研究已持续八年。第八部河南双创蓝皮书，以"双创赋能产业链提质增效"为主题，综合反映我们的研究成果。全书包括总报告、专题篇、产业篇、区域篇和探索篇五部分，力求全面、客观、真实地反映2023年以来河南以创新创业赋能产业链提质增效的总体态势，为扎实推进"7+28"链群建设，助力河南由制造业大省向先进制造业强省迈进提供理论和智力支持。

　　当前，国际环境错综复杂，不稳定性不确定性因素明显增加，逆全球化、单边主义、保护主义思潮暗流涌动，围绕科技制高点的争夺空前激烈，国际贸易摩擦加剧、逆全球化升温，全球创新链、产业链、供应链、人才链断链脱钩风险增加，我国产业受发达国家高端挤压和其他国家中低端抢占的态势有增无减。在此背景下，河南牢记习近平总书记"奋勇争先、更加出彩"的殷殷嘱托，始终坚持把创新摆在发展的逻辑起点、现代化建设的核心位置，实施以创新驱动、科教兴省、人才强省战略为首的"十大战略"，围绕全省新型工业化和重点产业链培育，系统部署创新资源。2023年河南出台了《加快构建现代化产业体系、着力培育重点产业链工作推进方案》《河南省建设制造强省三年行动计划（2023-2025年）》，提出聚力打造7大万亿级先进制造业集群、28个重点产业链，形成"7+28"链群建设的总体谋划，系统重塑了全省创新驱动和产业高质量发展格局。

　　2023年以来，河南加快推动产业链创新链有效融合，创新创业动能持续增强、生态持续向好、主体持续壮大、平台体系更加完备，引领产业链布局优化、聚链成群、提质增效。一是创新驱动格局重塑，引领产业链战略布局优化。用前瞻30年眼光系统思考创新驱动和产业发展的历史方位和未来方向，提出大力发展新基建、新技术、新材料、新装备、新产品、新业态，引领带动产业链提质增效，形成"7+28"链群建设的总体谋划，一体推进短板产业补链、优势产业延链、传统产业升链、新兴产业建链，逐链编制"四图谱六清单"和三年行动方案，系统重塑了全省创新驱动和产业高质量发展格局。二是创新创业动能持续增强，引领产业链创新链深度融合。以国家战略需求为导向，启动实施19项省重大科技专项、203项省重点研发专项，以关键核心技术突破带动产业创新发展和转型升级，为重点产业链培育提供了有力的科技支撑。三是创新创业生态持续向好，引领创新要素链式集聚。围绕全省7大先进制造业集群和28个重点产业链，不断深化产教融合科教融汇，强化技能培训量质齐升，优化创新创业政策支持。四是创新创业主体持续壮大，引领产业链群龙头作用彰显。通过强化创新型企业梯次培育、强化产业链链主创新投入、强化全周期科技金融服务，壮大产业链群科技创新主力军。五是创新创业平台体系更加完备，引领产业链加速发展。主动对接国家战略科技力量，建强实验室体系，形成由16家国家级重点实验室、50家国家级工程研究中心、93家国家级企业技术中心、16家省实验室等构成的科技创新大格局，为产业链群高质量发展提供源头创新。六是体制机制改革更加顺畅，引领产业链创新效能增进。围绕对接国家战略科技力量、产业创新发展、科技与金融融合、科技领域新基建布局、智慧岛建设等，切实发挥政策合力，增强产业技术创新持续供给能力。

河南由制造业大省向先进制造业强省迈进，做强重点产业链，需要在打造高质量创新链、高能级产业链、高富集资金链、高水平人才链、高品质服务链、高效能政策链等方面着力强化"六链"融合，以创新创业策源产业链提质增效。

一是建强高质量的创新链。通过高起点建设运行实验室体系、高水平建设科研机构和研究型大学、高质量推进产业绿色低碳转型，以创新创业策源产业链提质增效。二是建造高能级的产业链。通过加快发展新质生产力、加快优化产业生态、加快数字化转型，提升产业链创新创业虹吸效应。三是建成高富集的资金链。通过强化政府引导作用、构建适应创新创业规律的科技金融体系、规范发挥政府投资基金作用，推动创新创业与产业链深度融合。四是建立高水平的人才链。通过集聚国内外一流人才、加强高技能人才队伍建设、创新人才发展体制机制，强化创新创业赋能产业链支撑。五是建设高品质的服务链。通过培育一流创新创业服务体系、厚植一流创新创业文化、打造一流营商环境，优化创新创业赋能产业链生态。六是建构高效能的政策链。通过完善创新主体梯次培育支持机制、创设一流创新创业制度、健全创新创业政策动态调整机制，加强创新创业赋能产业链保障。

这部蓝皮书以"双创赋能产业链提质增效"为主题，围绕先进制造业集群建设、数字产业集群建设、先进装备产业链发展、新材料产业链发展、制造业补链延链强链、重点产业链提质增效、产业链绿色化水平提升等方面，力求从不同角度真实地反映 2023 年以来河南以创新创业赋能产业链提质增效的整体态势；提出河南以创新创业赋能产业链提质增效的对策建议，以期为做强重点产业链、建设现代化河南提供理论和实践依据。

河南中原创新发展研究院
喻新安
2024 年 1 月 12 日

摘　要

本书是第八部对河南省创新创业情况进行跟踪研究的年度蓝皮书，由黄河科技学院、河南中原创新发展研究院组织创研。该书以"双创赋能产业链提质增效"为主题，分为总报告、专题篇、产业篇、区域篇和探索篇，力求从不同的角度反映 2023 年以来河南双创赋能产业链提质增效的做法和成效，为扎实推进现代化河南建设，助力河南从制造业大省向先进制造业强省迈进提供有力的理论和智力支持。

本书共分五个部分，结构如下。

第一部分，总报告。该部分由两个分报告组成。《河南省创新创业赋能产业链提质增效的态势与展望》，在对河南省创新创业赋能产业链提质增效的总体态势进行深入分析的基础上，提出了 2024 年创新创业赋能河南省产业链提质增效的前景展望和对策建议。《河南省城市创新能力评价报告（2024）》，从创新投入、创新产出、企业创新、创新环境和创新绩效五个方面入手开展实证分析，对河南省 18 个省辖市（示范区）（以下简称 18 个城市）的创新能力进行评价，得出河南省 18 个城市的创新能力评价得分和排名。

第二部分，专题篇。该部分基于河南省创新发展实际，围绕先进制造业集群建设、产业链与创新链深度融合发展、"专精特新"企业在产业链重构重塑中的作用、数字化驱动产业链竞争优势提升、数字产业集群建设、双招双引推动产业链高质量发展等主题，对河南省双创赋能产业链提质增效情况开展系统研究，并提出了相应的对策和建议。

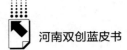

第三部分，产业篇。该部分紧密结合河南省 28 个重点产业链行动方案的新要求，选取先进装备、新材料、新能源汽车、纺织服装、冷链食品等五大重点产业链，对其产业链的发展现状、存在的问题进行深入分析，旨在全面推动河南省传统产业转型升级、新兴产业培育壮大，助力河南制造业高质量发展迈出坚实步伐。

第四部分，区域篇。该部分以郑州、洛阳、新乡、南阳、许昌、平顶山等地市为研究对象，对各地的产业链发展情况进行梳理总结，提出郑州都市圈产业链和创新链融合发展、洛阳制造业补链延链强链、新乡重点产业链提质增效、南阳先进制造业高质量发展、许昌营商环境优化带动产业链提升、平顶山推进绿色食品产业高质量发展的相关思考和建议。

第五部分，探索篇。该部分以人工智能大模型赋能河南产业数智化转型、河南省产业链绿色化水平提升、产业分类统计赋能河南省产业链提升、河南先进制造业与现代服务业融合发展、产业链提质增效视角下企业行政合规、河南农业碳汇产品价值实现的路径等方面作为切入点，展现了河南省在双创赋能产业链提质增效过程中的实践探索，同时也分析了各自存在的问题和难点，并有针对性地提出了对策和建议，以期为河南省现代产业链的高质量发展提供参考和借鉴。

关键词： 创新创业　产业链　产业集群　提质增效　现代化河南

目 录 ⟅⟆

Ⅰ 总报告

Ⅱ 专题篇

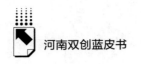

Ⅲ 产业篇

Ⅳ 区域篇

Ⅴ 探索篇

皮书数据库阅读**使用指南**

总 报 告

B.1

河南省创新创业赋能产业链
提质增效的态势与展望

河南中原创新发展研究院课题组 *

摘　要： 近年来，河南坚持把创新摆在发展的逻辑起点、现代化建设的核心位置，围绕全省新型工业化和重点产业链培育，系统部署创新资源，加快创新驱动格局重塑，创新创业动能持续增强、生态持续向好、主体持续壮大、平台体系更加完备，并引领产业链布局优化、聚链成群、提质增效；但同时，河南创新策源能力亟待提升，重点产业链掌控能力不强，科研供给端与产业需求端"同频共振"不足，跨区域产业和创新协同不够，创新创业制约要素仍然存在。2024 年，河南创新创业既面临新一轮科技革命和产业变革持续深化、新发展格局构建深度展开等战略机遇，也面临全球创新链产

---

* 课题组组长：喻新安，博士，教授，中国区域经济学会副会长、河南中原创新发展研究院院长，研究方向为区域经济、产业经济。课题组成员：于善甫，河南中原创新发展研究院副院长，教授，研究方向为区域经济、创新创业；郭军峰，河南中原创新发展研究院教授，研究方向为产业发展、国际贸易；张志娟，河南中原创新发展研究院教授，研究方向为区域经济、产业创新。

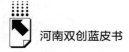

业链供应链人才链断链脱钩风险增加、国内区域竞争更趋激烈等严峻挑战，但有利因素也在逐步累积，创新驱动和"7+28"链群建设等布局效应逐渐显现，创新创业活力持续迸发，产业"建圈强链"能级持续提升，创新创业赋能产业链效应持续彰显，创新生态和产业生态持续优化。河南要乘势而上，强弱项、补短板、锻长板，以科技创新引领现代化产业体系建设，加快发展新质生产力，着力打造高质量创新链、高能级产业链、高富集资金链、高水平人才链、高品质服务链、高效能政策链，强化"六链"融合，以创新创业策源产业链提质增效。

关键词： 创新创业　产业链　提质增效

一　河南省创新创业赋能产业链提质增效的总体态势

近年来，河南坚持把创新摆在发展的逻辑起点、现代化建设的核心位置，围绕全省新型工业化和重点产业链培育，系统部署创新资源，推动产业链创新链有效融合，加快创新驱动格局重塑，创新创业动能持续增强、生态持续向好、主体持续壮大、平台体系更加完备，创新发展成为现代化河南建设最显著的标识，并引领产业链布局优化、聚链成群、提质增效。

（一）主要成效

1. 创新驱动格局重塑，引领产业链战略布局优化

近年来，河南牢记习近平总书记"奋勇争先、更加出彩"的殷殷嘱托，坚持把创新摆在发展的逻辑起点、现代化建设的核心位置，实施以创新驱动、科教兴省、人才强省战略为首的"十大战略"，推动创新驱动格局重塑，并引领产业链战略布局优化。一是加强前瞻性思考。站在历史维度深入解析国内外创新驱动和产业链的演进历程，用前瞻30年眼光系统思考创新驱动和产业发展的历史方位和未来方向，提出大力发展新基建、新技术、新

材料、新装备、新产品、新业态，引领带动产业链提质增效。二是加强全局性谋划。基于现有产业基础和发展优势，对标创新驱动和制造强国战略，2023 年河南出台了《加快构建现代化产业体系、着力培育重点产业链工作推进方案》和《河南省建设制造强省三年行动计划（2023–2025 年）》，提出聚力打造 7 大万亿级先进制造业集群（以下简称"7 大先进制造业集群"）、28 个重点产业链，形成"7+28"链群建设的总体谋划（见表 1），系统重塑了全省创新驱动和产业高质量发展格局。三是加强战略性布局。成立了省科技创新委员会，高密度渐进式研究科技创新重大事项，着力构建中原科技城、中原医学科学城、中原农谷"两城一谷"三足鼎立科技创新大格局。打造国家创新高地的核心支点。一体推动省科学院与中原科技城、国家技术转移郑州中心"三合一"融合发展，依托省科学院创新平台建设研发实体 39 家，研发实体总数居全国首位；引进上海交通大学、北京理工大学等一批一流大学在中原科技城设立郑州研究院，中原科技城的研发实力在全国 279 个科技城中排名第 31。市场化运营国家技术转移郑州中心，河南省技术交易市场、国家技术转移郑州中心洛阳分中心、周口分中心相继揭牌。加快建设中原医学科学城、生物医药大健康产业集群，河南 5 位院士受聘首席科学家，首批 10 个研究所入驻，河南形成"一院一城一产业集群、医教研产资五位一体"融合发展格局。高位布局推动"中原农谷"建设，核心区入驻省级以上科研平台 27 家，国家生物育种产业创新中心一期建成投用，神农种业实验室正式入驻，中原农谷立法工作有序推进，推动全省种业科研资源集中布局。四是加强整体性推进。结合"7+28"链群建设，每个产业链由 1 名省级领导担任链长，以 1 个省直部门为责任单位，以 1 个盟会长单位为重点依托，按照党政机关、重点企业、专家学者"三三制"共同参与原则，一体推进短板产业补链、优势产业延链、传统产业升链、新兴产业建链，逐链编制"四图谱六清单"和三年行动方案。2023 年 10～11 月，七大产业联盟相继成立，28 个重点产业链组成专班逐链召开推进会议，市场主体快速响应和融入重点产业链建设。

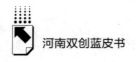

表1 "7+28" 链群建设

产业集群	重点产业链	产业集群	重点产业链
新型材料	超硬材料	先进装备	新型电力（新能源）装备
	尼龙新材料		先进工程机械
	先进铝基材料		先进农机装备
	先进铜基材料		机器人和数控机床
	先进合金材料		航空航天及卫星应用
	化工新材料		节能环保装备
	先进钢铁材料	现代医药	生物医药
	绿色建筑材料		高端医疗器械及卫材
	绿色建筑	现代食品	休闲食品
新能源汽车	新能源汽车		冷链食品
电子信息	新型显示和智能终端		预制菜
	智能传感器和半导体		酒饮品
	光电	现代轻纺	纺织服装
	先进计算		现代家居

资料来源：根据公开资料整理。

2. 创新创业动能持续增强，引领产业链创新链深度融合

河南省以国家战略需求为导向，聚焦全省7大先进制造业集群和28个重点产业链，围绕重点产业链培育，加快构建高效能协同创新体系，加强产业链创新链深度融合，完善省关键核心技术攻关的体制机制，启动实施19项省重大科技专项、203项省重点研发专项，以关键核心技术突破带动产业创新发展和转型升级，为重点产业链培育提供有力的科技支撑。如宇通公司突破了高效高密度电机系统、高集成度动力传动系统等5项关键技术难题，为我国电动商用车的大批量推广提供强有力的保障；中船重工七二五所突破了焊接工艺工程化应用难题，高品质冷轧钛带卷产品实现了国产化替代，带动全省钛产业上下游整体协同发展。截至2023年10月底，全省技术合同成交额达到1018亿元，同比增长22%。根据国家统计局、科技部、财政部2023年9月发布的统计公报，全省2022年研发经费支出达到1143.26亿元，增速12.2%，连续7年增速超10%，创新发展已全面起势，正成为现代化河南建设最显著的标识。2023 年 1~9 月，全省规上工业增加值增长 4.0%，工业用电量增长 1.23%，工业投资增长 7.7%，其中，五大主导产业、战略性新兴产业、高技术制造业增加值同比分别增长 9.3%、9.9%、10.8%，分别高于规上工业增加值增速 2.5 个、3.1 个、4 个百分点，从而助推全省工业经济稳中向好、稳中有进、稳中提质、稳中蓄势。

3. 创新创业生态持续向好，引领创新要素链式集聚

一是深化产教融合科教融汇。抢抓高层次科研平台重组重建机遇，深度嵌入国家战略科技力量体系，郑州大学牵头建设全省首个重大科技基础设施——超短超强激光平台（"中原之光"），河南农业大学获批建设国家 P3 实验室，河南师范大学牵头获批建设抗病毒性传染病创新药物全国重点实验室；全省高校积极参与规上企业研发活动，已与企业共建研发中心 1503 家，实现了优势产业、支柱产业、战略性新兴产业全覆盖。深化现代职业教育体系建设改革，围绕全省 7 大先进制造业集群和 28 个重点产业链，明确了 35 个急需紧缺专业，扎实推进技工院校产教融合，由产业链盟会长单位与省内外"双一流"高校、职业学校共同牵头，组建一批行业产教融合共同体，着力打造河南职教品牌。按照"一市一案"原则，以产业园区为基础，汇聚区域性产教资源，组建 16 个市域产教联合体，为区域发展提供人才培养、技术咨询与创新服务。全省超过 1 万家企业参与举办职业教育，重点培育了 232 家省级产教融合型企业，成立了 20 个实体化运作的省级骨干职教集团，形成了专业共建、人才共育、资源共享、技术共研的校企合作新局面。二是强化技能培训量质齐升。高质量推进"人人持证、技能河南"建设，将"人人持证、技能河南"建设放在全省经济社会发展优先位置，作为全省十大民生实事之首，推动建立学历证书与职业技能等级证书相融通的人才培养模式，实现技能人才质的提升与量的增长有机统一。2023 年 1~10 月，全省开展职业技能培训 361.72 万人次，技能人才总量达到 1720.29 万人。面向"一县一省级开发区"，建设了 200 个工匠实验室，以"校中厂""厂中校"的方式建设了 50 个产教融合实训基地，将新技术、新工艺、新标准引入教学中，提升了人才培养的先进性和适应性。三是优化创新创业政策支持。聚焦创业

带动，持续完善创业培训、创业担保贷款、创业孵化、创业服务"四位一体"扶持体系，推进豫商豫才返乡创业，营造创业带动就业良好环境，2023 年 1 ~ 9 月，全省新增返乡创业人员 17.7 万人。着力打造优质人才生态，加强技能人才、优秀青年专业技术人才、基层专业技术人才队伍建设，放权赋能激发事业单位活力，开辟民营企业职工、新型职业农民等方面人才职称申报渠道。

4. 创新创业主体持续壮大，引领产业链群龙头作用彰显

加快企业创新主体培育，壮大产业链群科技创新主力军。一是强化创新型企业梯次培育。高质量推进规上工业企业研发活动全覆盖，加快推动从"有形覆盖"向"有效覆盖"转变，加强企业主导的产学研深度融合，加快遴选创新龙头企业，大力推进创新联合体建设，打造创新型企业梯次培育体系，企业创新主体地位进一步增强。截至 2023 年 10 月，全省规上工业企业研发活动"四有"（有研发机构、有研发人员、有研发经费、有产学研合作）覆盖率达 56.19%；依托龙头企业建设 28 家创新联合体，培育创新龙头企业 116 家，"瞪羚"企业达 454 家，国家科技型中小企业备案入库 2.6 万家，总数位居全国第 6，形成企业创新发展雁阵式格局。二是强化产业链链主创新投入。大力培育高新技术企业和科技型中小企业，探索围绕产业链支持企业发展新模式，大型企业创新投入实力增强、力度加大。全省百强企业入围门槛、整体实力尤其是研发投入能力等持续提升，研发投入总额从 2018 年的 229.46 亿元增长至 2023 年的 435.27 亿元（见表 2），年均增长 13.7%，尤其是近两年连续保持两位数的增速，有 11 家企业研发投入增长率超过 100%。2023 年河南能源集团研发经费投入约 24 亿元，累计建成国家级技术中心、院士工作站等研发平台 65 家，获批科技型企业 49 家。① 三是强化全周期科技金融服务。推进政策性科创金融，加大对种子期、初创期科技企业金融支持力度，为"高精尖缺"企业提供量身定制的解决方案。截至 2023 年 10 月，全省"科技贷"累计支持科技型企业 2604 家（次）、

---

① 胡舒彤：《2023 河南企业 100 强榜单观察 何为大企业之"大"》，《河南日报》2023 年 10 月 28 日。

150.89 亿元，"专精特新贷"累计支持专精特新企业 848 家（次）、83.8 亿元，金融支持科技创新力度显著提升。

表 2　2018~2023 年河南 100 强企业主要经济指标变化情况

单位：亿元，家

经济指标	2018 年	2019 年	2020 年	2021 年	2022 年	2023 年
入围门槛	14.44	17.29	26.73	42.68	52.99	50.30
营业收入	14261.91	15507.05	18578.16	22168.24	25289.16	27166.75
利润总额	556.18	666.34	811.14	1205.14	1253.03	—
纳税总额	582.39	695.31	730.06	696.84	831.64	1019.4
研发投入	229.46	278.22	294.99	318.25	387.21	435.27
百亿级企业数量	35	38	42	53	60	66

资料来源：根据历年河南企业联合会、河南省企业家协会发布的河南企业 100 强数据整理。

5. 创新创业平台体系更加完备，引领产业链加速发展

着力打造高能级创新平台体系，为产业链群高质量发展提供源头创新。一是建强实验室体系。主动对接国家战略科技力量，推动嵩山、神农种业、龙子湖新能源等省实验室进入国家实验室基地或全国重点实验室行列。持续推进省实验室体系建设，完善省实验室管理体制，建设一批研究基地、中试基地和成果转化基地，加快推动科研成果向现实生产力转化。进一步优化省创新平台体系，加快省级重点实验室优化重组，建设一批产业技术创新中心、新型研发机构，不断增强各类创新平台对高端要素的聚合力。创新平台体系进一步完善，5 家工程研究中心被纳入国家新的管理序列，新增 9 家国家级企业技术中心，国家级创新平台达到 171 家，重组入列全国重点实验室 13 家，建设省实验室 16 家、中试基地 36 家，形成由 16 家国家级重点实验室、50 家国家级工程研究中心、93 家国家级企业技术中心、16 家省实验室等构成的科技创新大格局。二是建强研究院体系。深入落实省委、省政府《建设一流大学（科研机构）郑州研究院实施方案》，协调推进一流大学郑州研究院建设。2023 年，哈工大郑州研究院落地运行，已经产生一些成果，北京理工大学、上海交通大学等一流大学的郑州研究院建设已完成签约揭

007

牌，北京大学、武汉大学已经明确表示将设立郑州研究院，建设产业研究院40家。注重增强高校科技创新服务能力，对接区域产业需求，面向新一轮科技革命、产业变革和未来产业谋篇布局，2023年全省立项建设35所重点现代产业学院和54个特色行业学院，全省高校牵头或深度参与16家河南省实验室建设，目前全省高校拥有国家级科研平台37个，省部级科研平台近1000个。河南师范大学联合郑州大学、河南大学获批建设的抗病毒性传染病创新药物全国重点实验室，成为全省高校牵头建设的第一个学科类全国重点实验室。三是建强智慧岛体系。根据《加快推进智慧岛建设实施方案》，到2025年全省要建成30个以上智慧岛。2021年10月，全省首个智慧岛中原龙子湖智慧岛揭牌；2023年1月，首批15个标准化智慧岛公布；11月，第二批8个智慧岛公布，全省智慧岛总量增至24个，实现省辖市、济源示范区、航空港区全覆盖（见表3）。在专业化运营团队、新型研发机构、创新创业人才、科技型企业进驻和基金机构支持等方面已初步打造创新生态小气候，成为集聚各类高端要素资源、策源创新创业和创新发展、具有一定国内影响力和富有河南特色的科创品牌。

表3　全省已公布智慧岛名单

批次	名　单
首个	中原龙子湖智慧岛
第一批	郑州高新智慧岛、郑州金科智慧岛、开封智慧岛、洛阳周山智慧岛、安阳智慧岛、鹤壁智慧岛、新乡智慧岛、焦作智慧岛、濮阳智慧岛、许昌智慧岛、漯河智慧岛、三门峡智慧岛、南阳智慧岛、驻马店智慧岛、航空港区智慧岛
第二批	郑州经开智慧岛、洛阳伊滨智慧岛、平顶山智慧岛、许昌魏都智慧岛、商丘智慧岛、信阳智慧岛、周口智慧岛、济源智慧岛

资料来源：河南省政府办公厅公布的全省智慧岛名单。

6. 体制机制改革更加顺畅，引领产业链创新效能增进

着力优化促进关键核心技术攻关和产业创新发展的体制机制，增强产业技术创新持续供给能力。一是深化创新发展综合配套改革。加快推进科研院所重塑性改革，河南省社会科学院、河南省地质研究院、河南省文物考古研

究院与河南省科学院、河南省农科院、河南省医学科学院共同形成"3+3"科研院所发展格局。在全省推行由省市县三级科技管理部门组成的科技服务综合体,充分征集各类创新主体科技创新需求,提供精准高效科技服务。完善创新项目"征集、入库、出库"制度,设立重大项目库,改变一次性遴选方式,建立月审核、月论证、季论证、随机论证相结合的项目遴选机制。二是深化财政服务科技创新改革。围绕对接国家战略科技力量、产业创新发展、科技与金融融合、科技领域新基建布局、智慧岛建设等 10 个方面,研究提出 34 条财政支持政策,切实发挥政策合力。出台科创资金保障和管理办法,明确了科创资金的决策流程,进一步保障资金使用的安全高效和重大科创项目的顺利实施。推行科研领域"放管服"改革,先后实施科研经费"包干制"、"直通车"、顶尖领衔科学家负责制等试点改革,积极探索重大项目专员制和科技攻关委托制;在省科学院、省实验室等新型研发机构试点实施以信任和绩效为核心的科研经费管理改革,推行"放权限、四自主",减轻科研人员负担,给科研人员"激励""松绑",着力营造尊重创新创造的浓厚氛围。三是深化涉企资金基金化改革。在 2015 年实施涉企资金基金化改革的基础上,引入市场化运作模式,实现"直接变间接、无偿变有偿、资金变基金",基金管理制度体系不断优化,财政资金引导放大作用明显,有力地支持了产业转型升级和创新发展。截至 2023 年 10 月底,全省共设立 22 只省级政府投资基金,累计到位规模891.94 亿元,其中省级财政到位 155.31 亿元,财政资金带动效应显著;累计投资项目 1069 个、569.76 亿元。特别是在支持重点产业链方面,设立专项子基金精准支持,省级政府投资基金对 7 大产业集群、28 个重点产业链实现了投资全覆盖,共投资项目 913 个、投资金额 481.75 亿元。其中:支持新型材料产业集群项目 152 个、83.7 亿元;支持新能源汽车产业集群项目 61 个、33.52 亿元;支持电子信息产业集群项目 281 个、231.5亿元;支持先进装备产业集群项目 160 个、44.84 亿元;支持现代医药产业集群项目 108 个、29.56 亿元;支持现代食品产业集群项目 187 个、69.16 亿元;支持现代轻纺产业集群项目 32 个、9.94 亿元。

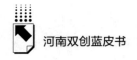

（二）主要问题

1. 创新策源能力亟待提升

基础研究水平与原创性成果是检验一个国家或地区科技水平的重要指标，创新策源能力是对基础研究能力以及其牵引的应用研究和产业开发研究水平的整体反映，河南在创新策源能力上亟待提升。一是科技创新投入与经济大省地位不匹配。河南作为全国重要的经济大省，2022年全省生产总值61345.05亿元，位居全国第5，但研发经费和投入强度分别只有1143.26亿元、1.86%，投入强度远低于2.44%的全国平均水平，研发经费投入不足，难以适应区域竞争正在由投资驱动向创新驱动转变的形势，难以支撑全省经济体量与实现后发赶超。二是原始创新能力依然薄弱。其主要表现为重大原创性成果缺乏、顶尖基础研究人才和团队较少等。据《中国区域创新能力评价报告2023》[①]，在2023年全国区域创新能力排名中，河南位居第13，创新能力指数仅为26.39，低于周边的山东（第6）、安徽（第7）、湖北（第8）、陕西（第11）（见图1）。三是创新能力提升面临多重制约。一方面，学科界限明显、组织化程度低、协同攻关能力弱；另一方面，"轻基础""重应用"的倾向仍然存在，人才评价、项目评审、机构评估等方面仍需"破五唯"（唯论文、唯帽子、唯职称、唯学历、唯奖项），众多基于量化指标的评价体系，使得跨校合作受限于成果评价与转化的实际利益分割，难以形成攻克关键核心技术的"撒手锏"。

2. 重点产业链掌控能力不强

河南产业发展规模庞大、门类齐全、基础坚实，但受限于部分产业链尚不完整、自主创新能力不足等因素，部分重点产业链面临掌控能力不强等问题。特别是，高层次创新平台、重大科技基础设施较少，各类国家级创新平台只有171家，与位居全国第五的产业发展规模不匹配，难以集聚高端创新要素，使得产业链创新链对接不紧密，科技创新整体实力不强、引领带动和

---

① 《中国区域创新能力评价报告》由中国科技发展战略研究小组联合中国科学院大学中国创新创业管理研究中心编写，已连续发布23年，是国内权威的区域发展评价报告。

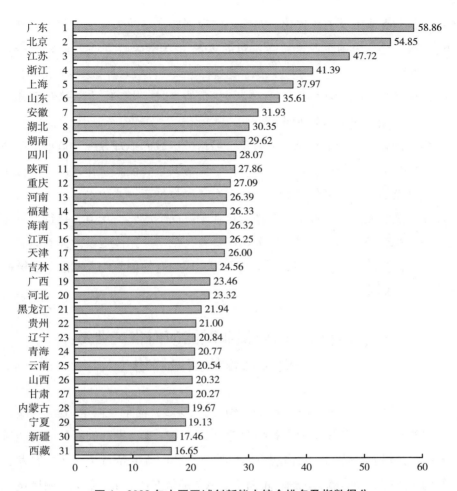

图1　2023年中国区域创新能力综合排名及指数得分

资料来源：《中国区域创新能力评价报告2023》。

产业链掌控能力不足，不仅导致各环节的供应链脆弱，也影响核心产业链竞争力和自主可控能力。

3. 科研供给端与产业需求端"同频共振"不足

科研成果转化链条上的各主体，有些还囿于科研院校与产业方的不同话语体系，对自身需求与合作模式在认知上比较模糊，尚未围绕科创中心建设要求，对学术研究、应用研究、应用技术、应用技能等创新资源配置和发展

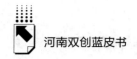

布局进行分类施策及整体优化，尤其是作为创新富集的头部企业偏少。据中国企业联合会、中国企业家协会发布的 2023 中国战略性新兴产业领军企业 100 强名单，河南没有一家企业入围，这些都导致其各项创新要素没有得到精准链接，从而难以形成科研供给端与产业需求端的"同频共振"，错失转化良机。

4. 跨区域产业和创新协同不够

当今的科技创新活动早已突破单个城市或区域的地理界线，呈现出区域创新一体化的显著特征，推进成果共用、资源共享和创新合作，深化跨区域产业和创新协同成为必然趋势。但作为衡量科技创新一体化水平标志的产业一体化进展缓慢，跨区域协同创新的产业集群尚不成熟，支撑科技创新一体化发展的配套环境仍不完善，服务跨区域科技创新共同体建设的体制机制仍不健全，使得跨区域产业和创新协同不够，成为制约创新创业赋能产业链提质增效的重要障碍。

二 2024年创新创业赋能河南省产业链提质增效的前景展望

当前，河南正处于加快中国式现代化河南实践、锚定"两个确保"、实施"十大战略"、奋勇争先更加出彩的关键时期。2024 年，推动创新创业赋能河南省产业链提质增效，既面临新一轮科技革命和产业变革持续深化、新发展格局构建深度展开等战略机遇，也面临全球创新链产业链供应链人才链断链脱钩风险增加、产业自主可控和科技自立自强难度加大、国内区域竞争更趋激烈等严峻挑战，但有利因素也在逐步累积，创新驱动和"7+28"链群建设等布局效应逐渐显现，创新创业活力持续迸发，产业"建圈强链"能级持续提升，创新创业赋能产业链效应持续彰显，创新生态和产业生态持续优化。

（一）新使命新要求

1. 中国式现代化河南实践的时代使命

中国式现代化是全面推进现代化强国建设、实现中华民族伟大复兴的康庄大道。2023 年 12 月召开的中央经济工作会议强调，"必须把推进中国式现代化作为最大的政治"。河南作为中国的缩影，是典型的人口大省、经济大省、农业大省、文化大省，在全国发展大局中具有重要地位，河南的现代化关乎全国现代化全局，因此，推进中国式现代化河南实践，关乎在服务全国大局中实现自身发展。为此，必须突出抓好以科技创新引领现代化产业体系建设，加快传统产业提质发展、新兴产业培育壮大、未来产业抢滩占先，跑出高质量发展加速度。

2. "两个确保"的目标引领

2021 年 9 月召开的省委工作会议，在科学把握现代化发展规律和目标任务的基础上，提出了"两个确保"（确保高质量建设现代化河南，确保高水平实现现代化河南）的奋斗目标，以及全面实施创新驱动、科教兴省、人才强省战略，实施优势再造战略，实施数字化转型战略，实施换道领跑战略等十大战略，这是贯彻党的十九大关于第二个百年奋斗目标两个阶段战略安排的河南实践，完全契合党的二十大关于现代化建设的总体安排，为今后河南高质量发展和现代化建设指明了方向、提供了路径。科技创新将为现代化建设提供强大内生动力，河南将创新驱动、科教兴省、人才强省战略排在"十大战略"的首位，旨在"创新发展全面起势"。2023 年 1 月召开的河南省科技工作会议明确提出了全年的各项创新目标，对争创国家区域科技创新中心、建设国家创新高地和重要人才中心进行再部署。随着 16 个省级实验室的揭牌运行、"7+28"链群建设的系统推进，"两个确保"将继续引领全省创新创业赋能产业链提质增效。

3. 勇挑重担、奋勇争先、更加出彩

经济大省作为经济的"顶梁柱"和"压舱石"，关系全国经济高质量发展大局。2022 年 7 月中央政治局会议首次提出"经济大省要勇挑大梁"，2023 年 12 月中央经济工作会议再次强调"经济大省要真正挑起大梁，为稳定全国经济做出更大贡献"，这是中央对经济大省的要求和期待。河南作为经济大省，"勇挑大梁"既是稳定全国经济大盘的需要，也是自身"奋勇争先、更加出彩"的需要。要"勇挑大梁"，既包括经济规模的要求，也包括

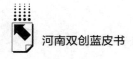

经济质量的要求，特别是强化创新驱动，以创新创业赋能产业链提质增效，这是"真正挑起大梁"的战略支撑。

4. 产业链供应链安全的现实要求

2023年12月召开的中央经济工作会议强调，要"统筹高质量发展和高水平安全"，"坚持高质量发展和高水平安全良性互动，以高质量发展促进高水平安全，以高水平安全保障高质量发展，发展和安全要动态平衡、相得益彰"。而在国家安全体系和安全能力建设中，重要产业链供应链安全是重要组成部分，特别是在世界百年变局加速演进、国际环境发生深刻变化的背景下，以科技创新推动产业创新，发展新质生产力，提升产业链供应链韧性和安全可控水平，是创新创业赋能产业链提质增效的本质需要和现实要求。

（二）新时期新机遇

1. 新一轮科技革命和产业变革持续深化

当今科技日新月异，各类新技术、新理念层出不穷，科技和产业变革正成为推动世界发展的重要力量，谁走好了科技创新这步先手棋，谁就能抢占发展先机、赢得创新优势。随着新一轮科技革命深入推进，科技地缘格局将显现高度复杂性和不确定性，一些率先掌握颠覆性技术的中小国家或企业同样可能获得竞争优势。2022年11月，美国Cerebras发布了Andromeda超级计算机，专门针对深度学习应用进行了优化，算力水平是目前最强超算Frontier的1.6倍。2023年3月，硅谷AI芯片公司Cerebras Systems发布7款类似于GPT的大语言模型。同时，随着数字经济成为国际竞争的重要领域，推动数字化转型将为创新创业赋能产业链提质增效带来更多可能。

2. 新发展格局构建深度展开

打造内陆开放高地是畅通两个循环，统筹国内国际两个市场、两种资源的重大战略举措，郑州航空港经济综合实验区是河南省制度型开放的基础平台，是河南链接国内国际双循环的核心窗口，近年来取得的建设实践经验和成绩，为河南加速外循环提供了无限空间。在新发展格局下，内需潜力将成为决定区域竞争力的核心因素，产业链将会加速调整重构，新产业新动能将迎来爆发式增长，新发展格局的形成和构建为河南加快建设现代化经济体系、在新一轮区域竞争中抢占先机带来了难得的发展机遇。

3. 强化创新驱动和制造强国制造、强省建设

党的十八大以来，党中央坚持把科技创新摆在国家发展全局的核心位置，强化国家战略科技力量已成为我国推动科技创新体系建设的重要部分。强化国家战略科技力量是科技领域面向"十四五"和2035年远景目标的最重要任务之一，旨在整合优化科技资源配置，培育壮大支撑国家中长期发展和参与国际竞争的重要力量。同时，党的十九大和二十大均强调建设制造强国，推进新型工业化，建设现代化产业体系。这为河南推动创新要素集聚提供了重大政策机遇，尤其是7大先进制造业集群28个重点产业链的战略布局正在实施，将为河南创新创业赋能产业链提质增效、加快建设制造强省提供新的机遇。

4. 国家战略叠加红利持续释放

近年来，一系列国家战略平台落地河南，特别是郑洛新国家自主创新示范区、国家大数据（河南）综合试验区、郑州国家新一代人工智能创新发展试验区等直接推动创新创业的国家战略，将为进一步强化创新驱动提供新动能；而诸如郑州国家中心城市、郑州都市圈等综合性战略平台，以及郑州航空港经济综合实验区等专题性战略平台，将为创新创业赋能产业链提质增效提供产城融合、"一带一路"等市场空间和战略通道（见表4）。随着国家战略的深入实施，其叠加红利将进一步释放为创新创业赋能产业链提质增效的现实生产力。

表4 河南获批的主要国家战略平台

序号	国家战略规划或平台	获批时间
1	粮食生产核心区	2009年8月
2	中原经济区	2012年11月
3	郑州航空港经济综合实验区	2013年3月
4	中国（郑州）跨境电子商务综合试验区	2016年1月12日
5	郑洛新国家自主创新示范区	2016年4月5日
6	中国（河南）自由贸易试验区	2016年8月31日

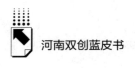
序号	国家战略规划或平台	获批时间
7	国家大数据(河南)综合试验区	2016 年 10 月 8 日
8	郑州国家中心城市	2016 年 12 月 20 日
9	促进中部地区崛起"十三五"规划	2016 年 12 月 20 日
10	中原城市群	2016 年 12 月 28 日
11	郑州国家新一代人工智能创新发展试验区	2021 年 11 月 13 日
12	郑州都市圈	2023 年 10 月

资料来源：根据公开资料整理。

（三）新挑战新考验

1. 全球创新链产业链供应链人才链断链脱钩风险增加

当前，科技创新已成为国际战略博弈的主要目标，以科技创新为核心的大国竞争正在重构全球创新版图，科技创新在全球治理中的重要性不断提升。一方面，"十四五"时期有望产生新的重大科学理论，产生颠覆性技术；另一方面，国际环境错综复杂，不稳定性不确定性因素明显增加，逆全球化、单边主义、保护主义思潮暗流涌动，围绕科技制高点的争夺空前激烈，国际贸易摩擦加剧、逆全球化升温，全球创新链、产业链、供应链、人才链断链脱钩风险增加，产业受发达国家高端挤压和其他国家中低端抢占的态势有增无减，加大了河南以创新创业赋能产业链提质增效的难度。

2. 产业自主可控和科技自立自强难度加大

在当前新一代科技革命和产业变革突飞猛进、大国地缘科技博弈加剧的背景下，实现产业自主可控、科技自立自强的重要性再一次凸显。从一些重要科技产出和创新实力指标看，我国已成为名副其实的全球科技大国和创新大国，但与世界领先的科技强国和全球创新中心相比仍有明显差距。而且，我国科技创新正在从追赶型发展模式向引领型发展模式转变，但这种转变不是自然而然就能顺利实现的，它是系统性的能级跃迁，必须依靠制度创新和科技创新"双轮驱动"加速这种转型。在全球政治经济格局发生深刻调整的今天以及未来较长一段时期内，科技创新将成为我国有效应对和化解重大风险挑战、维护国家战略利益的根本。但在诸如芯片、人工智能等大国地缘科技博弈的重点领域，我国相关的基础研究还相对薄弱，河南在这方面差距更大。

3.国内区域竞争更趋激烈

当前，世界经济仍处于下行通道，各种短期问题和长期矛盾交织叠加，深层次矛盾和结构性问题不断涌现，预计 2024 年主要发达经济体经济仍将面临严重的下行压力，多个国家陷入防衰退和稳通胀的两难境地。随着国际地缘政治和地缘科技竞争日益激烈，我们正在面临越来越大的科技竞争和挑战，这是提升我国国际竞争力和长期发展所面临的关键问题。而国内无论是东部地区还是中西部地区，各省份均把提升创新能力作为"十四五"期间乃至更长时期内塑造竞争优势的共同选择，一些沿海发达省份甚至向中西部地区开展"逆向招商"，且主要集中于生物医药、电子信息、智能制造等先进制造业，因而各地参与国际分工和国际合作的竞争更加激烈，获取先进技术与推动产业升级、以创新创业赋能产业链提质增效的难度加大。

（四）趋势展望

1.创新创业活力持续迸发

2023 年 12 月 18 日，河南公示了拟新组建的 4 家省级重点实验室名单（见表5），加上之前的 16 家国家级重点实验室、50 家国家级工程研究中心、93 家国家级企业技术中心、16 家省级实验室等，形成河南科技创新体系的重要力量，随着这些平台在投资主体多元化、管理制度现代化、运行机制市场化、用人机制灵活化等体制机制上的探索，河南将在电子信息、种业、装备制造、新材料、新能源、食品工程、生物医药、人工智能等经济社会发展关键核心领域释放创新创业活力，推动人才引育、科研攻关、成果转化、开放合作等全方位突破。

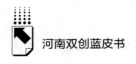

表5　河南省拟新组建的4家省级重点实验室情况

名称	重点方向	依托单位	学术委员会主任
河南省环境友好功能材料重点实验室	功能化环境材料、电子材料的绿色合成技术与应用、全降解生物材料的研制	河南省科学院化学研究所有限公司、河南省科学院化学研究所	中国科学院院士席振峰
河南省小分子抗肿瘤创新药重点实验室	基于靶向药的先导化合物发现与合理涉及、候选化合物的机制和药效研究及药物制剂新技术与质量研究	河南省锐达医药科技有限公司、河南大学、洛阳市中心医院	新西兰皇家科学院院士彭汶铎
河南省绿色建筑材料制造与智能装备重点实验室	绿色建材制备与应用新技术、绿色建材装备智能制造新技术、建材产业大数据及绿色建材智库建设	洛阳理工学院	中国工程院院士张联盟
河南省经皮给药重点实验室	新材料、新技术、新制剂研究,经皮给药产业化制备工艺关键控制技术研究,经典验方中药透皮活性成分与作用机制研究	河南羚锐制药股份有限公司	中国工程院院士陈芬儿

资料来源：根据公开资料整理。

2. 产业"建圈强链"能级持续提升

随着河南制造业"7+28"链群建设布局的展开，前期就已启动并持续进行的"三个一批""万人助万企"等基础性工作的效应将持续释放，促进产业链上下游产供销适配性对接，强化技术交流、协同攻关，特别是一系列产业链、产业联盟等将助推上下游链主齐聚、重大项目落地，推动产业从"链条"向"集群"加速聚集，实现串珠成链、聚链成群，从而加快创新生态圈和产业生态圈的有机融合，打造产业规模大、创新能力强、主体活力强和协同效应强的优质产业生态。

3. 创新创业赋能产业链效应持续彰显

随着创新链与产业链的深度融合，通过机制设计、主体培育、政策导向、资源配置的优化和引导，创新创业尤其是在核心技术攻关、前沿未来技术探索、科技成果转移转化、公共服务支撑保障等方面，将推动原始创新优势与广阔市场优势更紧密地结合，推动产业链群进一步做细产业颗粒度、提高细分赛道显示度，加快新成果向现实生产力转化，实现由"量"到"质"乃至由"质"到更高能级的"质"的跃迁，推动产业链供应链韧性和安全可控水平持续提升。

4. 创新创业赋能产业链生态持续优化

河南省拥有 40 个工业大类、197 个工业中类，是全国产业体系最完整和工业门类最齐全的省份，强化创新创业将在推动产业链提质增效的同时，以创新生态、营商环境、融资环境等方面的创新和优化，进一步优化产业链生态，打造创新创业共同体，推动产业链与创新链双向融合，促进创新主体、产业链主体在融资需求、惠企政策、用房用地等方面诉求实现与政府服务的直连直通，推动产业链创新链价值链向高端攀升，加快培育新动能、发展新质生产力，为"勇挑大梁、多做贡献"奠定坚实支撑。

三 2024 年创新创业赋能河南省产业链提质增效的对策建议

2023 年 12 月召开的中央经济工作会议强调，要以科技创新引领现代化产业体系建设，以科技创新推动产业创新，发展新质生产力。这为新时期推进创新创业赋能产业链提质增效提供了重要遵循。当前，河南正处于由制造业大省向先进制造业强省迈进的关键时期，推进新型工业化、做强重点产业链是建设现代化河南的关键任务，是掌握未来发展主动权的必然选择，是建设制造强省的迫切需要，打造高质量创新链、高能级产业链、高富集资金链、高水平人才链、高品质服务链、高效能政策链，强化"六链"融合，以创新创业策源产业链提质增效。

（一）建强高质量的创新链，以创新创业策源产业链提质增效

强化"从 0 到 1"的科技创新策源能力建设，争创国家区域科技创新中心、建设国家创新高地和重要人才中心，以高质量的创新链赋能产业链高质量发展。一是高起点建设运行实验室体系。按照"战略急需、支撑产业"

的总体要求，积极培育国家战略科技力量河南方队，持续推进神农种业、嵩山、龙子湖新能源等省实验室建设，并争取进入国家实验室行列，优化提升市级实验室布局建设，构建梯次接续的实验室体系。二是高水平建设科研机构和研究型大学。围绕"产业急需、行业前沿、交叉融合"的思路，做大做优做强国家超级计算郑州中心、中原人工智能计算中心、国家工程研究中心等基础研究机构，加快发展高水平研究型大学，持续推进一流高校一流学科建设，深化科教融合，构建"人才、学科、科研、服务"一体化的科创协同发展体系，强化提升基础前沿探索和关键技术突破能力。三是高质量推进产业绿色低碳转型。构建市场导向的绿色技术创新体系，推进绿色低碳关键技术突破，加快关键技术装备研发、产业化以及先进适用绿色技术的转移转化和示范推广，推动生产方式向节能减碳转型，以科技创新"关键变量"打好实现碳达峰、碳中和的"硬仗"。四是高标准推进科技成果转移转化。发挥市场化机制，推动国家技术转移郑州中心高质量运行，提升中试熟化和产业化水平。加强企业主导的产学研融合，加强知识产权保护和转化。

（二）建造高能级的产业链，提升产业链创新创业虹吸效应

依托"7+28"链群布局，充分发挥新兴产业发展快、潜力大的优势，围绕产业链精准布局创新链，以产业吸引创新、以需求招引创新，构建与创新链深度融合、协同高效、高质高能的产业链，提升产业链对创新创业的虹吸效应。一是加快发展新质生产力。在加快传统产业转型升级的同时，抢占发展新赛道，培育壮大人工智能、生物制造等战略性新兴产业，抢滩占先生命科学等未来产业，塑造发展新优势，为中国式现代化河南实践提供新的动力引擎和战略支撑。二是加快优化产业生态。深化产学研用融合，聚焦产业发展需求和关键性技术攻关，强化政企联动，构建产业链链长和盟会长"双长制"，完善党政机关、重点企业、专家学者共同参与的"三三制"，加强产业盟会组织建设，大力培育专精特新企业和头部企业，一体推进短板产业补链、优势产业延链、传统产业升链、新兴产业建链。三是加快数字化转型。培育壮大数字核心产业，以数字化转型带动制造业高端化、智能化、绿

色化发展，强化头部企业、重点产业链、省级先进制造业开发区示范引领作用，开展共性技术、系统集成技术等技术创新应用场景和智能应用场景建设，探索打造智能车间、智能工厂，支持"机器换人"示范项目，推广应用"三首"产品。

（三）建成高富集的资金链，推动创新创业与产业链深度融合

围绕产业链、创新链合理布局资金链，提高资金在创新链、产业链上配置的灵活性、精准性和有效性。一是强化政府引导作用。发挥财政引导功能，不断提升财政资金在基础前沿领域、重点重大工程中的研发经费比重，建立重大科技创新需求与财政投入保障的衔接机制。通过奖补、贴息、税收减免等方式引导创新创业主体加大研发投入。加强政银保合作，完善创新创业风险分担机制。二是构建适应创新创业规律的科技金融体系。结合"7+28"链群建设，探索天使股权直接投资、风投、创投基金等方式，加大对关键核心技术攻关和重点产业的政府金融支持力度，切实保障创新创业过程中全链条资金需求。三是规范发挥政府投资基金作用。依托河南创新投资集团，强化项目对接和基金招商，带动重点产业上下游企业集聚发展，引导撬动更多社会资本向创新链的各个环节集聚。

（四）建立高水平的人才链，强化创新创业赋能产业链支撑

充分发挥高素质人才集聚的知识溢出效应，降低信息共享成本，提升整体创新效率。一是集聚国内外一流人才。依托实验室、产业研究院等各类创新创业平台，用好招才引智创新发展大会、海外引才工作站等载体，聚焦科技攻关和产业需求，通过柔性用才、项目引才，加大高水平技术转移人才引育力度，加快建设一流创新人才梯队，精准引进高层次创新型领军人才和团队，探索将技术转移专业人才纳入省高层次人才建设体系，畅通外国人才来豫工作的渠道，吸引更多全球高层次人才到豫创新创业。二是加强高技能人才队伍建设。加强"人人持证、技能河南"建设，突出产教融合，加快发展职业教育，完善高技能人才培养培训体系。三是创新人才发展体制机制。

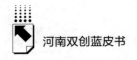

完善人才服务机制，在人才评价、科研经费管理、成果转化、税收优惠、子女入学、医疗保健等方面落实政策，营造创新创业良好环境。

（五）建设高品质的服务链，优化创新创业赋能产业链生态

积极营造开放、包容、和谐、有序的创新生态系统，提升创新创业服务品质，高效集聚创新资源，充分激发创新活力。一是培育一流创新创业服务体系。支持科技中介服务机构发展，大力发展检验检测认证、科技咨询等科技服务业，培育新型研发组织和研发服务外包新业态，重视创新创业孵化器建设，加大科技企业孵化器、大学科技园、众创空间、星创天地等孵化载体建设力度，提升孵化器市场化运营的能力和水平。高标准建设以中原科技城为龙头的郑开科创走廊，标准化推广"智慧岛"双创载体。二是厚植一流创新创业文化。积极营造崇尚自由探索的学术研究氛围，健全鼓励创新、宽容失败的合理容错机制，推崇刻苦钻研的创新精神，大力弘扬科学家、企业家、工匠精神，加大对创新企业和人才的表彰奖励宣传力度，在全社会营造尊重人才、尊重知识、尊重创新、尊重创造的浓厚氛围，打造与时俱进的创新文化。三是营造一流营商环境。深入推进河南省优化营商环境创新示范市建设，深化"放管服效"改革，逐步消除行政壁垒，打造公平成熟的市场环境、优越的自然环境，最大限度为产业链上下游跨地区、跨部门要素流动提供最优环境、最快通道。适时创建国家营商环境创新试点城市，持续办好开放创新跨国技术转移大会、世界传感器大会、中国元宇宙产业发展论坛、院士中原行等高端创新活动。

（六）建构高效能的政策链，加强创新创业赋能产业链保障

统筹各类要素资源，推动政策链与产业链、创新链、资金链的有机衔接，切实提升政策执行的精准度和有效性。一是完善创新主体梯次培育支持机制。强化企业创新主体地位，推动创新型领军企业、隐形冠军企业、科技型中小微企业群体共生发展，支持领军企业牵头组建创新联合体。二是创设一流创新创业制度。深化科研项目管理改革，建立以信任为基础的人才使用

机制和科学家本位的科研组织体系。深化科研评价改革,强化质量、绩效、贡献为核心的评价导向。构建新的收益分配机制,扩大用人单位收入分配自主权,完善基于机构类型、职责和绩效评估结果的绩效工资总额核定机制,完善科研人员职务发明成果权益分享机制和科技奖励制度。三是健全创新创业政策动态调整机制。适时更新和修订创新相关战略规划以加强顶层设计,推动法律法规政策落实落地落细。充分发挥河南省科技创新委员会作用,建立完善推动技术合作和人才使用的专门机构,持续优化决策和工作推进机制,增强创新生态的韧性和灵活性。

参考文献

夏先清、杨子佩:《河南做强重点产业链群》,《经济日报》2023 年 12 月 8 日。

张峰等:《区域创新生态系统能否提高产业链韧性:来自黄河流域的时空非平稳性检验》,《科技进步与对策》2023 年第 24 期。

于善甫、刘晓慧、郭军峰:《河南创新要素集聚提升的成效、挑战与对策》,《黄河科技学院学报》2023 年第 12 期。

郑江淮、师磊:《本地化创新能力、区域创新高地与产业地理梯度演化路径》,《中国工业经济》2023 年第 5 期。

高帆:《"新质生产力"的提出逻辑、多维内涵及时代意义》,《政治经济学评论》2023 年第 6 期。

谭劲松、宋娟、陈晓红:《产业创新生态系统的形成与演进:"架构者"变迁及其战略行为演变》,《管理世界》2021 年第 9 期。

金观平:《融合创新链产业链促振兴》,《经济日报》2023 年 11 月 20 日。

王文齐、王向前、师喆:《等你!——聚焦河南建设国家创新高地和重要人才中心》,《河南日报》2023 年 12 月 20 日。

B.2
河南省城市创新能力评价报告（2024）

河南中原创新发展研究院课题组*

摘　要： 党的二十大召开以来，河南省深入推进中国式现代化的河南实践，创新驱动力更加强劲，新质生产力加快形成，科技创新不断取得突破，科教体系加快重构，城市创新能力不断提升。本课题组构建了由 32 个统计指标组成的河南省城市创新能力评价指标体系，并利用统计数据进行城市创新能力评价，郑州、洛阳和新乡保持位列河南省城市创新能力的前三名。结合评价结果，课题组提出加快推进创新资源集聚、围绕"7+28"链群推进产业升级、加强创新创业主体培育、持续优化科技创新管理体制等方面的对策建议。

关键词： 创新能力　创新生态　产业升级

一　2023年河南省创新发展回顾

党的二十大召开以来，河南省深入推进中国式现代化的河南实践，将创新驱动、科教兴省、人才强省战略作为河南省建设现代化的"十大战略"之首，河南省创新驱动力更加强劲，新质生产力加快形成，科技创新不断取得突破，科教体系加快重构，城市创新能力不断提升。

---

* 课题组组长：喻新安，博士，中国区域经济学会副会长、河南中原创新发展研究院院长、教授，研究方向为区域经济、产业经济。课题组成员：武文超，博士，河南省社会科学院副研究员，研究方向为宏观经济、金融市场；刘晓慧，河南中原创新发展研究院教授，研究方向为产业经济、企业发展；豆晓利，河南中原创新发展研究院教授，研究方向为区域经济、创新创业；张冰，博士，河南中原创新发展研究院数字经济研究部部长，研究方向为数字经济、创新创业。

（一）创新驱动发展步伐加快

2023 年，河南省围绕培育创新生态、科技成果转化、协同创新、数字化转型等方面推出一系列政策，并针对新兴基础设施建设、中原农谷、新能源、中医药、软件产业、钢铁产业、绿色低碳转型等领域出台行动方案和支持措施，助力科技创新发展持续加快。创新成果不断取得突破，宇通公司突破了高效高密度电机系统、高集成度动力传动系统等 5 项关键技术难题，为我国电动商用车的大批量推广提供强有力的保障；中船重工七二五所突破了焊接工艺工程化应用难题，高品质冷轧钛带卷产品实现了国产化替代；平煤神马集团碳化硅材料产业项目顺利达产，为新能源汽车产业关键环节提供有力保障。根据国家统计局、科技部、财政部 2023 年 9 月发布的统计公报，2022 年全省研发经费支出达到 1143.26 亿元，增速 12.2%，连续 7 年增速超 10%。2023 年 11 月，中国科技发展战略研究小组、中国科学院大学中国创新创业管理研究中心发布的《中国区域创新能力评价报告 2023》中，河南省区域创新能力排在第 13 位。

（二）创新平台体系不断完善

2023 年，成立以院士专家组成的河南省委决策咨询委员会，加快构建中原科技城、中原医学科学城、中原农谷"两城一谷"三足鼎立科技创新大格局。依托省科学院创新平台建设研发实体 39 家，研发实体总数居全国首位；引进哈尔滨工业大学、上海交通大学、北京理工大学等一批一流大学在中原科技城设立郑州研究院，中原科技城的研发实力在全国 279 个科技城中排名第 31。市场化运营国家技术转移郑州中心，河南省技术交易市场、国家技术转移郑州中心洛阳分中心、周口分中心相继揭牌。高位布局推动"中原农谷"建设，核心区入驻省级以上科研平台 27 家，国家生物育种产业创新中心一期建成投用，神农种业实验室正式入驻。深度嵌入国家战略科技力量体系，郑州大学牵头建设全省首个重大科技基础设施——超短超强激光平台（"中原之光"），河南农业大学获批建设国家 P3 实验室，河南师范

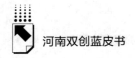

大学牵头获批建设抗病毒性传染病创新药物全国重点实验室；全省高校积极参与规上企业研发活动，已与企业共建研发中心 1503 家。

（三）围绕链群推动产业升级

2023 年 8 月，省政府印发《河南省建设制造强省三年行动计划（2023–2025 年）》，聚力打造新材料、新能源汽车、电子信息、先进装备、现代医药、现代食品、现代轻纺 7 大先进制造业集群，培育壮大先进超硬材料等 28 个重点产业链。结合"7+28"链群建设，每个产业链由 1 名省级领导担任链长，以 1 个省直部门为责任单位，以 1 个盟会长单位为重点依托，按照党政机关、重点企业、专家学者"三三制"共同参与原则，一体推进短板产业补链、优势产业延链、传统产业升链、新兴产业建链，逐链编制"四图谱六清单"和三年行动方案。2023 年 10~11 月，河南省围绕培育 7 大产业联盟和 28 个重点产业链相继召开成立大会，市场主体快速响应和融入重点产业链建设。2023 年前三季度，河南省规模以上工业增加值增长 4.0%，战略性新兴产业、高技术制造业增加值同比分别增长 9.9%、10.8%，分别高于规上工业增加值增速 5.9 个、6.8 个百分点，科技创新推动河南产业升级的势头明显。

（四）创新创业主体持续壮大

高质量推进规上工业企业研发活动全覆盖，加快推动从"有形覆盖"向"有效覆盖"转变，大力培育高新技术企业和科技型中小企业，打造创新型企业梯次培育体系。截至 2023 年 10 月，全省依托龙头企业建设 28 家创新联合体，培育创新龙头企业 116 家，"瞪羚"企业达 454 家，国家科技型中小企业备案入库 2.6 万家，总数位居全国第 6，形成企业创新发展雁阵式格局。《河南企业 100 强发展报告》显示，2023 年河南企业 100 强共投入研发费用 435.27 亿元，与上年相比增长 12.41%。建立"空间+孵化+基金+服务+生态"的双创全链条服务体系，2023 年 1 月，首批 15 个标准化智慧岛公布；11 月，第二批 8 个智慧岛公布，全省智慧岛总量增至 24 个，实现省辖市、济源示范区、航空港区全覆盖。北京"中关村 e 谷"等一批具有丰富双创运营经验的专业化运营团队相继落地，1700 多位创新创业人才、1000 多家科技型企业、200 多家基金机构集聚河南，河南数字经济产业创新研究院、洛阳中科人工智能研究院、鹤壁密码先进技术研究院等多家新型研发机构加快创新，智慧岛成为具有一定国内影响力和富有河南特色的科创品牌。

（五）创新人才队伍显著加强

2023 年，郑州大学常俊标教授入选中国科学院院士，河南农业大学康相涛教授、郑州大学赵中伟教授入选中国工程院院士，受聘于新乡医学院、郑州大学、中原动力智能机器人有限公司的三位科学家分别入选中国科学院、中国工程院外籍院士。高质量推进"人人持证、技能河南"建设，2023 年 1~10 月，全省开展职业技能培训 361.72 万人次，技能人才总量达到 1720.29 万人。面向"一县一省级开发区"，建设了 200 个工匠实验室，以"校中厂""厂中校"的方式建设了 50 个产教融合实训基地，将新技术、新工艺、新标准引入教学中。推进豫商豫才返乡创业，营造创业带动就业良好环境，2023 年 1~9 月，全省新增返乡创业 17.7 万人。构建人力资源开发利用"1+3"政策体系及支持事业单位高质量发展的"1+5+N"政策体系，制定"放权赋能激发事业单位活力若干政策"，并结合省科学院、"双一流"创建高校、新型研发机构等事业单位的特点，制定了支持事业单位自主设置岗位、开展人才直聘、考核奖励等政策，进一步激发人才创新创造活力。成功举办第六届中国·河南招才引智创新发展大会，累计签约大学本科以上人才 28.5 万人，签约高层次人才合作项目 2303 个。

（六）创新体制机制优化升级

加快推进科研院所重塑性改革，省社会科学院、省地质研究院、省文物考古研究院与省科学院、省农科院、省医学科学院共同形成"3+3"科研院所发展格局。全省范围内推行由省市县三级科技管理部门组成的科技服务综合体，提供精准高效科技服务。完善创新项目"征集、入库、出库"制度，建立月审核、月论证、季论证、随机论证相结合的项目遴选机制。出台科创资金保障和管理办法，明确了科创资金的决策流程。推行科研领域"放管服"改革，先后实施科研经费"包干制"、"直通车"、顶尖领衔科学家负责制等试点改革，积极探索重大项目专员制和科技攻关委托制，推行"放权限、四自主"举措，减轻科研人员负担，给科研人员"激励""松绑"。深化涉企资金基金化改革，引入市场化运作模式，实现"直接变间接、无偿变有偿、资金变基金"。截至 2023 年 10 月底，全省共设立 22 只省级政府投资基金，累计到位规模 891.94 亿元，省级政府投资基金对 7 大先进制造业集群、28 个重点产业链实现了投资全覆盖，共投资项目 913 个、投资金额 481.75 亿元。推进政策性科创金融，加大对种子期、初创期科技企业金融支持力度，截至 2023 年 10 月，全省"科技贷"累计支持科技型企业 2604 家（次）、150.89 亿元，"专精特新贷"累计支持专精特新企业 848 家（次）、83.8 亿元。

二　河南省城市创新能力评价指标体系

课题组在沿袭以往多年评价指标体系的基础上，贯彻新发展理念，同时考虑到数据的可靠性和可得性，经过研讨，构建了包含 5 个一级指标、32 个二级指标的河南省城市创新能力评价指标体系（2023）。

（一）评价指标体系设计

党的二十大以来，河南省贯彻中央精神，全面推进中国式现代化的河南实践，将创新驱动、科教兴省、人才强省战略作为推进现代化建设"十大战略"的首位战略，加快推动河南全省科技创新资源集聚、创新发展水平提升、创新驱动格局重塑。河南省城市创新能力评价指标体系（2023）总体上沿袭了以往多年的评价指标体系框架，通过创新投入、创新产出、企业创新、创新环境和创新绩效五个方面构建城市创新能力评价指标体系，32 个二级指标的具体设置见表 1。与上一年的评价指标体系相比，受到数据可得性的影响，创新产出指标有所减少，仅剩专利授权数、有效发明专利数和每万人有效发明专利数三个指标。

表1　2023年河南省城市创新能力评价指标体系

创新投入	研发活动人员数（人）
	研发活动人员折合全时当量（人年）
	研究与试验发展单位数（个）
	一般公共预算收入对于科学技术的支出（亿元）
	一般公共预算支出中科学技术支出的比例（%）
	研发经费支出（亿元）
	研发经费投入强度（%）
创新产出	专利授权数（件）
	有效发明专利数（件）
	每万人有效发明专利数（件）
企业创新	规模以上工业企业研发人员数（人）
	规模以上工业企业研发人员折合全时当量（人年）
	规模以上工业企业研发经费支出总额（亿元）
	规模以上工业企业研发经费支出与营业收入之比
	规模以上工业企业新产品销售收入（亿元）
	规模以上工业企业办科技机构数（个）
	规模以上工业企业专利申请数（项）
	规模以上工业企业有效发明专利数（项）
	规模以上企业中实现创新企业数（个）
创新环境	高等学校数（所）
	高等学校教职工数（人）
	规模以上信息传输、软件和信息技术服务业企业营业收入（亿元）
	规模以上科学研究和技术服务业企业营业收入（亿元）
	技术市场成交合同数（个）
	技术市场成交金额（亿元）
	人均国际互联网用户数（户）
	金融机构贷款年底余额（亿元）
创新绩效	地区生产总值（亿元）
	人均生产总值（元）
	第三产业增加值占地区生产总值比重（%）
	居民家庭人均可支配收入（元）
	空气质量优良天数（天）

资料来源：《河南统计年鉴2023》、河南省统计局网站、河南省知识产权局网站。

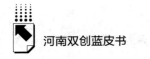
（二）计算方法和统计数据

评价过程中所采取的计算方法与往年保持一致，即通过专家打分法确定指标权重，将统计数据进行归一化处理之后，利用线性加权法进行综合打分。为了确保评价的客观性、公正性，评价数据主要来自《河南统计年鉴2023》，数据截至 2022 年底。专利数据来自河南省知识产权局网站，其中专利授权数为 2022 年前三季度数据。评价指标中的一些占比类、人均类指标则是对基础数据计算得到。

三　河南省城市创新能力评价的结果与分析

课题组利用所构建的河南省城市创新能力评价指标体系，通过收集、整理统计指标数据，采取相应评价方法进行计算，最终得到河南省 18 个城市创新能力评价得分和排名。

（一）总评价得分和排名

河南城市创新能力总评价（2023）结果中，郑州市、洛阳市、新乡市、南阳市、焦作市以 93.28 分、53.68 分、35.73 分、34.32 分、31.07 分的评分排在前 5 位（见图 1）。排在第 6 到第 18 位的城市分别是许昌市、开封市、平顶山市、驻马店市、漯河市、三门峡市、安阳市、济源市、鹤壁市、商丘市、信阳市、濮阳市和周口市。

从排名前列的城市来看，郑州市保持领先优势，在创新投入、创新产出、企业创新、创新环境和创新绩效 5 个一级指标方面都排在河南 18 个城市中的第 1 位；二级指标方面，郑州市在 32 个指标中的 27 项排在全省第 1 位，其余指标为研发经费投入强度和人均生产总值排在第 2 位，规模以上工业企业办科技机构数排在第 4 位，空气质量优良天数排在第 13 位，规模以上工业企业研发经费支出与营业收入之比排在第 15 位。

洛阳市同样优势明显，在创新投入、创新产出、企业创新、创新环境和创新绩效 5 个一级指标方面都排在河南 18 个城市中的第 2 位；二级指标方面，洛阳市的研发经费投入强度排在河南省第 1 位，洛阳市的 32 项二级指标中有 31 项排在全省前 5 位，空气质量优良天数排在全省第 10 位。新乡市在创新投入、创新产出、创新环境 3 个一级指标方面排在河南 18 个城市中的第 3 位，企业创新排在第 4 位，创新绩效排在第 13 位；二级指标方面，新乡市有 21 项二级指标排在河南省的前 5 位，29 项指标排在河南省前 10 位，排名相对靠后的指标为一般公共预算支出中科学技术支出的比例、第三产业增加值占地区生产总值比重，均排在第 11 位，空气质量优良天数排在第 16 位。南阳市在企业创新方面排在河南省 18 个城市中的第 3 位，创新环境排在第 4 位，创新绩效排在第 5 位，创新产出排在第 8 位，创新投入排在第 9 位；二级指标方面，南阳市有 22 项二级指标排在河南省的前 5 位，27 项指标排在河南省前 10 位，排名相对靠后的指标为每万人有效发明专利数、居民家庭人均可支配收入，均排在第 12 位，人均生产总值排在第 14 位，一般公共预算支出中科学技术支出的比例、人均国际互联网用户数排在第 17 位。焦作市在创新产出方面排在河南省第 4 位，创新环境排在第 5 位，企业创新和创新绩效排在第 6 位，创新投入排在第 8 位；二级指标方面，焦作市有 15 项二级指标排在河南省的前 5 位，23 项指标排在河南省前 10 位。

从空间布局来看，河南省城市创新能力的分布依然呈现以郑州为中心、郑洛新自创区为引领的形态，而南阳市表现为豫南区域的创新能力中心。具体来看，创新能力排名前 8 位的城市中，除了南阳市以外，洛阳市、新乡市、焦作市、许昌市、开封市、平顶山市都分布在郑州都市圈周围，从发展现状来看，这些城市在创新资源、创新型企业、创新环境方面发展得都相对比较好，是河南全省创新驱动发展的动力源。豫南区域仅有南阳市在创新能力排名中比较靠前，无论从总评价得分来看，还是从分项统计指标排名来看，南阳市与新乡市都比较接近。南阳市在建设区域副中心城市的过程中充分发挥自身优势，积极引领豫南区域科技创新发展，加强与周边城市的科技创新合作，推动豫南区域科技创新协同发展，实现科技创新资源的共享，促进产业链的完善和优化，为豫南区域科技创新和经济高质量发展增添动力。

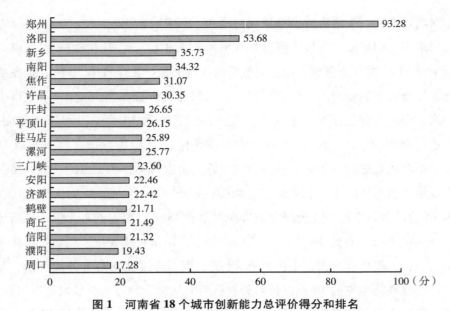

图1　河南省18个城市创新能力总评价得分和排名

资料来源:《河南统计年鉴2023》。

本次评价过程中,由于数据可得性原因,评价指标与上一年相比有所调整。同时,中游城市评价得分之间的差异比较小,而且评价方法本身存在一定局限,评价结果需要理性看待,城市间排名的升降不能完全反映出城市创新能力的变化。

（二）分项指标评分和排名

创新投入一级指标排在前5位的城市是郑州市（97.60分）、洛阳市（71.69分）、新乡市（45.03分）、开封市（39.72分）和漯河市（39.11分）（见图2）。创新投入的二级指标里面,研发活动人员数排在前5位的城市是郑州市、洛阳市、新乡市、南阳市和焦作市,其中郑州市研发活动人员数达到12.42万人,接近18个城市研发活动人员总和的1/3,远领先于其他城市。一般公共预算收入对于科学技术的支出排在前5位的城市是郑州市（85.49亿元）、洛阳市（36.21亿元）、驻马店市（26.07亿元）、开封市（22.69亿元）和信阳市（19.39亿元）。一般公共预算支出中科学技术支出的比例排在前 5 位的城市是郑州市（5.87%）、洛阳市（5.76%）、开封市（4.97%）、驻马店市（4.73%）和漯河市（4.55%）。研发经费支出排在前 5 位的城市是郑州市（355.19 亿元）、洛阳市（170.45 亿元）、新乡市（90.31 亿元）、南阳市（79.73 亿元）和平顶山市（59.90 亿元）。研发经费投入强度排在前 5 位的城市是洛阳市（3.00%）、郑州市（2.75%）、新乡市（2.61%）、焦作市（2.34%）和平顶山市（2.11%），2022 年全国研发经费投入强度为 2.54%，河南 18 个城市中仅洛阳、郑州、新乡三市超过全国研发经费投入强度的平均水平。

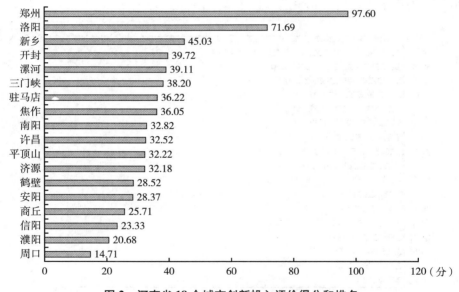

图 2　河南省 18 个城市创新投入评价得分和排名

资料来源：《河南统计年鉴 2023》。

　　创新产出一级指标排在前 5 位的城市是郑州市（100 分）、洛阳市（47.14 分）、新乡市（30.30 分）、焦作市（26.06 分）和许昌市（23.14 分）（见图 3）。由于数据可得性原因，本次评价指标体系中，创新产出指标中仅选取专利授权数、有效发明专利数和每万人有效发明专利数三个统计指标，这三个指标反映了一个城市年度创新成果的产出、技术成果和知识产权的积累，以及人均知识产权存量水平。其中，专利授权数排在前 5 位的城市是郑州市、洛阳市、新乡市、南阳市和焦作市，与创新能力总评价的前 5 位一致。有效发明专利数排在前 5 位的城市是郑州市（30704 件）、洛阳市（10668 件）、新乡市（4554 件）、许昌市（2990 件）和焦作市（2953 件），其中，郑州市占 18 个城市有效发明专利总数的 45.8%。每万人有效发明专利数排在前 5 位的城市是郑州市（23.93 件）、洛阳市（15.07 件）、焦作市（8.39 件）、新乡市（7.38 件）和许昌市（6.83 件），2022 年，全国每万人有效发明专利数为 29.83 件，河南省 18 个地市的每万人有效发明专利数都低于全国水平。

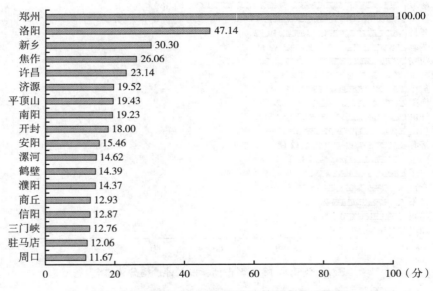

图 3　河南省 18 个城市创新产出评价得分和排名

资料来源：《河南统计年鉴 2023》。

企业创新一级指标排在前 5 位的城市是郑州市（83.73 分）、洛阳市（56.75 分）、南阳市（55.52 分）、新乡市（40.66 分）和许昌市（36.60 分）（见图 4）。企业创新二级指标方面，规模以上工业企业研发经费支出总额排在前 5 位的城市是郑州市（193.01 亿元）、洛阳市（115.87 亿元）、南阳市（76.51亿元）、新乡市（68.28亿元）和许昌市（51.45亿元）。规模以上工业企业研发经费支出与营业收入之比排在前5位的城市是南阳市（3.28%）、许昌市（2.49%）、洛阳市（2.33%）、新乡市（2.26%）和鹤壁市（2.22%），总体来看，18个城市的规模以上工业企业研发经费支出，以及研发经费支出与营业收入之比较上一年都有所提高。规模以上工业企业新产品销售收入排在前5位的城市是郑州市、洛阳市、新乡市、焦作市和许昌市。规模以上工业企业办科技机构数排在前5位的城市是南阳市、洛阳市、驻马店市、郑州市和许昌市，分别达到693家、592家、486家、453家和401家，总体来看，伴随着规模以上工业企业研发机构全覆盖政策的推进，2022年，河南省18个城市规模以上工业企业办科技机构总数达到4800家，较上一年增加1498家，增幅达到45.4%。规模以上工业企业有效发明专利数排在前5位的城市是郑州市、洛阳市、新乡市、南阳市和平顶山市，分别达到12156项、8208项、4410项、4356项和2727项。

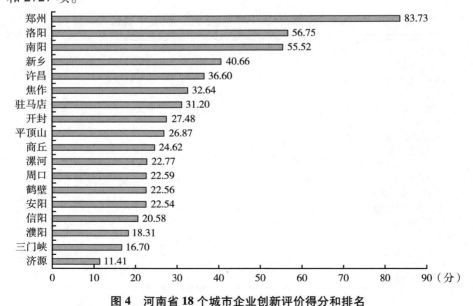

图4 河南省18个城市企业创新评价得分和排名

资料来源：《河南统计年鉴2023》。

创新环境一级指标排在前 5 位的城市是郑州市（100 分）、洛阳市（29.71 分）、新乡市（22.34 分）、南阳市（19.68 分）和焦作市（19.57 分）（见图 5）。创新环境二级指标层面，规模以上信息传输、软件和信息技术服务业企业营业收入排在前 5 位的城市是郑州市（661.26 亿元）、洛阳市（187.75 亿元）、周口市（77.36 亿元）、南阳市（68.77 亿元）和商丘市（66.50 亿元）。2022 年，河南省 18 个城市规模以上信息传输、软件和信息技术服务业企业营业收入总计 1541.3 亿元，较上年增长 10.5%。规模以上科学研究和技术服务业企业营业收入排在前 5 位的城市是郑州市（501.94 亿元）、洛阳市（130.32 亿元）、许昌市（25.31 亿元）、周口市（22.4 亿元）和商丘市（17.63 亿元）。技术市场成交合同数排在前 5 位的城市是郑州市（11140 个）、南阳市（1825 个）、新乡市（1685 个）、洛阳市（1514 个）和焦作市（971 个）。2022 年，河南省 18 个城市技术市场成交合同数总计 22445 个，较上年增长 27.2%。技术市场成交金额排在前 5 位的城市是郑州市（509.28 亿元）、洛阳市（113.89 亿元）、南阳市（108.39 亿元）、新乡市（53.71 亿元）和焦作市（31.96 亿元）。2022 年，河南省 18 个城市技术市场成交金额总计 1025.30 亿元，较上年增长 68.4%。

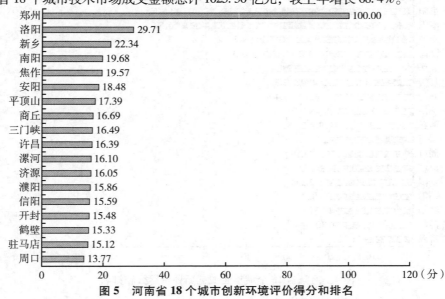

图 5　河南省 18 个城市创新环境评价得分和排名

资料来源：《河南统计年鉴 2023》。

创新绩效一级指标排在前 5 位的城市是郑州市（79.45 分）、洛阳市（53.31 分）、许昌市（48.29 分）、信阳市（47.88 分）和南阳市（44.74 分）（见图 6）。创新绩效二级指标方面，人均生产总值排在前 5 位的城市是济源市（110517 元）、郑州市（101169 元）、许昌市（85515 元）、三门峡市（82276 元）和洛阳市（80226 元）。第三产业增加值占地区生产总值比重前 5 位的城市是郑州市（58.56%）、焦作市（53.00%）、南阳市（51.87%）、洛阳市（51.86%）和濮阳市（49.65%）。空气质量优良天数排在前 5 位的城市是信阳市（297 天）、驻马店市（278 天）、周口市（262 天）、南阳市（258 天）和商丘市（257 天）。

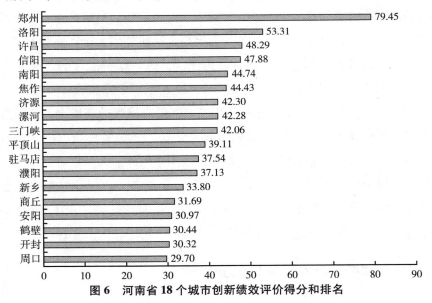

图 6　河南省 18 个城市创新绩效评价得分和排名

资料来源：《河南统计年鉴 2023》。

四　政策建议

（一）加快推进创新资源集聚

2022 年，河南省研发经费投入强度为 1.86%，比全国水平低 0.68 个百分点、差距缩小 0.03 个百分点。作为科技资源相对不足的经济大省，河南应加大对科技创新的资金投入，建立稳定的财政科技投入增长机制，通过设立科技创新基金、提供财政补贴和税收优惠等措施，鼓励企业增加研发投入，鼓励企业通过上市、发行债券等方式筹集资金，扩大科技创新的资金来源。高起点建设运行实验室体系，积极培育国家战略科技力量河南方队，积极争取神农种业、嵩山、龙子湖新能源等省实验室进入国家实验室基地或全国重点实验室行列，优化提升市级实验室布局建设，构建梯次接续的实验室体系。支持国家超级计算郑州中心、中原人工智能计算中心、国家工程研究中心等基础研究机构高水平发展，支持省内高等院校、科研机构汇聚全球高端创新资源建立新型研发机构，加快发展高水平研究型大学，持续推进一流高校一流学科建设，深化科教融合，构建"人才、学科、科研、服务"一体化的科创协同发展体系。集聚国内外一流人才，深入实施"中原英才计划"，发挥"数字豫才"引才融智作用，开辟最高能级的高层次人才服务平台和国际化引才通道。坚持"高精尖缺"定位，充分考量城市的产业特色和资源禀赋，聚焦产业基础和企业发展需求引进人才。大力推进青年人才倍增行动、博士后招引培育"双提"行动和青年创新人才工作站建设，支持青年人才挑大梁、当主角。面向产业需求，加强创新型、应用型、技能型人才培养，构建完善高技能人才培养培训体系。

（二）围绕"7+28"链群推进产业升级

"7+28"链群涵盖了河南省先进制造业、现代服务业、现代农业等领域的重点产业和产业链，是河南省以创新加快产业升级的重点和突破口。河南各城市应参照"7+28"链群，围绕自身特色优势，通过加大科技创新力度，围绕产业链精准布局创新链，以产业吸引创新、以需求招引创新，构建与创新链深度融合、协同高效、高质高能的产业链，加快发展新质生产力。深化产学研用融合，聚焦产业发展需求和关键性技术攻关，强化政企联动，健全产业链链长和盟会长"双长制"，完善党政机关、重点企业、专家学者共同参与"三三制"，积极推动产业协同创新，鼓励产业链上下游企业加强合作，一体推进短板产业补链、优势产业延链、传统产业升链、新兴产业建链。培育壮大数字核心产业，以数字化转型带动制造业高端化、智能化、绿色化发展，开展共性技术、系统集成技术等技术创新应用场景和智能应用场景建设，探索打造智能车间、智能工厂，支持"机器换人"示范项目。围绕产业链、创新链合理布局资金链，借助河南省级国有资本运营公司的优势激发创投新动能，高质量运营河南创新投资集团，加强与省外相关机构的交流互动，引入国内外优质产业、资本和资源。举办河南创投峰会、河南创投周、河南科技金融服务周等活动，搭建企业与资本对接平台，强化项目对接和基金招商，带动重点产业上下游企业集聚发展，引导撬动更多社会资本向创新链的各个环节集聚。

（三）加强创新创业主体培育

强化企业创新主体地位，推动创新型领军企业、隐形冠军企业、科技型中小微企业群体共生发展，构建"科技型中小企业—高新技术后备企业—高新技术企业—瞪羚企业—上市高新技术企业—独角兽企业"的梯次培育机制。加大科技企业孵化器、大学科技园、众创空间、星创天地等孵化载体建设力度。高标准建设以中原科技城为龙头的郑开科创走廊，标准化推广"智慧岛"双创载体。支持科技中介服务机构发展，大力发展研究开发、技术转移、检验检测认证、知识产权、科技咨询等科技服务业，引进培育一批高水平科技服务机构，按照市场化、专业化原则，培育新型研发组织、研发中介和研发服务外包新业态。积极营造崇尚自由探索的学术研究氛围，健全鼓励创新、宽容失败的合理容错机制，大力弘扬科学家、企业家、工匠精神。构建"普惠+精准"创新资金支持体系，建立覆盖种子期、成长期、成熟期以及并购重组等全生命周期的风投创投基金体系。探索利用省市级财政科技经费开展天使股权直接投资，鼓励龙头企业等社会资本围绕重点产业领域设立细分行业子基金，加快培育引进一批行业影响力强的风险投资机构和风险投资基金，鼓励在豫机构与省外资本联合成立创投基金，加大对关键核心技术攻关和重点产业的政府金融支持力度，为企业创新创业活动提供坚实的资金支持和金融环境。

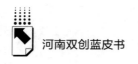
（四）持续优化科技创新管理体制

充分发挥河南省科技创新委员会和省委决策咨询委员会作用，加强对于科技创新的前瞻性谋划，持续优化决策和工作推进机制。深化科研项目管理改革，建立以信任为基础的人才使用机制，完善科学家本位的科研组织体系，进一步推行"揭榜挂帅"、"赛马制"、首席科学家负责制等项目组织机制。完善以质量、绩效、贡献为导向的科研和人才评价机制，转变唯论文、唯职称、唯学历、唯奖项等倾向，探索建立有利于青年科技人才脱颖而出的机制。扩大用人单位收入分配自主权，完善基于机构类型、职责和绩效评估结果的绩效工资总额核定机制，完善科研人员职务发明成果权益分享机制和科技奖励制度。引导企业积极参与国家和地方的科技创新体系规划，制定更精准的财税支持政策，促进各类创新要素向企业集聚。加强企业主导的产学研融合，强化以质量、绩效、贡献为核心的科技评价目标导向，进一步优化成果转化政策，出台完善支持科技成果及知识产权依法取得、自主决定转化和推广应用的相关措施。发挥市场化机制，推动国家技术转移郑州中心高质量运行，提升中试熟化和产业化水平，打通科技与产业结合的通道，促进科技成果向现实生产力转化。建立与河南创新发展相匹配的人才培养、引进、使用、评价、激励、流动机制，完善体现创新价值和贡献的收益分配机制。深化"放管服效"改革，逐步消除行政壁垒，打造公平成熟的市场环境、优越的自然环境，最大限度为产业链上下游跨地区、跨部门要素流动提供最优环境、最快通道。持续办好开放创新跨国技术转移大会、世界传感器大会、中国元宇宙产业发展论坛、院士中原行等高端创新活动。

参考文献

中国科技发展战略研究小组、中国科学院大学中国创新创业管理研究中心：《中国区域创新能力评价报告2023》，科学技术文献出版社，2024。

河南省统计局、国家统计局河南调查总队：《河南统计年鉴 2023》，河南省统计局网站。

国家统计局、科学技术部、财政部：《2022 年全国科技经费投入统计公报》，2023年 9 月。

河南省统计局：《2022 年河南省研究与试验发展（R&D）经费投入统计公报》，河南省统计局网站，2023 年 9 月。

专题篇 ↳

B . 3
河南省先进制造业集群建设路径研究[*]

刘晓慧[**]

摘　要：　先进制造业集群既是工业稳增长的坚实基础，又是新型工业化的战略支撑。2023 年以来，河南相关政府部门连续出台多个支持重点产业链群培育和提升的文件，指明重点发展新材料、新能源汽车、电子信息、先进装备等先进制造业集群的目标和任务。先进制造业集群对建设现代化河南有重要意义。目前，河南建设先进制造业集群具有坚实的基础条件：科学的顶层设计、雁阵式发展格局、良好的高质量发展态势、"三个一批"项目带动作用明显和产业集群创新基础不断夯实等。在制造强省加快建设的背景下，河南先进制造业集群的数量、规模、质量和效应等均有待提升。为了推动河南省先进制造业集群建设，需要六路并进：面向新质生产力要求、优化集群创新生态、强化数字赋能、健全协同体系、实施分类引导和深化开放合作等。

关键词：　产业集群　先进制造业　新型工业化　制造强省

---

　　*　本文为2024年河南省软科学项目"'双碳'目标下河南省制造业绿色低碳转型的制约因素及突破路径"研究成果。

　　**　刘晓慧，河南中原创新发展研究院教授，研究方向为产业经济、企业发展。

一　充分认识先进制造业集群对建设现代化河南的意义

产业集群是重塑产业格局、提升产业竞争力的重要抓手。"十四五"乃至更长时期，先进制造业集群成为各地推动制造业高质量发展的工作抓手。先进制造业集群的发展壮大，会对区域经济产生显著的辐射带动作用。作为畅通国内国际双循环、保持产业链供应链稳定性的关键节点，先进制造业集群成为建设现代化河南的重要阵地。

（一）先进制造业集群是建设现代化河南的重型航母

集群强则产业强，集群弱则产业弱。建设现代化河南亟须提升先进制造业竞争力，夯实制造业发展基础。作为产业集群发展的高级形态，先进制造业集群是现阶段我国制造业高质量发展的重要标志。凭借较大的行业影响力和较强的区域根植性，先进制造业集群成为加快现代化建设的重型航母。只要聚力培育更具竞争力、更有影响力的先进制造业集群，就能够夯实建设现代化河南的产业基础。

（二）先进制造业集群是建设现代化河南的特色名片

先进制造业集群是区域特色制造业发展的高级形式，是区域公共品牌培育的关键基础。实践证明，广东省深圳市新一代信息通信集群、上海市集成电路集群、广东省东莞市智能移动终端集群、湖南省长沙市工程机械集群、山东省青岛市智能家电集群、浙江省温州市乐清电气集群等成为区域经济发展中一张张亮丽的名片。按照《河南省先进制造业集群培育行动方案（2021—2025年）》，建立万亿级产业集群——五千亿级产业集群——千亿级现代化产业链——未来产业链的先进制造业集群梯度培育体系，打造10个重大先进制造业集群、2~3个世界级先进制造业集群，能够为现代化河南亮出特色鲜明的产业名片。

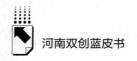

（三）先进制造业集群是建设现代化河南的中坚力量

先进制造业是科技创新的主要阵地，是世界经济发展的主导力量。"十四五"时期，我国先进制造业集群的建设全面提速。先进制造业集群在新型基础设施建设、产学研一体化创新平台搭建等方面都具有一定优势，为扩大知识外溢和技术扩散提供了有利条件，能够有效实现规模经济和范围经济。"十三五"以来，江苏、山东、广东、浙江等制造业强省率先谋划、加快培育先进制造业集群。面对国际国内产业格局调整的新形势，正确认识先进制造业集群的发展规律，充分发挥其在区域协同创新发展中的重要作用，对建设现代化河南意义非凡。培育先进制造业集群是河南建设国家创新高地、抢占产业发展制高点的关键抓手，是河南实现制造大省的产业基础优势向产业链供应链优势有效转化、攀升全球价值链中高端的现实路径。

二 河南省先进制造业集群建设的基础条件

从农业大省向制造业大省转变的过程中，河南已经积蓄了独特的制造业优势。无论从政府谋划、集群格局还是从大项目占比、高质量发展态势和创新要素等方面来看，河南省建设先进制造业集群具有良好的基础条件。

（一）合力绘就先进制造业集群发展蓝图

2020年以来，河南省相关部门相继出台了《河南省推动制造业高质量发展实施方案》《河南省先进制造业集群培育行动方案（2021—2025年）》《关于建立省级先进制造业集群重点产业链"双长制"的通知》《河南省"十四五"制造业高质量发展规划》《河南省绿色食品集群培育行动计划》《关于加快构建现代化产业体系着力培育重点产业链工作推进方案（2023—2025年）》《河南省建设制造强省三年行动计划（2023—2025年）》《支持重点产业链高端化智能化绿色化全链式改造提升若干政策措施》《2023年新一代信息技术与制造业融合发展示范实施方案》等一系列文件，为河南省先进制造业集群建设擘画了路线图、施工图和作战图。河南明确提出了先进制造业集群发展的目标和要求，即到 2025 年，形成 7 大万亿级、3 个 5000 亿级的先进制造业集群以及 2~3 个世界级先进制造业集群，建成具有世界影响力的万亿级现代食品集群，培育 30 个千亿级现代化产业链等。尤其是郑州印发实施《郑州市先进制造业产业链链长制工作方案》，重点发展 13 条产业链，公布郑州市第一批先进制造业产业链"链主"企业名单。

（二）初步构建雁阵式制造业集群发展格局

立足比较优势，初步形成装备制造、食品两大万亿级产业集群，构建省级以上制造业集群竞相发展的良好格局。目前，河南拥有 8 个国家级创新型产业集群、4 个国家级战略性新兴产业集群、6 个国家级中小企业特色产业集群和覆盖 13 个省辖市的 15 个省级战略性新兴产业集群。其中，18 个集群跻身国家级制造业集群序列（见表 1）。这些高能级制造业集群是河南建设先进制造业集群的重要基础。

表 1　河南省初步构建的"8+4+6"产业集群发展格局

序号	产业集群名称	类型	序号	产业集群名称	类型
1	郑州智能仪器仪表	国家级创新型产业集群 8 个	11	平顶山市新型功能材料产业集群	国家级战略性新兴产业集群 4 个
2	洛阳高新区轴承		12	许昌市节能环保产业集群	
3	新乡高新区生物医药		13	许昌襄城县碳硅新材料产业集群	
4	许昌智能电力装备制造		14	新乡长垣市门桥式起重机械产业集群	国家级中小企业特色产业集群 6 个
5	南阳防爆装备制造				
6	安阳高新区先进钢铁材料制品制造		15	平顶山叶县尼龙材料产业集群	
7	平顶山高新区高性能塑料及树脂制造		16	洛阳新安县轴承制造产业集群	
8	焦作高新区新能源汽车储能装置制造创新型产业集群		17	河南中牟县新能源专用车制造产业集群	
9	郑州市下一代信息网络产业集群		18	河南方城县超硬及硬质合金新材料产业集群	
10	郑州市信息技术服务产业集群				

资料来源：根据公开资料整理。

（三）形成良好的制造业高质量发展态势

2023 年 1～11 月，河南省高技术制造业增加值、战略性新兴产业增加值增速达到 12.7%、10.9%，分别高于规上工业增加值增速 7.7 个、5.9 个百分点；工业技改投资增长 17.3%，高技术制造业投资增长 20.7%，高于工业投资增速 12.4 个百分点。[①] 同时，河南省先进制造业比重不断提升。其中，高技术制造业增加值占全省规模以上工业的比重从 2019 年的不足 10% 提高到 2023 年 1～11 月的 14.1%，高技术制造业投资占工业投资的比重从 2019 年的 8.3% 提高到 2023 年 1～11 月的 15.5%；战略性新兴产业增加值占规模以上工业的比重从 2019 年的 19.0% 提高到 2022 年的 25.9%（见图 1）。

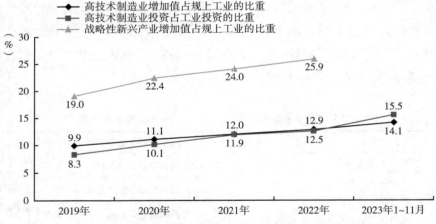

图 1　2019 年至 2023 年 11 月河南省先进制造业比重变化情况

资料来源：河南省统计局。

（四）"三个一批"项目、战略性新兴产业项目仍为主角

在河南前六期"三个一批"项目中，先进制造业项目最多，共计 6650 个、总投资 40425.43 亿元，项目数量占比、投资额占比分别为 50.72%、

[①]　河南省统计局：《2023 年 1～11 月全省经济运行情况》，https：//tjj. henan. gov. cn/2023/12-19/2868833. html，2023 年 12 月 19 日。

42.94%；其次为战略性新兴产业项目，共计 1996 个、总投资 17663.61 亿元，项目数量占比、投资额占比分别为 15.23%、18.76%。① 在 2023 年举行的河南第 7~10 期"三个一批"项目建设活动中，推动制造业转型升级的先进制造业以及战略性新兴产业项目仍然是主角。数据显示，先进制造业、战略性新兴产业项目数量在第 7~10 期签约项目中的占比均超过 90%，先进制造业、战略性新兴产业项目总投资额占比保持在 90% 左右。

（五）不断夯实产业集群创新基础

率先成立省委书记、省长担任"双主任"的科技创新委员会，出台实施《河南省开发区高质量发展促进条例》《河南省中原科技城总体规划管理条例》等。截至 2023 年底，河南省拥有国家重点实验室 13 家、国家级工程研究中心 50 家、国家企业技术中心 97 家，国家级创新平台达到 171 家。研发投入从 2020 年的 901.3 亿元增长到 2022 年的 1143.3 亿元，河南省研发投入始终保持"双位数"增长，研发强度也由 2020 年的 1.66% 提高到 2022 年的 1.86%；河南省技术合同成交额由 2020 年的 384.5 亿元，增至 2023 年前 10 个月的 1018 亿元。② 如表 2 所示，2023 年，河南省新增国家级"双跨"工业互联网平台 1 个、智能制造标准应用试点项目 3 个、新一代信息技术与制造业融合发展示范 3 个、服务型制造示范 5 个。

表 2　2023 年河南入围国家级先进制造业试点或平台情况

单位：个

序号	类别	国家级试点或平台名称	数量
1	天信工业互联网平台	跨行业跨领域工业互联网平台	1
2	河南省锅炉行业远程运维标准应用试点	智能制造标准应用试点项目	3
3	氟基新材料智能制造标准应用试点		
4	教育装备行业大规模个性化定制标准应用试点		

① 河南日报课题组：《项目为王　感知中原经济脉动丨中国式现代化的河南路径——河南省"三个一批"项目实施情况调研报告》，《河南日报》2023 年 1 月 28 日。

② 王文齐等：《等你！——聚焦河南建设国家创新高地和重要人才中心》，《河南日报》2023 年 12 月 20 日。

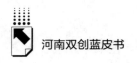

续表

序号	类别	国家级试点或平台名称	数量
5	新天科技公司申报的"智能计量仪表智能制造与服务新模式打造能力"项目(面向智能产品设计与服务的新型能力建设方向)	新一代信息技术与制造业融合发展示范	3
6	郑州瑞泰耐火科技有限公司申报的"生产与运营协同的管控能力"项目(两化融合管理体系贯标方向)		
7	河南省大方重型机械有限公司申报的"起重机订单及时交付能力"项目(两化融合管理体系贯标方向)		
8	郑州煤机长壁机械有限公司	服务型制造示范(第五批)	5
9	禹州市恒利来新材料股份有限公司		
10	河南银金达新材料股份有限公司		
11	河南强耐新材股份有限公司		
12	郑州千味央厨食品股份有限公司		

资料来源:根据工信部公布的相关名单整理得到。

三 河南省先进制造业集群建设面临的主要问题

按照制造强省规划,河南省到 2025 年要形成 1～2 个世界级、7 大先进制造业集群和 28 个重点产业链。① 因此,河南先进制造业集群建设任务繁重。目前,与发达省份、中西部省份相比,河南先进制造业集群存在数量有待增加、整体竞争力有待提高、带动效应有待增强、优质企业实力有待提升等问题。

(一)先进制造业集群队伍有待壮大

从国家先进制造业集群分布版图来看,主要集中在江苏、广东、浙江等地,其中江苏 10 个、广东 7 个、浙江 4 个、山东 3 个;中西部地区 13 个,其中湖南 4 个、四川 3 个、湖北 2 个、安徽 1 个、江西 1 个、陕西 1 个、内

---

① 《河南省人民政府关于印发〈河南省建设制造强省三年行动计划(2023—2025 年)〉的通知》,《河南省人民政府公报》2023 年 8 月 25 日。

蒙古 1 个，河南挂零。从国家战略性新兴产业集群分布来看，山东 7 个、广东 6 个，河南仅有 4 个，与福建、湖北、湖南、安徽数量相当。从国家中小企业特色产业集群分布来看，广东 14 个、浙江 12 个、安徽 11 个、福建 9 个、湖北 9 个、湖南 8 个，河南仅有 6 个（见表 3）。同时，河南的国家创新型产业集群数量仅有 3 个，明显少于江苏、广东、湖北的 19 个、17 个、16 个。2023 中国民营经济发展论坛上发布的 2023 中国百强产业集群名单显示，江苏、浙江、广东分别有 18 个、17 个、14 个，山东、安徽、福建、江西有 8 个、7 个、5 个、5 个入选，河南有 3 个，与湖南数量相当。

表 3 我国部分省份国家级产业集群数量

单位：个

省份	国家先进制造业集群	国家战略性新兴产业集群	国家中小企业特色产业集群
河南	0	4	6
江苏	10	3	11
广东	7	6	14
浙江	4	3	12
山东	3	7	15
四川	3	3	9
福建	1	4	9
湖北	2	4	9
湖南	4	4	8
安徽	1	4	11

资料来源：根据公开资料整理得到。

（二）先进制造业竞争力有待加快提高

在《先进制造业百强园区（2023）》中，河南仅有郑州经开区（第 40 位）、郑州高新区（第 44 位）、洛阳高新区（第 93 位）共 3 个园区入选，数量少于湖南的 5 个。《2023 园区高质量发展百强研究报告》显示，江苏省占 19 席，广东省、浙江省、湖北省、山东省入榜园区数量分别为 9 个、8 个、8 个、7 个，河南仅有郑州高新区（第 44 位）、郑州经开区（第 51 位）、洛阳高新区（第 67 位）共 3 个入围。从 2023 年国家级经开区考核评价综合排名前30名单来看，江苏9家、浙江6家进入前30名；河南唯一一家进入前30名的郑州经开区排名第26，较上年下降3个名次；安徽的合肥经开区、芜湖经开区分别排名第6、第20，较上年名次不变；湖北的武汉经开区排名第18，较上年上升8个名次，提升幅度显著；四川的宜宾临港经开区排名第22，较上年上升7个名次；陕西的西安经开区排名第23，较上年上升5个名次。河南的国家新型工业化产业示范基地数量为14个，不仅远远落后于工业大省江苏、山东的30个，浙江、四川的26个，广东的25个，而且少于中部地区湖南的19个、湖北的18个、江西的17个、安徽的15个，仅排在全国第16位、中部第5位，与全国工业大省、经济大省的地位明显不相称（见图2）。

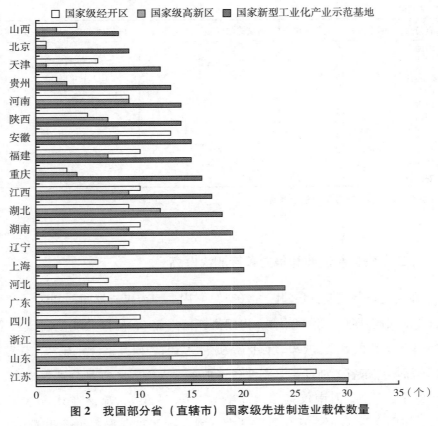

图2　我国部分省（直辖市）国家级先进制造业载体数量

资料来源：根据公开资料整理得到。

（三）县域集群带动效应有待增强

如图 3 所示，2022~2023 年中国县域经济百强县中，河南仅有 10 个，明显少于江苏的 48 个、浙江的 34 个、山东的 26 个、湖北的 16 个、福建的 14 个。《2022 中国县域经济百强研究》显示，河南省的巩义市（第 45 位）、新郑市（第 56 位）、永城市（第 60 位）、济源市（第 71 位）、新密市（第 74 位）、汝州市（第 94 位）入围。《2023 中国县域经济百强研究》显示，河南仅有 4 地上榜：巩义市（第 46 位）、新郑市（第 58 位）、永城市（第 59 位）、中牟县（第 78 位）。河南在 2023 年中国县域经济百强县中排名最靠前的是巩义市，但仅位列第 46，其他入围的新郑市、永城市、中牟县 3 个县市都位居 50 名以后。与 2022 年中国县域经济百强排名相比，河南的整体名次略有下降，济源市、新密市、汝州市更是跌出百强，仅新增中牟县一个。从 2022 年国家中小企业特色产业集群的县域分布情况来看，河南省中

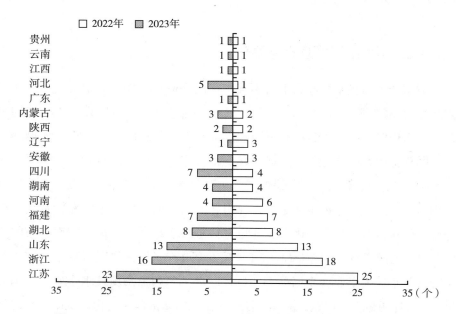

图 3　2022~2023 年全国县域经济百强县各省（自治区）分布情况

资料来源：根据 2022~2023 年国家中小企业特色产业集群名单整理得到。

小企业特色产业集群全部分布在县域，在县域数量高于浙江、湖南、安徽和福建（见表4）。但2023年，河南省中小企业特色产业集群在县域的数量低于浙江、湖南、安徽、福建。因此，产业集群对县域经济支撑不足是河南省县域经济竞争力相对较弱的重要原因。

表4　2022~2023年我国部分省份国家中小企业特色产业集群县域分布情况

单位：个

省份	2022年		2023年	
	总数	在县域的数量	总数	在县域的数量
浙江	4	2	8	7
河南	4	4	2	2
湖南	3	2	5	5
安徽	5	2	6	4
福建	4	2	5	3

资料来源：根据2022~2023年国家中小企业特色产业集群名单整理得到。

（四）优质企业量质有待提升

河南先进制造业集群竞争力不强与优质企业实力偏弱有很大关系。河南省共有25家企业、18家企业入选2023中国制造业企业500强、2023中国民营企业500强。其中，仅有10家企业同时入围2023中国制造业企业500强、中国民营企业500强。河南没有1家企业入选中国战略性新兴产业领军企业100强。这与全省建设7大先进制造业集群、28个重点产业链的要求相比，缺口仍然较大。除了龙头企业之外，河南省的制造业单项冠军、专精特新中小企业、创新型中小企业等优质企业也有待进一步壮大。根据工信部公布的相关名单，河南拥有39家国家制造业单项冠军（全国第9位）、426个国家"专精特新"小巨人企业（全国第11位）、1.08万家国家高新技术企业（全国第14位），均明显少于广东、浙江、江苏和山东等东部地区省份。从中西部地区来看，河南的国家制造业单项冠军数量少于湖南，国家"专精特新"小巨人企业数量、国家高新技术企业数量均少于湖北、安徽、湖南、四川。

（五）创新支撑能力有待增强

总体来看，河南的创新投入和创新水平基本排在全国中等偏下的水平。如表 5 所示，2022 年，河南省研发经费投入总额达 1143.3 亿元，排在全国第 11 位、中部地区第 4 位；研发投入强度为 1.86%，排在全国第 17 位、中部地区第 4 位。2022 年河南省研发投入强度不仅低于全国的 2.54%，而且低于安徽的 2.56%、湖南的 2.41%、湖北的 2.33%。《中国区域科技创新评价报告 2022》显示，河南的综合科技创新水平指数在全国排名第 17，落后于湖北（第 8 名）、安徽（第 10 名）、湖南（第 13 名）、江西（第 16 名）。河南创新综合实力不强和大学、科研院所、龙头企业相对较少有很大的关系，更与高端技术人才的支撑能力不足、科技创新研发投入规模和强度仍相对较低有关。

表 5   2022 年中部六省研发投入指标对比

地区	研发经费投入总额（亿元）	研发经费投入总额在中部六省中的排名	研发投入强度（%）	研发投入强度在中部六省中的排名
河南	1143.3	第 4 位	1.86	第 4 位
安徽	1152.5	第 3 位	2.56	第 1 位
湖北	1254.7	第 1 位	2.33	第 3 位
湖南	1175.3	第 2 位	2.41	第 2 位
江西	558.2	第 5 位	1.74	第 5 位
山西	273.7	第 6 位	1.07	第 6 位
全国	30782.9		2.54	

资料来源：《2022 年全国科技经费投入统计公报》。

四   六路并进助推河南省先进制造业集群建设

先进制造业集群建设是全面推进新型工业化下河南必须抓出实效的一项

工程。河南要把发展先进制造业集群摆到更加突出位置，通过六路并进瞄准"7+28+N"产业链群，争取在新材料、高端装备等领域实现国家先进制造业集群零的突破，推动"制造强省"建设迈上新台阶，为建设现代化河南锻造硬核力量。

（一）面向新质生产力，加快培育先进制造业集群

新兴产业的蓬勃发展离不开长期性、系统性的培育。提高科研成果转化率，推动新兴产业建链育群，加快形成新质生产力，增强发展新动能。加快产业技术创新体系重塑，在产业发达地区长设研究机构，加强创新资源协同整合，在补链延链建链升链上展现新作为。发挥链主企业"出题者"和"头马"作用，探索建立产业链上下游共同实施重大技术装备攻关和试验验证的创新协同机制，加快突破一批具有战略意义的关键技术。[①] 强化生产性服务业统计监测，支持郑州、洛阳建设国内领先的生产性服务业高地，加深先进制造业与现代服务业融合。

（二）打造创新强磁场，优化先进制造业集群生态

一是加快优质创新要素集聚，打造高能级创新平台，大力培育引进创新引领型企业、人才、机构，充分调动集群内大中小企业、行业协会、科研院所、中介组织、政府机构等不同创新主体的积极性，推动龙头企业和配套企业开展关键核心技术协同攻关，在高频次、宽领域、多主体的互动中加快融合创新。二是以正式和非正式互动联系为纽带，促进集群内政产学研互动，消除集群各主体之间的创新壁垒，推动集群创新竞争与合作。构建区域政产学研合作创新体系，高效整合各类区域创新资源，加强研究机构与集群内企业协同创新、集群内大中小企业融通创新，支持金融机构更好地服务集群内企业，提升企业创新意识和创新能力，不断创造新产品、新品牌、新渠道、新模式。三是打造先进制造业优质企业雁阵，凸显中小企业的创新主体地位，

---

① 王梦然：《厚植新质生产力，增强制造新动能》，《新华日报》2023年9月21日。

更好地发挥优质企业在提升先进制造业集群竞争优势中的作用。将专精特新"小巨人"企业、单项冠军企业培育纳入先进制造业集群政策支持重点，着力培育一批自主创新意识浓厚、地域科创特色鲜明的"隐形冠军"企业，在强基固链聚群中更好地发挥作用，通过"抱团合作"积极参与全球价值链、供应链。

（三）突出协同联动，凝聚先进制造业集群建设合力

国际实践表明，集群化发展成为各大经济体塑造竞争新优势的战略选择。先进制造业集群是开展跨地域、跨行业和跨领域协同创新的主要阵地。发达国家和地区经验表明，先进制造业集群发展离不开政府、机构、企业、民间组织等多主体的良性互动。先进制造业集群往往超越行政、部门、产业边界限制，对跨区域、跨部门、跨链条协同发展提出更高的要求。一要促进城市间产业协作，优化产业链区域布局，出台打破行政壁垒的集群政策，联手提升装备制造、绿色食品等特色优势制造业集群能级，努力形成若干个国家级乃至世界级先进制造业集群。二要增强多部门协同发展意识，构建政府、市场和中介组织通力合作的集群治理结构，建立"1 个主导部门+N 个相关部门"的跨部门联动管理机制，推动多个部门协同参与集群建设。三要加强集群主体之间的协同，由集群龙头企业、科研机构等牵头成立专业化的先进制造业集群发展促进组织，按照相关建设指引规范先进制造业集群促进组织发展，提升先进制造业集群治理能力现代化水平。四要将产业链和创新链协同作为先进制造业集群建设的重要驱动力，打通政策链、创新链、产业链、资金链和人才链，不断拓展先进制造业集群发展新空间。

（四）强化数字赋能，推动先进制造业集群融合发展

20 世纪 80 年代末以来，世界制造业的数字化变革逐渐深入，传统的创新生态系统与数字生态系统融合趋势日益明显。培育先进制造业集群，更要注重发挥数字赋能的作用。一要借助工业互联网技术实现产业集群数字化转型，探索工业互联网驱动制造业群链升级模式，打造与数字经济时代相适应的产业生态体系。二要发挥"群主"企业、"链主"企业引领作用，推动产

业链上下游数字化改造，形成数据驱动下的创新发展范式，加速制造知识和经验的沉淀以及跨界融合创新。三要全域化推广智能制造，加快先进制造业与现代服务业融合发展，探索规模化定制、服务化延伸等新模式，打造一批5G、人工智能创新应用场景，提升制造业产业链整体效率。

（五）实施分类引导，加快先进制造业集群建设步伐

制造业是区域经济发展的"压舱石"。河南是中国制造业高质量发展的重要力量。在培育先进制造业集群中，河南要坚持专业化、特色化、动态化和差异化发展。一要按照"一群多链、聚链成群"的原则，围绕产业基础开展先进产业集群建设，因地制宜发展特色鲜明、优势突出的先进制造业集群。二要动态调整先进制造业集群培育对象，制定"一群一策"，完善"一集群一机构"治理机制，推动先进制造业集群特色化发展。三要支持"1+8郑州都市圈"联手共建国家级先进制造业集群，鼓励地理相邻或产业相关的地区联合培育省级先进制造业集群，提升集群合作共赢能力、国际竞争能力。

（六）深化开放合作，激发先进制造业集群发展活力

先进制造业集群是一个开放的产业生态系统。一要锚定现代化河南建设目标，充分发挥科教、人才、产业等竞争优势，绘制集群重点产业链招商图谱，围绕河南有基础、有特色的优势产业进行产业链招商，促进补链、延链、固链、强链，提升产业链完整度。二要深化与黄河流域重点省市、京津冀、长三角、珠三角、粤港澳大湾区重点区域产业合作，积极参与"一带一路"建设，提升与日韩、欧美合作水平，融入全球产业链、供应链、创新链，在更大范围和更高层次上促进集群开放发展。三要争取国家先进制造业集群大会落户河南，利用中国河南国际投资贸易洽谈会、中国（郑州）承接产业转移系列对接活动等平台，强化先进制造业重大项目引进与落地，吸引海内外名校、研发机构、跨国公司在集群领域设立研发中心，引导龙头企业带动上下游企业"结伴出海"。

参考文献

赵建吉：《打造先进制造业集群　推动产业迈向中高端》，《河南日报》2021 年 8 月 30 日。

刘晓慧：《培育壮大战略性新兴产业集群》，《河南日报》2023 年 8 月 4 日。

张雯：《河南加快培育先进制造业集群的问题及对策》，《中共郑州市委党校学报》2022 年第 6 期。

韩馨墨：《全球价值链视角下河南先进制造业产业集群升级路径研究》，《大众投资指南》2022 年第 15 期。

陈正洋：《到 2025 年形成 7 个"万亿级"集群》，《河南商报》2023 年 8 月 17 日。

徐向梅：《推动先进制造业集群发展》，《经济日报》2022 年 6 月 17 日。

张占仓：《河南省高质量实施科教兴省战略的新布局与新举措》，《创新科技》2023 年第 4 期。

B.4
河南省产业链与创新链深度融合发展研究

鲍鹏　王娜　谢绒欣*

摘　要： 河南省制造业规模在全国名列前茅，但在发展质量上与国内发达地区相比仍有较大差距，本文通过对河南省产业链与创新链融合发展的现状进行分析，研究发现：河南省产业链与创新链融合发展面临着研发投入少基础研究薄弱、科技成果转化难、产学研合作难、研发人员培养缺失、研发机构建设难、科技创新政策申报难等突出问题，在此基础上提出对策建议以提升河南省产业链与创新链深度融合发展能力。在具体措施方面需要在创业园开展链长制管理创新，鼓励支持科技研发，提升科技成果转化成功率，促进产学研合作，完善技术人员培养体系，改善研发机构建设，强化科技创新政策申报。

关键词： 河南省　产业链　创新链　融合发展

一　河南省产业链与创新链深度融合发展的意义

（一）产业链与创新链深度融合发展是实现经济和社会价值的保障

产业链是产业部门之间通过技术经济关联，依据逻辑关系和时空布局关系形成的链条式关联形态，是产品生产、制造、流通、消费的全过程，是产

---

* 鲍鹏，河南道和基金管理有限公司副总经理，研究方向为创业孵化、创业投资；王娜，郑州中美创业孵化器有限公司孵化总监，研究方向为创业孵化、政策申报；谢绒欣，郑州中美创业孵化器有限公司运营总监，研究方向为创业孵化、园区运营。

业组织、生产过程和价值实现的统一。创新链是创新需求经过技术、人力、资本投入转化为产品和服务并产生经济社会价值的过程，是一个由基础研究、应用开发、试制改进等环节组成的链式结构。

创新链为产业链提供发展动力，促进产业链各环节实现价值增值，产业链需要依托创新链才能发展、升级、提高。创新链产生的核心技术支撑了产业链的安全和运转，产业链带动创新成果的工程化和落地应用，又促进了创新链的落地，并对创新链发展提出新的需求，推动创新链升级，创新链依托产业链实现经济和社会价值。

（二）产业链与创新链深度融合发展是市场发展的需要

市场经济循环主要表现为产业链循环，受技术难度和市场需求影响，产业链的每个环节的附加值不同。高技术水平会带来产品和服务的高性能进而促进需求，技术难度高则会形成技术垄断，增强竞争力并在市场价值链中占据主导地位。围绕产业链部署创新链，需要以企业为创新主体，从市场需要出发进行产学研合作与科技攻关，实现核心关键技术自主可控，掌握价值最高的研发和营销环节，才能确保产业链不受制于人，占据市场竞争的制高点，提高议价权，获取更高的收益。

（三）产业链与创新链深度融合发展是河南省制造业结构转型的关键

河南省制造业结构性问题严重，传统制造业比例过高，盈利能力有限且污染严重。改变河南省的产业结构失衡需要提高生产效率，供给高质量、高价值的产品，这就需要通过科技创新发展智能硬件、通信设备、物联网等现代化生产性服务业，对传统制造业进行智能化信息化改造，而治理污染也同样离不开科技支持；另外，河南还需要拓展盈利能力更强的生物医药、高端装备、智能汽车、新材料等战略性新兴产业。只有产业链与创新链深度融合，发挥创新链对产业链的推动作用、产业链对创新链的引导作用，共同形

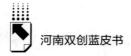

成以创新驱动为引领，具有自主可控性，数字化、智能化、绿色化特征的现代化产业链体系，才能实现河南省制造业的结构转型。

（四）产业链与创新链深度融合发展是河南省经济高质量发展的前提

只有产业链与创新链深度融合，通过科技创新建设先进高效、自主可控的现代化产业链体系，进行供给侧的结构性创新，使河南省的产业优势领域由生产制造环节向研发设计、零部件制造、品牌营销、客户服务等高附加值环节拓展，将要素驱动型转向创新驱动型，才能增强产业综合竞争力，构建创新引领、协同发展的现代化经济体系，实现河南省经济高质量发展。

二　河南省产业链与创新链融合发展的现状

河南省产业链与创新链融合的成效显著，但与先进地区相比差距尚存。

（一）科技投入增长迅速

科技投入决定了创新链的发展水平。河南省研发投入保持较快增长，基础研究占比明显提高。根据河南省统计局 2023 年 9 月公布的《2022 年河南省研究与试验发展（R&D）经费投入统计公报》，2022 年河南省研究与试验发展（R&D）经费 1143.26 亿元，比上年增加 124.42 亿元，增长 12.2%。其中，基础研究经费 37.49 亿元，比上年增长 52.7%；应用研究经费 98.49 亿元，增长 11.9%；试验发展经费 1007.28 亿元，增长 11.1%。企业是研发活动的主要主体，政府和高校的研发支出增长较快。河南各类企业研究与试验发展（R&D）经费 992.50 亿元，比上年增长 11.2%；政府属研究机构经费 66.70 亿元，增长 19.0%；高等学校经费支出 70.13 亿元，增长 22.5%；企业、政府属研究机构、高等学校经费支出所占比重分别为 86.8%、5.8% 和 6.1%。

（二）科技投入强度低基础弱

将河南省的研发投入数据和国家统计局 2023 年 9 月 18 日公布的《2022 年全国科技经费投入统计公报》进行数据对比。2022 年河南省研究与试验发展经费投入强度（研发投入与营业收入之比）为 1.86%，全国为 2.54%。河南省高技术制造业研发投入强度为 1.60%，全国为 2.71%。研发投入中基础研究占比 3.3%，全国为 6%，这说明河南省的企业重销售轻研发，在投入比例上还轻基础重应用，造成企业创新能力严重不足，缺乏核心技术，产品和服务竞争力不足，同质化竞争严重，企业的盈利能力不足。

（三）科技成果转化增长迅速但转化率低

创新链的核心在于知识产权，知识产权的载体是科技型企业，孵化科技型企业需要科技园区。根据河南省科学技术厅发布的 2022 年河南省科技概况，2023 年全年河南省专利授权量达到 135990 件，有效发明专利 67164 件；签订技术合同 2.24 万份，比上年增长 27.2%；技术合同成交金额 1025.30 亿元，增长 68.4%；高新技术企业 10872 家，科技型中小企业 22004 家。根据 2023 年 7 月 24 日河南省十四届人大常委会第四次会议关于全省专精特新中小企业发展情况的专题调研报告，累计培育创新型中小企业 10040 家，省级专精特新中小企业 2762 家，国家级专精特新"小巨人"企业 370 家；战略性新兴产业增长 13.3%。根据河南省科学技术厅 2023 年 5 月 31 日公布的科技企业孵化器备案数据，全省共建设 466 家省级及以上孵化载体，其中国家级孵化载体数量 153 家，孵化载体孵化场地面积达 554 万平方米，在孵企业及团队 2.44 万家，提供就业岗位近 24.86 万个。但在庞大的科技体系下，每年的科技成果转化率只有 30%，与发达国家 60%～70% 的差距巨大，其原因则是转化难和产学研合作难。

（四）生产性服务业发展水平低

生产性服务业主要是为制造业等生产活动提供金融、营销、财务、法

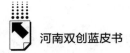

务、人力、研发等专业服务的行业，越是高端的制造业对资金、技术、人力要求越高，越需要生产性服务业，特别是科技相关的生产性服务业的支持，生产性服务业的规模和服务水平可以体现产业链与创新链的融合程度。根据《2022 年河南省国民经济和社会发展统计公报》，2022 年河南省第三产业占比为 49%，全国平均水平为 55%，其中生产性服务业仅占第三产业的 1/3。而欧美发达国家的第三产业占比超过 70%，并且其中 70% 是生产性服务业。河南省的生产性服务业相比全国和发达国家的平均水平，不仅所占比例过小，而且产业结构极不合理，批发零售、交通运输、金融业等行业占据主导地位，软件和信息技术服务、信息传输、租赁服务等现代服务业所占的比重较少。河南省生产性服务行业还大多为中小型企业，科技创新能力薄弱，并且缺乏科学化的管理、标准化的服务，完善的品牌策略，只能提供较为低端的产品和服务，对其他产业的带动力较弱、服务水平较低。

三　河南省产业链与创新链融合发展面临的主要问题

（一）研发投入少基础薄弱

企业不愿意投入研发并且轻基础重应用的原因，一是新产品研发难度较大，研发成本较高，中小企业自身研发能力不足，研发人员稀缺。二是国内现有知识产权立法不够完善和配套，打击侵权行为力度小，抄袭模仿相比自主研发成本和风险更低。三是企业自身的知识产权保护意识不强、专业能力不足，无法构建完善的知识产权保护体系，也难以开展知识产权诉讼以保护研发成果。相比投入大量资源、冒极大风险，研发周期长、易被抄袭且难以维权的新技术新产品，企业不如增加销售投入，使用成熟的技术和产品更容易快速稳定获利。

（二）科技成果转化难

科技成果转化难的原因是科研成果与市场需求不匹配。高校和科研机构与市场接触较少，客户和企业对科技成果也了解不足。科研成果转化所需的巨大资源投入令企业、高校、科研机构无法负担，需要市场化的服务平台居中协调。但现有的科技成果转化服务平台大多只是单纯的信息服务企业，资源集中程度低，规模和影响力有限，各自为政，极为封闭，与同类平台、高校、科研机构、企业联系弱。另外，此类企业服务功能单一，只有信息发布功能，缺乏评估、中介、技术转让、金融孵化等服务。

（三）产学研合作难

我国教育和科研体系更重视学术研究，与市场需求脱节，缺乏有效的产权激励是造成产学研合作难的根本原因。高校的首要目的是教学，科研机构的目标是评选科技成果，而非成果产业化，且针对相关参与人员的激励手段不足，导致其缺乏动力。科技成果的实际价值难以确定，直接销售无法确定价格，技术入股制度缺失且流程缓慢难以开展，导致错过了最佳销售时机，科技成果的经济价值大打折扣。科技研发所需资金庞大且投资风险极高，普通投资人缺乏专业能力和管理手段，只有风险投资机构有能力控制风险并愿意提供资金支持，但目前本地金融管理部门对风险投资机构的审批过于严苛，造成投资机构难以成立正规天使基金来获得政策支持和取信投资人，投资机构募资能力不足则导致产学研合作缺乏资金投入。

（四）研发人员培养缺失

教育与市场需求的脱节，造成企业需要对毕业生进行长期的高投入岗位培训才能满足业务需要，而研发人员的离职则会造成企业培训投入付诸东流。市场竞争激烈，商机稍纵即逝，也使企业难以花费较长时间去培养研发人员。而吸纳大部分就业的民营中小企业平均寿命不到三年，忙于生存，根本无力考虑长远发展。以上原因造成企业更倾向于直接招募有经验的研发人员而非培训新人，但有经验的研发人员只能从其他企业高薪招募，不仅使行业平均人力成本不断升高，还使更多企业不愿意再培养新人，形成恶性循环。企业还重视管理而忽视研发，缺乏系统性的研发人员管理和晋升体系，造成研发岗相比管理岗难以晋升且薪酬较低，进一步加剧人才流失。随着知

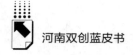

识产权重要性的提升，研发人员因为培训不到位，专利意识薄弱、专利知识欠缺、未掌握最基本的专利技能保护措施，研发工作出现疏漏，给企业造成的风险和损失也越来越大。

（五）研发机构建设难

围绕产业链需求建设研发机构才能增加产业链创新供给。但企业组建研发机构难度很大，需要大量设备、场地、资金投入。随着社会发展和技术水平的提高，研发设备的价格、场地成本、研发人员的培训成本都在增加，企业难以负担；且企业研发需求相对较少，即使能够建立研发机构，也难以充分利用。高校和科研机构拥有政府财政支持，虽然设备多、场地大、水平高，但大多与市场接触不紧密，其科研成果一般仅用于教学和学术研究，脱离实际难以落地，大量投入难以通过市场收回。

（六）科技创新政策申报难

科技创新的快速发展离不开政府的引导和支持，政府近年来对于科技创新十分重视，公布了大量科技政策，但政策种类繁多且申报流程烦琐，中小企业缺乏有效获取政策的渠道，受规模所限，也无专人解读政策，难以获取、研究、申报政策。虽然企业可以通过服务外包机构解决上述问题，但其服务能力参差不齐、专业化程度不一、单打独斗，能够受到企业信任的优秀机构很少；而且很多中小企业更关注自身业务，并不关注政策，本身科技管理和财务制度不健全，数据缺失严重，也难以达到政策申报的条件。

四　提升河南省产业链与创新链深度
融合发展能力的对策建议

在剧变的国际经济形势中，中小企业已难以独立生存，需要与上下游企业形成产业链，与高校、科研机构、科技服务机构形成创新链才能继续发展。促进产学研合作需要构建相互配合、开放、协同、创新、绿色的科技创新生态体系。而产业链和创新链上主体众多，必须实现目标一致、对接顺畅、利益共享，才能实现创新突破、产业突围。

（一）链长制管理创新

双链融合是一项系统工程，需要统一指挥统筹推进，需要有明确的规划和分工，为此河南省政府发布了《关于建立新兴产业链工作推进机制的通知》，明确了链长制工作制度，各地市和县区也推出了本区域的链长制工作规划。链长制可以促进大中小企业融通发展和产业链上下游联动协同，并为精准制定产业配套政策、提供产业发展需要的基础设施明确方向。链长可以发挥统筹协调产业要素的作用，链主企业发挥引领作用，促进产业链和创新链各主体协同发展，畅通产业、市场、经济、社会循环，打造产业集群，推动产业向中高端发展，促进产业链健康长效发展。

但科技创新参与的各类主体数量众多，相互之间难以沟通协调，仅靠政府从宏观层面着力也难以管理，需要一个中介来构建链接，而构建科技生态体系也需要一个载体，这个中介和载体就是创业园。创业园拥有强大的科技转化优势，其入驻的企业是技术创新的源头，拥有大量的高层次技术人才。创业园作为资源高地以及前沿技术领域原始创新的源头，会促进产业转型升级，培养创新创业人才，加速创新链与产业链的深度融合起到重要作用。创业园需要在县区政府和中小企业之间起到重要的协调作用，中小企业产业链和创新链的构建需要先在创业园落实链长制管理创新。参照河南省政府链长制工作制度，创业园在产业链与创新链深度融合发展上可做如下管理创新。

突出以园区为载体：设置产业链链长负责企业的招商和孵化，行业服务机构招引和管理，产业政策申报和活动组织，并总体规划和协调其他链条对企业和项目的服务工作。设置创新链链长、金融链链长、人才链链长等服务链长负责园区科技服务、投资融资、人力、营销、工商、财税、法律相关机构的对接、招引和管理，政策申报和活动组织。

聚焦新兴产业突出高精尖方向：综合发展难以面面俱到，园区规划要聚

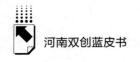

焦产业发展方向。园区需要引入高成长性、高潜力的新兴产业企业作为链主企业，协助其构建产业需求链条和创新服务链条。

强调制度创新：链主企业负责人和各链长组成专孵工作小组，由产业链链长负责统筹协调。每个单项服务工作小组由链主企业对口管理人员、服务链长、单项服务机构代表组成，服务链长需要沟通和协调链主企业与服务机构关系，确保服务顺利开展。各工作小组制定工作目标和计划，并实时跟踪完成进度。

强调信息共享：产业链长定期共享行业动态、重点企业和项目动态，各服务链长也定期共享所辖服务行业动态。便于专孵小组根据行业情况、企业和项目需求和发展情况精准引入服务。

建立严格定期汇报机制：专孵工作小组每月召开工作例会，汇报重点企业、项目、服务落实情况和需要协调解决的事项，并商议后续推进计划。单项服务工作小组根据服务开展节点事项需要随时召开汇报会。

（二）鼓励支持科技研发

研发投入和基础研究涉及范围大、风险高、长期收益巨大，销售投入和应用研究则是涉及范围小、低风险，短期回报率高。为了避免企业重视短期获利，而忽视长期发展，需要做好以下几方面。一要扩大范围，加强技术流动，从整个行业进行科技创新。引导行业龙头企业整合高校、科研机构、上下游产业链企业合力加强技术创新和新产品开发。二要减少竞争避免风险，鼓励中小企业专精细分市场，避免低水平同质化竞争。三要保障长期收益，降低知识产权申报门槛，增强对知识产权的保护。发展知识产权代办机构，提供专业化的培训引导企业重视知识产权的战略布局规划，为企业提供专利、商标、软著、版权咨询、申报、维护等方面的服务。发展知识产权律师事务所，为企业提供相关诉讼服务，便于企业维权。

（三）提升科技成果转化率

科技成果转化需要企业、高校、科研机构等多方协作，需要一个市场化的专业第三方服务平台来沟通。以创业园为载体建设科技成果转化服务平台，可以有效解决现有平台小而散、横向纵向联系弱、缺乏服务生态体系的缺点。创业园与企业处在同一物理空间，有各类创业服务业务互动，联系更为紧密，可以实现服务的强化整合，改变平台小而散的状态。创业园作为双创载体更具开放性，与政府、高校、研究机构、上游众创空间、下游产业园、科技服务平台等创新主体有更多的链接，可以实现平台的横向纵向联系强化。创业园拥有全面的服务体系，可以提供更完善的科技成果转化服务生态体系。创业园作为创新创业载体，能够以双创实训基地的身份为高校提供双创教育和实践，促进科技人才培养；能够以科技服务机构的身份为科研机构提供技术展示、撮合、交易服务。创业园发挥服务中枢和业务中介的作用，为企业与高校、科研机构的沟通提供平台，通过市场信息交流，资源共享，实现科研成果的市场导向、产业导向，提升科技成果转化的成功率。创业园可以引入外部金融机构为企业提供研发设备租赁、知识产权融资、技术入股等科技金融服务，促进科技成果转化。创业园作为企业孵化载体，与企业有较多的日常互动，能够作为资产、投资、贷款管理机构，对入驻企业进行有效的监督和管理，减少投资风险。

（四）促进产学研合作

产学研合作难，究其原因是各创新主体间缺乏协同合作转化机制，相关政策体系和服务能力不足。围绕创新链布局产业链，需要各个创新主体利益一致，制定统一的工作流程，形成创新合力；需要改善高校和科研机构的评价体系，以技术成果的转移、转化、应用为重要权重，允许技术入股，与企业共担风险，降低企业获得技术的门槛；需要将政策减税、补助与企业增效、提质、减排挂钩，增强企业的创新动力；需要发挥资本市场筛选机制，设立产业、创业投资引导基金，支持高校和创业园建立与引入风险投资公司，降低天使投资基金门槛，吸纳更多社会资金支持科技创新；需要支持高校和创业园建立独立的技术转移组织，引入和支持社会化的技术服务机构，完善技术转移创新服务体系。

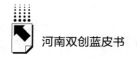

（五）完善研发人员培养体系

教育的作用是为社会输送合格的人才。改变教育与市场需求脱钩问题，需要高校针对企业的需求，在招生就业、专业建设、课程开发、学生授课、资源共享等环节与企业深度对接。企业高管可以兼职高校教师，结合企业发展为学生传授最新的行业技能和管理经验。高校教师可以兼职企业研发人员，可作为外援力量为企业攻克技术难点，并将理论知识转化为实践教学体系。研发人员的培养是一项涉及企业长远发展的系统工程，不能仅靠高校教育，还需要企业自身努力。中小企业寿命过短的根本原因是缺乏有组织的、系统化的管理，其核心是企业高管自身能力、素质、道德的缺失。延长企业寿命需要从培养合格的企业高管做起，需要推广现代企业管理制度，提升企业高管技能，培养企业家精神。有了合格的企业管理者，还需要培训合格的研发人员。在知识产权时代，研发人员必须熟悉专利知识，具备专利保护意识，并掌握专利检索利用、专利侵权分析、专利规避设计、专利保护布局等核心的专利技能，否则就会浪费企业来之不易的研发经费，还可能使得企业和产品处于危险境地，这就需要针对研究人员进行知识产权培训。而最好的技术借鉴来源就是竞品的专利，对专利的研究也可以提升研究能力。政府也需要增加对中小企业支持，完善企业职业培训投入的扣除、抵税制度，完善融资体系，提高贷款审批速度，针对科技企业缺乏可抵押房产的问题，发展天使投资、知识产权和设备抵押贷款，增加中小企业融资和抗风险能力。

（六）改善研发机构建设

针对建设研发机构投入较大的问题，企业可以通过科研设备场地共享服务平台，租赁其他企业、高校、研究机构的实验室，企业通过研发外包服务平台，也可以不受技术、人员、设备、场地限制开发新产品。但因租赁设备较为分散、交通不便，高校、研究机构的通用教学和科研设备难以满足行业特殊需求，存在外包研发项目质量难以保证、可控性弱、信息不透明、技术易泄露等问题，企业仍有必要投入资金建立自身的研发机构。创业园、产业园作为产业集中区域，园区的大量企业可能会有类似的研发设备需求，可以共同出资或由投资人出资建设共享实验室，集中配置设备便于园区企业使用，也便于租赁公司管理。共享实验室的建设也可以吸引一批技术服务团队入驻园区，优化园区创新服务体系。园区一般会以自有资金或引入外部资金对入驻的初创企业进行投资，投资企业风险较大，破产企业遗留的设备、场地难以回收使用。通过投资建设园区共享实验室，则既能满足企业耗资巨大的研发需求，还能减少投资人投资风险。园区共享实验室可以通过租赁费用入股的方式，减轻企业的租赁成本并获取股权收益，而租赁投资失败也仅仅损失场地设备租赁费和折旧费。

（七）强化科技创新政策申报

随着经济的发展，科技政策涉及的行业越来越细，政策申报的专业要求也越来越高，企业需要更专业的政策服务。企业所需的科技服务种类繁多，涉及企业发展的方方面面，科技服务机构需要转换单点服务的思维方式，为企业提供全面的科技规划和集成方案。而单一服务机构也不可能面面俱到，需要多家机构分工协作满足企业的全方位需求，企业也需要一个平台能够快速查找合适的服务机构，这个平台还需要站在第三方的角度以保障双方的公平交易。创业园作为企业和服务机构的集聚地，与双方均有业务往来，可以组建第三方科技创新服务平台居中协调，为服务机构提供业务展示和客户推介服务，提供交易撮合、公平交易监督、服务机构评价等服务。通过这种开放的服务体系，可以避免过去封闭的一对一服务模式，给企业更多的选择，并促进服务机构完善服务标准提升服务质量。包含政策申报在内的科技创新服务是一项复杂的系统性的业务，无论是政策申报困难，还是科技服务难以开展，很大程度上都和企业对科技创新重视不够、没有清晰认知有很大关系。任何新兴的业务开展都离不开客户培训，创业园需要组织科技服务机构为企业提供科技创新培训，引导企业重视以科技创新提升产业发展，借助政策东风加快发展步伐。

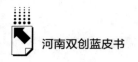

参考文献

史丹、许明、李晓华：《推动产业链与创新链深度融合　助力我国经济发展由要素驱动型转向创新驱动型》，《经济日报》2021年12月1日。

崔秀阳：《河南省"链长制"推行现状及案例浅析》，《火石创造》2021年1月26日。

李军：《科技园区促进产学研深度融合》，新华网，2021年6月17日。

张铭慎：《科技成果转化难关键是激励不足》，《经济日报》2018年12月20日。

李毅中：《中国科技成果转化率仅为30%　发达国家达60%~70%》，凤凰网 财经，2020年12月5日。

胡乐明：《产业链与创新链融合发展的意义与路径》，《人民论坛》2020年第31期。

B.5
强化"专精特新"企业在河南省产业链重构重塑中的作用

牛雪妍*

摘　要： "专精特新"企业是中小企业的领头羊，是产业链、供应链的关键节点，更是补链强链稳链固链的生力军，在产业链重构重塑中发挥着举足轻重的作用。本文系统分析了河南"专精特新"企业在产业链重构重塑中取得的成效和存在的问题，并对先发地区"专精特新"企业的发展经验进行总结，从而为河南省提供借鉴启示。对标先进经验，河南因地制宜提出发展建议，从完善体制机制、加强技术攻关、打造产业集群、优化营商环境、加强资源要素配置五个方面重点发力，进一步强化"专精特新"企业在河南产业链重构重塑中的作用，保障产业链供应链韧性和安全水平，加快构建自主可控的现代化产业体系，提升产业链现代化水平。

关键词： 专精特新　河南省　产业链　重构重塑

　　当前，世界经济不确定性增加，逆全球化思潮抬头，国际贸易保护主义明显上升，特别是以美国为首的发达国家为维持自身领先地位，试图通过技术封锁和脱钩断链的方式遏制打压我国高科技产业发展，严重威胁我国产业链供应链韧性和安全水平。在此背景下，加快产业链重构重塑，保持产业链供应链完整、高效、高质量具有重大战略意义和现实价值。企业是构建产业链的主体力量，而兼具专业化、精细化、特色化、新颖化特征的"专精特

---

* 牛雪妍，河南省社会科学院数字经济与工业经济研究所研究实习员，研究方向为产业经济学。

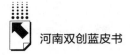

新"企业是重构重塑产业链安全和竞争力的重要抓手。这类企业往往存在于产业链关键环节，聚焦大企业关键细分领域，在解决我国"卡脖子"难题、补短板锻长板填空白上发挥着举足轻重的作用。河南紧紧围绕党的二十大报告中关于"提升产业链供应链韧性和安全水平"的重要部署，培育壮大河南"专精特新"企业群体，提升其在产业链重构重塑中的作用，突破关键技术，重塑竞争优势，为加快建设自主可控、安全可靠、竞争力强的现代化产业体系提供有力支撑。

一　河南"专精特新"企业在产业链重构重塑中取得的成效

自 2011 年工信部首次提出要大力推动中小企业向"专精特新"方向发展开始，近年来，"专精特新"企业不断涌现。截至 2023 年 7 月，全国累计培育创新型中小企业 21.5 万家，"专精特新"中小企业超 9.8 万家，"小巨人"企业 12950 家（剔除复核未通过的企业，共 12192 家），提前达成培育万家国家级专精特新"小巨人"企业的目标。其中，河南省累计培育创新型中小企业 10040 家，"专精特新"中小企业 2762 家（剔除复核未通过的企业，共 2665 家），"小巨人"企业 430 家（剔除复核未通过的企业，共 397 家），成为保障河南产业链供应链安全稳定的关键主体。

（一）细分领域主导产品实力较强

河南充分发挥"专精特新"企业在产业链核心领域"主攻手"的作用，为产业链现代化"强基""搭梁"。一方面，河南"专精特新"企业长期深耕某一细分领域，中小企业从事所在细分市场平均年限为 13.8 年，"小巨人"企业平均年限为 17.6 年（见图 1），远超我国中小企业的平均年限（2.5 年）和全国"小巨人"企业（16 年）。另一方面，河南"专精特新"企业围绕工业"四基"和制造强国十大重点产业的瓶颈短板持续攻关，凭借技术创新实现产品国产替代。数据显示，截至 2023 年 7 月，河南有 1513

家"专精特新"中小企业瞄准薄弱环节补短板、强弱项，541家企业的主导产品填补了国内市场空白。例如焦作多氟多生产的用于芯片清洗、蚀刻等环节的超净高纯电子级氢氟酸进入国际高端半导体制造供应链，洛阳中硅高科生产的区熔级多晶硅打破了国外技术垄断，实现高端硅基材料的国产化突破。

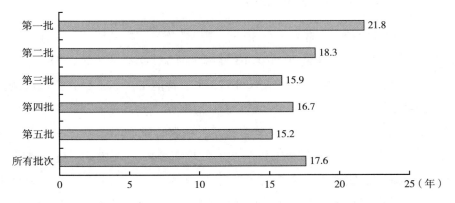

图1　河南专精特新"小巨人"企业从事所在细分市场平均年限

资料来源：根据河南专精特新"小巨人"企业相关数据统计整理。

（二）创新要素集聚效应凸显

"专精特新"企业作为中小企业中最具创新潜能的主体，能够将有限的资源要素聚集，用于技术创新和产品研发，以创新链驱动产业链提质增效。从创新主体来看，河南"专精特新"企业集中分布在郑州、洛阳、新乡等地，围绕电子信息、生物医药、环保科技、食品加工、机械制造等领域，不断进行技术迭代升级，释放创新活力，成为实现产业链供应链自主可控的核心力量。从专利数量上看，截至2023年11月，河南五批专精特新"小巨人"企业共申请专利5.39万件，其中，发明专利占比31.08%，实用新型专利占比61.28%；平均每家"小巨人"企业专利申请125件，高于全国"小巨人"企业平均申请量（115件）。从研发能力来看，河南省单项冠军企业2022年研发费用支出10.3亿元，同比增长20.9%，平均研发投入强度

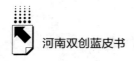

达 6.1%，高于全国制造业研发投入强度 4.6 个百分点。从创新平台来看，截至 2022 年末，全省共有国家级企业技术中心 93 家，国家级工程研究中心（工程实验室）50 家，国家级工程技术研究中心 10 家，国家级重点实验室 16 家，为产业发展提供了有力支撑。

（三）数字化智能化转型稳步推进

河南积极引导"专精特新"企业"智改数转"，推动制造业高端化、智能化、绿色化发展。截至 2023 年 10 月底，河南 5G 基站总数达 18.7 万个，居全国第 5，累计培育省级智能车间 773 个、智能工厂 332 个、智能制造标杆企业 54 家，上云企业 21.5 万家，累计复制推广 5G+工业互联网应用项目 2221 个，工业数字化水平得到全面提升。在数智赋能驱动下，一方面，河南"专精特新"企业充分利用数字技术发展智能制造新模式，优化产品工艺和管理流程，实现人、机、物互联互通，打破企业内部资源局限，推动企业生产方式向柔性化、智能化、精细化转变，帮助企业降本提质增效。另一方面，河南"专精特新"企业依托工业互联网平台对传统产业进行全链条改造，推动企业数智化转型，通过整合供应链、产品制造、市场等生产运营环节，提高企业专业分工协作水平，优化资源配置效率，引领链上企业融合发展，推动传统产业向高附加值方向延伸。

（四）补链强链稳链作用日益显著

"专精特新"企业位于产业链供应链的关键环节，能够聚焦大企业关键细分领域，以专补缺、以小补大、以配套强产业，实现补链强链稳链。河南"专精特新"企业充分发挥其在产业链重构重塑中的作用，技术上，专注垂直领域，不断进行重大技术攻关，在新材料、信息技术、装备制造、电子设备仪器等领域实现技术补链，生产的部分关键零部件和产品设备打破国外垄断，技术迭代和国产替代步伐加速。市场上，河南"专精特新"企业通过专业化生产、服务和协作，衔接生产链断点、增强产业链韧性、提高抗风险能力，为链上企业提供优质精良的产品与服务，拓展国内国际市场空间，推动产业向中高端跃升。资源配套上，河南以奥特科技、凯雪冷链、郑煤机综机、驰诚电气等为代表的"小巨人"企业能够找准自身定位，连接产业链上下游企业，为国内外知名大企业协作配套，促进资源要素在市场上自由流动，增强产业链供应链耦合性，提高河南省在全球产业链重构重塑中的话语权。

二　河南"专精特新"企业在产业链重构重塑中存在的问题

面对国内国际环境的深刻变化，产业链重构重塑已成为全球发展的新趋势。河南"专精特新"企业虽在产业链重构重塑中取得了一些积极成效，但整体发展基础较为薄弱，在分工协作体系、技术创新水平、产业链协同、市场竞争力等方面与其他先进地区相比仍存在一定差距，制约着河南产业结构优化升级。

（一）分工协作体系尚未形成，上下游衔接不紧密

"专精特新"企业作为产业链供应链上的关键一环，能够与产业链上下游协作配套，为龙头企业、大项目提供配套产品及服务。但是，当前河南以龙头企业为主导、以"专精特新"企业为支撑的产业链分工协作体系尚未完全形成，彼此间的协作处于相对粗放的简单合作阶段，存在龙头企业与中小配套企业、制造业与服务业割裂发展的局面，产业链的连贯性与耦合性较低。同时，一些企业在工艺设计、技术标准、产品质量和专业化服务等方面还没有做到足够"精""深"，尚不能满足龙头企业的要求，导致龙头企业在"卡脖子"领域依然严重依赖进口，不敢采用"专精特新"企业的新技术和新产品，使得"专精特新"企业难以补链强链，无法在产业链分工协作中起到枢纽作用，从而不能串联产业链供应链中的上下游企业。此外，河南"专精特新"企业未能形成有效聚集，缺乏以"专精特新"企业为核心的产业集群或特色园区，不同地区、产业和企业间缺乏有

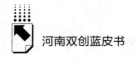

机衔接，协作程度不高，未形成相互联系、相互依存的专业化分工协作体系。

（二）关键核心技术不强，企业创新能力较弱

河南科技创新实力整体不强，原始创新能力薄弱，以企业为主体的创新体系尚未完全形成。据《中国区域创新能力评价报告 2023》，河南创新能力位居全国第 13，在中部六省中排名第 4（见图 2）。2022 年全省研发经费投入强度为 1.86%，低于全国平均水平（2.54%），科研投入相对不足。创新作为"专精特新"企业不同于一般中小企业的显著特征之一，是引领企业高质量发展和推动产业转型升级的重要抓手。然而河南"专精特新"企业在关键技术和核心零部件上依然受制于人，高端仪器设备供给不足严重依赖进口，产业链"断点""堵点"较多，关键环节控制力不强。同时，高端创新型人才匮乏、创新成果转化和产业化水平不高，加之市场竞争激烈，企业面临较高的创新风险和融资成本，导致企业研发动力不足，科创实力不强，制约了河南"专精特新"企业打造自主可控、安全高效的现代化产业链。

（三）产业链协调机制不完善，优势产业能级不高

河南产业链、价值链大多处于中低端，产品附加值低，高端发力不够，断链缺链问题明显，产业链现代化水平不高，省会城市郑州与省内其他城市间的"经济距离"十分明显。从地区来看，郑州、新乡、洛阳三地工业基础雄厚，专精特新"小巨人"企业数量累计占比超过五成，人才、资本、创新等要素逐渐向三地倾斜，而其他地市在经济实力和发展潜力上都相对较弱，地域之间发展不平衡，生产要素流动不充分，产业链协调机制尚不完善，跨区域协作能力弱，未能形成有序衔接、融通发展的产业链格局。从产业来看，河南优势产业发展能级不高，在很多环节被"卡脖子"，大而不强、大而不优，部分产业以初加工为主，产业数字化、智能化水平不高，对产业链供应链的整合控制能力弱，影响了

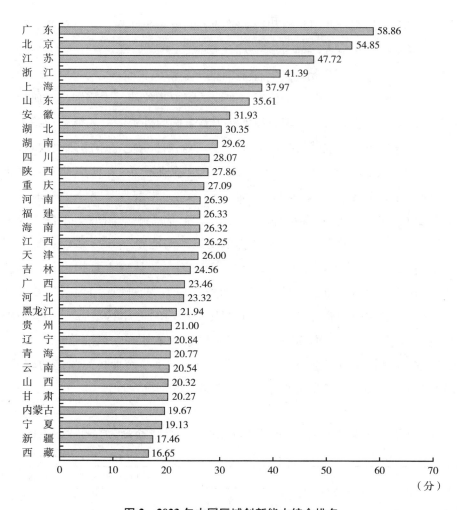

图 2　2023 年中国区域创新能力综合排名

资料来源：《中国区域创新能力评价报告 2023》。

河南与其他地区或国家之间的产业链畅通度，不利于高水平融入国内国际双循环。

（四）国际市场竞争优势不足，抵御风险能力较差

河南制造业门类齐全、体系完备，但总体上大而不强、全而不精，尤其

缺乏在国际上具有行业引领性和影响带动力的世界 500 强企业、单项冠军企业、专精特新"小巨人"企业等。相比于德、日、美等发达国家的"隐形冠军"企业，河南"专精特新"企业尚处于起步成长阶段，规模整体偏小，国际竞争力较弱，在产业基础领域、产业链短板和价值链中高端技术研发实力不强，缺少能够以自身品牌或技术实力整合国内外资源的领航企业，不能有效主导或参与相关领域的标准制定，在产业链、价值链中的话语权较低。据 2023 年发布的《专精特新"小巨人"百强企业榜单》，河南共有 4 家企业上榜，远低于江苏（18 家）、上海（17 家）、北京（15 家）、广东（14 家）四地。同时，河南专精特新"小巨人"企业总量居全国第 11 位，仅为第一名广东省数量的 27.9%；制造业单项冠军示范企业（产品）总量全国第 8，仅为第一名浙江省数量的 20.6%（见表 1）。从以上数据可见，河南专精特新"小巨人"企业量质不佳，市场竞争力弱，缺乏国内国际知名企业。此外，与大中型企业和成熟企业相比，河南"专精特新"企业多为中小企业且处于初创期，面临的风险较多，试错成本较高，风险管理难度大；尤其在贸易摩擦、技术壁垒等复杂宏观环境影响下，企业抗风险能力较差，经营波动性大，融入产业链的过程中具有较大的不确定性。

表 1 中国专精特新"小巨人"企业和制造业单项冠军示范企业（产品）总量及排名

单位：家

省份	专精特新"小巨人"企业		制造业单项冠军示范企业（产品）	
	总量	排名	总量	排名
广东	1539	1	132	4
江苏	1508	2	170	3
浙江	1462	3	189	1
山东	1070	4	186	2
北京	841	5	56	5
上海	713	6	38	9
湖北	701	7	37	10
安徽	623	8	32	11
湖南	531	9	47	6
四川	459	10	22	15

省份	专精特新"小巨人"企业		制造业单项冠军示范企业（产品）	
	总量	排名	总量	排名
河　南	430	11	39	8
河　北	410	12	16	17
福　建	405	13	44	7
辽　宁	329	14	30	12
重　庆	318	15	13	19
江　西	280	16	15	18
天　津	257	17	28	13
陕　西	206	18	24	14
山　西	168	19	17	16
广　西	116	20	5	24
云　南	96	21	6	23
贵　州	80	22	5	24
吉　林	78	23	3	26
黑龙江	74	24	8	21
新　疆	73	25	9	20
甘　肃	61	26	3	26
宁　夏	43	27	7	22
内蒙古	37	28	1	28
海　南	22	29	1	28
青　海	16	30	0	30
西　藏	4	31	0	30
合　计	12950	—	1183	—

资料来源：根据工业和信息化部数据，由笔者统计整理。

三　先发地区"专精特新"企业重构重塑产业链的经验借鉴

浙江、江苏、广东、山东、北京、上海等省市作为我国"专精特新"企业发展势头较为强劲的地区，拥有一批数量庞大、基础扎实、最具创新活

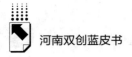

力的企业群体，在全球产业链供应链受阻、国际分工体系重构中表现出较强的韧性。河南积极学习先发地区"专精特新"企业的发展经验，为进一步强化"专精特新"企业在河南产业链重构重塑中的作用，加快解决"卡脖子"难题，实现产业链供应链自主可控、安全高效，打造现代化产业链提供借鉴启示。

（一）注重政策引导，加大财政补贴力度

国家高度重视中小企业的发展，将支持"专精特新"企业发展提升至国家战略层面，各地各部门陆续出台专项规划，不断完善地方政策体系。在梯度培育方面，江苏逐步构建"创新型中小企业—'专精特新'中小企业—专精特新'小巨人'企业—制造业单项冠军"4级递进的培育体系和省市县三级联动工作机制，探索建立省级"专精特新"中小企业培育专用通道，实施精准培育；山东省建立分类建库、达标升级、动态管理、跟踪服务的梯度培育机制，不断扩大入库企业数量，健全成长帮扶措施。在奖励补贴方面，上海各区政策不同，对于获得国家级专精特新"小巨人"称号的企业一次性给予20万~100万元的奖励，对于市级"专精特新"中小企业给予5万~25万元奖励；山东省各地市政策也有所不同，每个国家级专精特新"小巨人"能够获得政府一次性10万~200万元的奖补。在融资制度创新方面，北京建设"专精特新"专板，从优化融资服务、资本运作赋能、加强上市培育等6个方面丰富专板企业股权和债权融资产品，拓宽融资渠道，提升区域性股权市场服务"专精特新"企业的能力。此外，北京银行推出"专精特新"专属信用贷款产品"领航e贷"，破解首贷难题，用特色金融服务为企业赋能。

（二）打造产业园区，形成链式集群发展

随着"专精特新"政策的不断加码，各地纷纷推动"专精特新"企业集聚发展，规划建设、培育认定一批"专精特新"产业园。通过上下游企业集群化发展，实现产业链重点环节全覆盖，提高关键环节配套能力，形成

产业链供应链互联互通、开放共享的链式发展格局。例如，浙江省公布了第一批专精特新产业园（创建）名单，对 20 个园区进行为期 1~3 年的创建试点，经验收达到命名标准后授予"浙江省专精特新产业园"称号。广东省积极推动省级中小企业特色产业集群发展，为"专精特新"企业发展提供优质载体空间。比如，广州市对聚集 10 家以上省级"专精特新"中小企业的产业园区授予"专精特新园区"牌匾，并优先推荐申报省级以上示范基地；广州开发区推出"专精特新 10 条"专项政策，打造广州开发区专精特新产业园，助力产业强链增能；深圳宝龙专精特新产业园围绕深圳"20+8"产业集群，集聚"专精特新"、"小巨人"、上市及拟上市、优质成长型企业等资源，建设全市先进制造业园区标杆和"工业上楼"典范。

（三）搭建合作平台，推动企业融通创新

围绕重点产业，各地积极搭建产业链供需合作对接平台，强化产业协作，促进资源共享。同时，探索形成以大型龙头企业为引领，以制造业单项冠军和专精特新"小巨人"企业为支撑，以"专精特新"中小企业为依托的企业生态，通过"以大带小、以小托大"的模式，将更多"专精特新"企业纳入产业链供应链，促进大中小企业、产业链上中下游融通创新发展。例如，山东青岛海尔集团建立海创汇创业加速平台，通过开展路演推介、产业对接等活动，开放大企业供应链资源和产业链融链固链需求，推动"专精特新"中小企业卡位入链，打通大中小企业融通创新通道，实现各方要素精准对接。江苏省举办专精特新中小企业产业链供需对接论坛，充分发挥龙头骨干企业在"补链固链强链"中的引领带动作用，使"专精特新"企业与链主企业配对并提供关键配套。此外，江苏依托中小企业公共服务平台，开展产业链线上供需对接，为"专精特新"中小企业提供一站式服务，促进大中小企业链式协同创新发展。上海市举办专精特新创新发展大会、专精特新融合创新等一系列活动，通过搭建交流平台，引导创新要素向"专精特新"企业集聚，提升企业技术联合攻关能力、解决成果转化难题，助力企业深度合作。

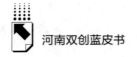

（四）瞄准关键环节，实施精准招商引资

招商引资是经济发展的源头活水。各地围绕产业链关键环节、重点项目、龙头企业，实施精准招商专项行动，招引一批"专精特新"企业和具有"专精特新"发展潜质的高技术制造业，提高产业配套服务能力，实现补链强链。例如，浙江省杭州市聚焦五大产业生态圈，成立招商专班，绘制招商图谱，瞄准产业链关键环节和重点项目，梳理国内外头部企业，形成目标清单；首创"市场+资源+应用场景"招商模式，建立发布机制，为重大项目引进创造条件；出台《杭州市关于进一步强化招大引强市区联动的若干举措》，加大资金、基金、土地、能耗、人才等要素支持力度，完善保障机制，推动项目落地。宁波市印发《关于进一步强化招商引资工作的若干措施》，以25条新政和"1+12+N"全链条工作体系，优化重塑"一盘棋"大招商新格局。通过产业链招商，聚焦重点细分赛道，关注国内外龙头企业、单项冠军、"专精特新"企业投资意向，招引优质项目；探索投行化资本招商，发挥国有资本撬动作用，组建市级招商母基金和专项子基金，以资本合作带动项目发展落地；开展乡情招商，利用"宁波帮"独特人脉和产业资源优势，以乡情亲情为纽带，以展会活动为依托，引导外地甬商投资宁波，助推甬商回归。

四 强化"专精特新"企业在河南产业链重构重塑中作用的对策建议

重构重塑产业链，既是提升河南产业链供应链韧性和安全水平的战略需要，也是建设具有河南特色和优势的现代化产业体系的重要举措。面对新形势新挑战，河南积极重构重塑产业链，充分发挥"专精特新"企业补链强链稳链的作用，实施产业基础再造和重大技术装备攻关工程，突破"卡脖子"难题，着力"去风险化"，推动"本土化"，确保产业链稳定畅通、自主可控。

（一）深化梯度培育体系，完善资本市场投融资功能

河南要持续优化顶层设计，完善"专精特新"企业相关配套措施。一要建立健全体制机制。紧密跟踪国家新出台的涉企政策，制定财税金融、信贷融资、引才育才、招商引资、技术创新等方面的专项规划，成立工作专班，构建以产业链为主导的沟通协调机制，为企业牵线搭桥；优化服务体系，建立"专精特新企业直通车"制度，为企业提供产业链对接、税务指导、上市培育孵化、企业家培训等普惠性服务和"一企一策"的精准化服务，打通惠企政策服务"最后一公里"。二要完善优质中小企业梯度培育体系。鼓励开展全省中小型制造业企业摸底工作，健全创新型中小企业孵化机制，对具有"专精特新"发展潜力的中小企业早发现、早培育，支持建立国家省市县四级"专精特新"企业培育库，对入库企业进行分类指导，动态遴选"专精特新"企业纳入拟上市企业后备资源库，在全省形成梯次接续、纵深推进的培育格局。三要强化资金保障和金融支持。统筹设立"专精特新"发展专项资金，提高认定奖励标准，及时兑现奖金补助，降低技改贴息申报门槛，严格落实各项税收优惠政策。鼓励银行为"专精特新"企业推出专属信贷产品，发挥国家中小企业发展基金引导作用，吸引社会资本跟进，提高区域性股权市场"专精特新"专板建设质量，完善多层次资本市场服务能力。

（二）加强核心技术攻关，提高产业链自主可控能力

补短板、强弱项是保障产业链供应链安全稳定的关键因素，"专精特新"企业作为产业链供应链上的重要节点，应发挥科创主体作用，提高创新能力。一要鼓励企业加大基础研究和应用研究投入力度。支持研发投入强度大的企业优先申报国家、省级科技计划项目，对完成"揭榜挂帅"项目的"专精特新"企业给予最高奖励补贴；支持政府设立专项资金，对符合研发经费投入条件的企业给予一定补助。二要聚焦河南重点领域和薄弱环节，开展"卡脖子"核心技术攻关和重大创新产品研制。围绕人工智能、量子信息、半导体、工业软件、智能终端等高科技领域，滚动编制核心技术

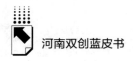

攻关清单，加大工业"四基"领域的技术研发，突破一批关键共性技术，实现国产化替代。三要夯实企业科技创新主体地位。发挥"专精特新"优质企业在创新协作中的带动作用，与政府、科研机构和高校组建创新联合体，开展"政产学研"协同攻关。促进企业之间围绕产业链各环节开展创新合作研究，支持更多"专精特新"中小企业进入河南产业链供应链，提高协作配套能力，形成一条龙链式创新。

（三）打造特色产业集群，推动上下游企业沿链聚合

河南可借鉴先发地区经验，打造"专精特新"中小企业产业集群，汇聚优质资源、促进专业化分工、提升关键环节配套能力。一要构建"专精特新"集群体系。建议围绕河南主导产业方向，在省级开发区或省优势集群培育中，单列"专精特新"集群，对集聚 10 个以上省级"专精特新"中小企业的开发区，挂牌省级"专精特新"示范集群，对集聚 5 个以上省级"专精特新"中小企业的开发区，挂牌省级"专精特新"培育集群，形成两级"专精特新"企业集群体系。二要依托现有产业园区，引导中小企业形成集聚效应，集中人才、技术、土地、资金等要素，重点培育一批创新能力强、质量效益优、细分市场占有率高的"专精特新"中小企业，同时定向招引相关企业，壮大河南"专精特新"企业规模，形成集群化发展。三要吸引产业链上下游企业向园区集聚，推动龙头企业和上下游企业开放应用场景，建立需求清单，引导"专精特新"、"单项冠军"和"隐形冠军"企业卡位入链，打通堵点、接通断点，加强联动，实现各要素有序衔接，从而形成密切协作、一体联动的企业生态系统。

（四）营造优质营商环境，促进大中小企业融通发展

"专精特新"企业稳链固链畅链，离不开优质的营商环境和大中小企业协同创新、融通发展的生态。河南应做好如下工作：一要瞄准产业链短板进行精准招商。围绕电子信息、高端装备、新材料等先进制造业领域，绘制产业链图谱和招商图谱，梳理人才、技术、企业、项目等目标清单，通过产业

链招商吸引中高端、关键环节的头部企业和隐形冠军企业来豫发展；依托产业发展基金和重点领域子基金，开展资本招商，通过市场化机制引入优质项目，拓展产业链配套服务能力；鼓励河南与先进地区共建"飞地"园区，通过"总部+基地"、异地科技孵化转化等方式，探索飞地招商新模式，吸引优质企业和重点项目落地。二要发挥中国河南国际投资贸易洽谈会、中国产业转移发展对接活动（河南）、进博会、工博会等投资促进功能，搭建供需对接、招商推介、信息交流平台，链接高端要素集聚，为河南招商引资和承接产业转移提供平台载体支撑。三要营造大中小企业融通创新的良好氛围。健全相关支持政策，发挥龙头企业引领作用，加大"专精特新"中小企业与大企业合作对接，帮助中小企业进入大企业产业链供应链薄弱环节，实现精准补链，提升产业链韧性和安全水平，形成大中小企业协同、高效、融合、顺畅的发展格局。

（五）优化资源要素配置，构建高质量现代产业体系

充足的资源要素配置是保障"专精特新"企业高质量发展的基石。一要强化人才支撑，梳理河南"专精特新"企业紧缺人才类型，制定高端领军人才引进计划和配套措施，探索实行"专精特新"企业职称申报举荐制和高层次创新型人才职称"直通车"制度，推动实施"工匠型"一线工人培养计划，提升企业引才育才留才能力。二要强化土地支撑，做好工业用地超前储备工作，对存量土地、低效用地、闲置厂房等分类开发利用，盘活闲置工业用地，推广"拿地即开工"模式，做好新型工业用地管理与服务。三要强化创新平台支撑，鼓励"专精特新"中小企业搭建研发创新平台、成果转化与技术交易平台，建强产学研协同创新机制，增强企业技术实力和影响力。"专精特新"企业作为河南补短板、锻长板的突破口，是建设现代化产业体系的重要力量。"专精特新"企业要与河南产业链供应链重构相结合，在细分领域精耕细作，掌握关键核心技术，保障产业链完整性、安全性和多元供给能力，不断强化河南"专精特新"企业在产业链重构中的作用，提升产业链现代化水平，构建现代化产业体系，重塑竞争新优势。

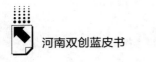

参考文献

胡海峰、窦斌:《产业链安全视角下专精特新企业培育的现状、挑战与对策》,《中州学刊》2023 年第 2 期。

刘志彪、徐天舒:《培育"专精特新"中小企业:补链强链的专项行动》,《福建论坛》(人文社会科学版) 2022 年第 1 期。

曾宪聚、曾凯、任慧等:《专精特新企业成长研究:综述与展望》,《外国经济与管理》2023 年第 12 期。

赵晶、孙泽君、程栖云等:《中小企业如何依托"专精特新"发展实现产业链补链强链——基于数码大方的纵向案例研究》,《中国工业经济》2023 年第 7 期。

郑玮、罗世玉:《广东如何批量培育"小巨人"》,《中国中小企业》2023 年第 10 期。

降蕴彰:《专精特新中的"宁波现象"》,《小康》2023 年第 28 期。

郭克莎:《提升产业链供应链安全稳定水平》,《经济日报》2023 年 10 月 27 日。

朱宏任:《培育"专精特新"企业　建设现代化产业体系》,《中国经济导报》2023 年 8 月 15 日。

黄群慧:《打造自主可控、安全可靠、竞争力强的现代化产业体系》,《光明日报》2023 年 2 月 21 日。

王有强、刘小申:《"小巨人"点燃高质量发展新引擎——河南培育专精特新企业全力以赴拼经济》,《人民政协报》2023 年 10 月 13 日。

B.6
数字化驱动河南省产业链
竞争优势提升的策略研究

王　乔*

摘　要：　加快数字化发展是建设社会主义现代化强国的基础性、先导性工程，是构筑数字化时代国家竞争新优势的战略选择。产业链作为推动经济高质量发展的重要途径，其数字化转型升级对加快地区发展具有重要价值与作用。为推动高质量发展，河南省响应国家政策，采取有效政策措施，推动数字化转型升级。本文的研究先从全球产业链的发展现状与趋势入手，分析了中国情况。基于对中国产业链发展的分析，结合我国数字化发展战略，本文深入探究了河南省产业链发展现状、竞争优势与面临困境。最后，综合上述分析，提出了数字化如何才能有效提升河南省产业链竞争优势的相关对策建议。

关键词：　数字化战略转型　产业链　竞争优势

　　发展数字经济是把握新一轮科技革命和产业革新机遇的战略选择。近年来，数字经济作为重点发展板块之一，已得到了国家高度重视，数字化正成为重组全球要素资源、重塑全球经济格局、改变全球竞争格局的重要手段。那么，如何才能有效推进数字化的发展呢？现有的数字化发展主要体现在两个层面：一是中观的产业层面；二是微观的企业层面。在产业层面，各行各业基本在有效推动"产业+数字化"方面持续发力，一方面，加快推进行业

---

* 王乔，博士，河南财经政法大学讲师，研究方向为数字金融、高质量发展、家庭金融等。

的技术革新、实现组织结构优化、调整人才结构，使之与行业发展相适配、提升管理方式的效率等；另一方面，行业可通过数字化的途径提高信息流，从而以引领技术流、资金流、人才流等，加快步伐适应数字化时代，完成数字化转型，实现行业的跨越式发展。而在企业层面，鉴于后疫情时代，较多传统行业面对逆势境况，其运营短板和管理弊端慢慢显露，企业的经营和发展逐渐进入迟缓阶段。而由于产业是具有某种同类属性的企业经济活动的集合，企业作为产业的组成单位之一，其数字化发展不仅能够提升自身经营效率，还能够突破原有发展瓶颈，以实现突破性创新和发展。

数字化对不同的产业会产生深远影响，那么，从上游到下游的整体产业链条也会受到数字化发展的影响。而产业链的飞速革新和与时俱进则会更好地推进产业的现代化发展。基于此，为更好地深入了解数字化发展所发挥的作用，我们以河南省产业链为例，深入探究数字化发展对河南省产业竞争优势提升的影响。

一 全球产业链发展现状、趋势与中国情况

（一）全球产业链发展现状及趋势

在世界百年未有之大变局的背景下，多种因素正在影响着全球产业链的发展，其中机遇与挑战并存。一方面，伴随着新一轮科技革命与产业变革深入发展，新兴技术及其产业化应用不断推动国际生产、贸易体系等的重构，全球的产业链呈现出数字化、绿色化等新特征（杨丹辉，2022）；另一方面，受地缘政治危机、贸易保护主义等因素影响，全球产业面临多维度的治理挑战（杨根森和袁静，2023）。

全球产业链指的是，为了在全球范围内实现某种商品或者服务的价值，而连接了生产、销售、回收、处理过程等环节的跨企业网络组织。从国际经济发展状况与各国发展特点来看，根据经济体发展驱动力的不同，可将各大经济体分为资源国、工业国、消费国三类。其中，资源国的代表为俄罗斯、

中东国家、澳大利亚、巴西等；工业国的代表为中国、墨西哥、印度、东盟国家等；消费国的代表为日本、欧洲国家、美国等发达国家。而中国的产业发展特点则体现在三个方面：一是农业的主要消费国，二是传统制造业的中心，三是新兴制造业的中下游。综上所述，中国处于全球产业链"微笑曲线"的中间位置。

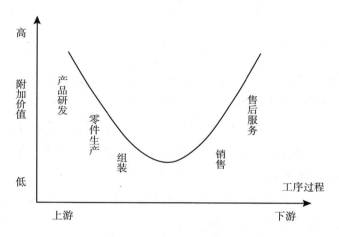

图1 全球产业链"微笑曲线"

目前，在百年未有之大变局背景下，经济全球化发展面临着新挑战，全球产业链的发展也同样面临挑战。如果说，2020年之前的全球化产业链发展是以充分的流动性、高效率的资源配置为核心的话，那么，2020年之后的全球化产业链发展则是以追求产业安全性和自主可控作为核心要求的。所以，发达国家主导的以生产要素在全球范围内高速流动、优化配置为特征的"超级全球化"已经退潮。具体来看，全球产业链的发展趋势体现在以下三个方面。第一，全球产业链数字化特征加强，将更趋于知识化、数字化、资本化。其原因如下：一是在全球价值链的发展中，知识与无形资产的重要性不断提高，对知识密集程度的要求不断提升。与此同时，价值链创造活动在制造环节的价值占比下降，反而在研发和设计等上游活动、营销和售后等下游活动中占比逐渐增加。二是数字化程度的提升代表着科学技术不断发展，传统的生产方式逐渐被科技化。第二，2023年以来产业链的安全导向逐渐增加，从而使得全球产业链由全球化布局逐渐演化为区域性集聚，从而增强了产业链的抗风险能力。因此，多元化和集聚化的战略将成为跨国公司在产业链布局上所追寻的核心要素。第三，生产方式更加低碳化和绿色化。这一发展趋势将主要对依赖能源出口或是正处于工业化进程的发展中国家产生影响。

（二）中国产业链发展现状及趋势

当今世界，全球经济一体化进程逐渐加快，市场的全球化程度越来越深。中国作为全球化市场的一分子，在推动全球经济发展的过程中发挥着十分重要的作用。自改革开放以来，中国积极参加国际市场的分工，目前来看，不论是市场参与的广度还是深度，都有了较大的提升（钱诚和孙柏，2013），逐渐成为世界制造业大国。然而，中国作为全球产业链中工业国的代表，参与全球产业链分工的主要形式是加工贸易，处于全球产业链中游，位于全球产业链"微笑曲线"的中间位置。

2023年以来全球经济发展产生了巨大的变化，与此同时，全球产业链也在重构，逐渐呈现出数字化、资本化、绿色化等趋势。在面对全球产业链重构、美国保护主义与单边主义带来的不确定性时，中国逐渐呈现出其潜在且独特的优势。

一是中国具有全球最大的内需市场。根据"钻石模型"可知，一国市场的规模和性质能够在提升国家竞争优势中发挥重要作用。而中国作为仅次于美国的全球第二大消费市场，拥有占据全球30%以上的基础设施投资需求，对全球的企业家、投资者等都具有很大的吸引力。二是中国拥有全球最完整的产业体系和产业链条。中国是全世界唯一的拥有联合国产业分类中全部工业门类的国家，是全球工业体系和行业门类最完整、产业链条最长的国家。而完整的产业体系和产业链是具有集群优势的，这一特征不仅使得中国经济的韧性很强，也在一定程度上防止了"去中国化"。三是科技能力提升，增强中国在产业链中的竞争力。经过改革开放之后的经济发展与国家建设，中国的数字经济已经有了良好的发展基础，基础设施比较完善，商业模式的创新也处于世界较为前沿的位置，新兴技术领域也存在一定的竞争优势。四是中国具有全球最大的人才红利。"人才红利"能够为一国的经济发展带来强大的动力。改革开放以来，中国的人才红利发挥了巨大的作用，推动社会持续进步。

二 我国的数字化发展状况

（一）国家战略：数字化发展

随着社会的进步和经济的发展，传统粗放式的经济运行模式已不适应当下的发展需求，高质量发展应运而生。而数字化的发展与应用不仅能够加速经济发展方式的转变，还能优化生产要素配置、升级传统产业、提升行业效率（李帅娜等，2023）。

数字化作为国家战略，首次出现于《中国制造2025》，其意义在于将制造业发展的核心点从纯粹的规模扩张转为提升质量与提高技术创新能力。国务院于2015年发布的《"国家互联网+"行动计划指导意见》和2016年发布的《"十三五"国家信息化规划》，明确了数字化转型的方向，提出了加速产业数字化和信息化发展的目标、路径。直到2018年，《国务院关于印发数字中国建设发展战略的通知》，将数字化转型提升到国家层面的战略高度，提出了要全面实施数字中国战略，以建设数字中国为目的，推动经济发展，提升国家治理现代化水平；以大数据、大模型、大算力推动产业升级。至2020年，党的十九届五中全会通过了《中共中央关于制定国民经济和社会发展第十四个五年规划和二〇三五年远景目标的建议》，明确提出要加快数字化发展。

综上可知，随着政策的发展和升级，数字化转型已经成为国家经济发展和现代化建设的核心战略之一，未来也将继续保持政策的热度和重要性，在各行各业中发挥战略性的作用。

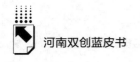

（二）数字化对于我国产业链发展的意义

数字化作为国家发展战略，在推动经济发展方面能发挥重要作用。经济的进步离不开产业的发展。那么，数字化对于产业链的发展具有什么意义呢？具体如下。

一是日益发展的数字经济能够通过技术替代效应、协同渗透效应等来提升一国在全球价值链中的地位。因此，掌握了数字核心科技的国家能以更高的生产效率及更低的产品成本优势，对价值链分工程序进行优化升级。与此同时，数字贸易逆势上涨，具体呈现为远程教育、智慧物流、远程医疗、跨境支付等相关行业迅猛发展，不断拓展着国际贸易的空间。

二是传统的生产要素包括土地、资本、劳动力与企业家才能，随着社会的发展和科技的进步，数字要素这一全新生产要素在企业价值增值方面所发挥的作用越来越重要。

三是数字化的发展和技术的进步能够推动我国产业链的发展，国内所生产的中间品对中高端制造业中间品进口的替代作用愈发加强，从而使得中国嵌入全球价值链的程度适当降低。这是中国制造业在数字化转型中实现从中低端迈向中高端的必然结果。

三　河南省产业链发展现状、竞争优势与面临的困境

（一）河南省产业链的发展现状

推动产业链现代化与国家高质量发展战略息息相关，更是建设现代化产业体系的必然要求，构建新发展格局的迫切需要，塑造全球竞争优势的战略选择。确保河南省产业链稳步发展是促进河南省经济长远发展的有力支撑。2023 年 8 月，河南省出台的《河南省建设制造强省三年行动计划（2023—2025 年）》，提出到 2025 年，初步建成以"能级高、结构优、创新强、融合深、韧性好"为鲜明标志的先进制造业强省。该《行动计划》主要任务

包括加快制造业高端化发展、智能化发展、绿色化发展、服务化发展、集群化发展；而且，河南省要形成1~2个世界级、7大先进制造业集群和28个重点产业链；力争培育300个市域、县域特色优势产业集群，创建10个左右国家级中小企业特色产业集群；引导特色优势产业集群、中小企业特色产业集群主动融入国内外先进制造业集群产业链供应链体系，协同构建新发展格局。

从河南省的产业链实际出发，推动河南省从制造大省向制造强省转变，正在成为河南实体经济提质发展的重中之重。目前来看，河南省建立了以装备、食品、汽车、轻纺、钢铁、有色、建材、化工等8个传统制造业为主体，电力、煤炭等能源工业为支撑，新型显示和智能终端、新能源及网联汽车、生物医药等新兴产业为先导的工业体系，着力打造八大优势产业链，实现联动性、集群性发展。其中，河南省依托各城市的优势，推动八大产业链发展，它们主要为：现代煤化工产业链、石油化工产业链（拓展烯烃、芳烃产业链条）、盐化工产业链、高纯电子化学品产业链、半导体材料化工产业链、能源化工产业链、生物化工产业链、环保化工产业链，具体如表1所示。

表1　河南省各城市的优势产业

城市	优势产业
安阳、新乡、驻马店、济源等	建成"双头多尾""煤焦化""煤气化"齐头并进，以煤基精细化工产品和煤基化工新材料为主导多元发展的国内一流现代煤化工基地
平顶山、漯河、焦作、济源等	发展氯碱、纯碱下游精深加工产业，拓展耗氯精细化工产品在生物医药、锂离子电池等领域的应用
濮阳	建设新型化工和生物基材料产业基地
焦作	建设全国重要的钛白粉、新型锆材、钛基新材料基地和氟基新材料、电子级化学品基地
鹤壁	建设聚甲醛、聚氨酯、丁腈胶乳等功能性新材料基地和高端日化产业基地
新乡	建设全国最大的功能聚酯、生物基纤维及合成纤维生产基地
开封	建设全国重要的新型环保农药产业基地和环保涂料生产基地
南阳	碱硝化工产业基地，打造高能级化工集群
濮阳、鹤壁、商丘、义马等	支持河南能源"1+4"产业集群建设，着力打造"1个"全系列生物降解材料产业，努力建成全国最大的生物降解材料和高端功能性新材料产业集群

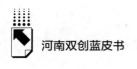

续表

城市	优势产业
平顶山	发展尼龙 66 和尼龙 6 产业，积极布局拓展工程塑料和尼龙纺织产业，建设具有全球竞争力的尼龙化工产业集群
洛阳	以洛阳石化为龙头，依托千万吨级炼油产能基础，谋划实施百万吨乙烯及下游配套项目、百万吨芳烃产业链项目，带动焦作、济源等地协同融合发展，着力建成中西部地区最具影响力的高端石化产业集群

资料来源：根据网络资料由作者整理得到。

（二）河南省产业链发展的竞争优势

产业作为区域经济发展的核心与基础，产业的竞争优势是决定一个地区经济竞争优势的关键所在。因此，河南省要抓住国家战略转型的机遇，大力发展高端制造、绿色制造、智能制造、服务制造，依靠创新驱动实现由制造业大省向制造业强省的转变。目前，河南省在推动产业链的高质量发展上具有比较竞争优势。

一是河南具有产业基础的优势。通常来说，某地区某个产业的市场占有率越高，则该产业在全国的区位优势就越明显，其竞争力相应就越强。从市场占有率这一指标来看，河南省的农副食品加工业、食品制造业、烟草制造业、有色金属采矿业、有色金属冶炼及压延加工业、专用设备制造业等在全国的市场占有率相对较高，区位优势明显。此外，目前河南省还建立了以装备、食品、汽车、轻纺、钢铁、有色、建材、化工 8 个传统制造业为主体，电力、煤炭等能源工业为支撑的产业体系。所以，河南省全国领先的优势产业与稳固的产业基础为推动产业链进一步升级贡献重要力量。

二是河南具有产业集群的优势。近年来，河南产业集群化趋势明显，带动了相关产业和产品的发展，已具有区域竞争优势。发展产业集群已成为实现中原崛起的一个重要战略。具体来说，河南省产业集群已取得了较大的发展，形成了自身的特色与独特的竞争力，具有区域竞争优势，如产业集群化趋势明显，部分产业集群已初具规模，发展潜力较大；产业集群带动了相关产业和产品的形成；产业集群对河南省经济发展起到了良好的推动作用。

三是河南具有市场规模的优势。作为人口大省、工业大省，河南约有 1 亿人口，规上工业企业 2.2 万余家。[①] 2021 年，河南经济体量和工业增加值总量都居全国第五位。超大市场规模是河南发展数字产业最突出的优势，河南数字化转型未来值得期待。

四是河南在数字化基础设施建设方面具有优势。河南在数字基础设施建设方面已经进入全国第一梯队，即率先实现乡镇以上和农村热点区域 5G 网络全覆盖，郑州国家级互联网骨干直联点总带宽居全国第五位，全省百兆以上宽带用户占比居全国第一位。

五是河南具有人力成本的优势。河南省拥有丰富的劳动力资源，截至 2022 年底，河南省常住人口为 9872 万人，15~64 岁劳动适龄人口为 6555 万人，占比为 66.40%。[②] 而这一人力成本优势是推动河南省产业链发展的基础。

（三）河南省产业链发展面临的困境

近些年，河南省不断推进其经济发展与科技进步，但仍然存在第一、二、三产业内部结构不合理，现代服务业发展不够完善等问题，从而导致河南省经济发展质量不高。

一是河南省产业结构不合理，制造业、工业等发展有待进一步升级。中国是世界唯一拥有联合国产业分类中全部工业门类的国家，在联合国分类的 41 个工业大类中，河南基本涉及。然而，目前河南省制造业发展仍有待进一步提升，尤其是在提出高质量发展之后。河南省的制造业面临以下三个问题：其一，河南省制造业的整体实力仍有待进一步加强，尤其是需要龙头企业的带动，以强势力量注入，带动整个行业飞速发展；其二，河南省的工业

---

① 《河南数字产业要发挥超大市场规模优势》，中国经济网，http://district. ce. cn/newarea/roll/202210/21/t20221021_38185620. shtml，2024 年 1 月 4 日。

② 《河南人口发展报告公布 一纸读懂"河南人"》，《河南统计年鉴 2023》。

增长乏力，工业增长速度和规模的提升面临瓶颈；其三，与东南沿海省份相比，河南省生产组织模式较为滞后，目前的生产模式仍为大规模标准化生产，竞争模式仍采取成本竞争。而在东南沿海省份，如广东省，改革开放以来，其经济结构不断调整，产业结构不断优化，第二、三产业生产经营性产业活动单位数量增加，企业规模不断扩大，从而经济总量迅速增长。此外，产业结构的优化升级导致了其就业结构不断趋于合理，形成了产业和经济发展的良性循环。

二是河南省现有比较优势的逐渐弱化，使得产业链高质量发展遇到阻力。对河南省来说，其比较优势主要来自三个方面：劳动力充足、交通便利、能源丰富。然而，除了交通便利这一天然条件仍旧发挥巨大优势外，另外两个比较优势均有所弱化。劳动力方面，2022 年我国人口开始出现负增长，总和生育率跌破 1.1。而对于河南省，人口增长率也在逐渐下降，据河南人口学会预测，河南最迟会于 2023 年迎来人口负增长拐点。① 所以，人口增速放缓、趋于负增长正在逐渐削弱河南省人口基数大这一比较优势。能源方面，一方面，随着国家双碳战略的不断推进，对绿色化、清洁化的不断追求；另一方面，近年来，能源、矿产等大宗商品供给的不确定性明显增加，外延扩张、粗放利用的增长方式受到挑战，使得资源能源约束趋紧。综上所述，河南省现有的某些比较优势逐渐弱化，无法有效推动产业链高质量发展。

三是河南具有人力成本的优势，但目前的人才数量、人才结构等并不能适应产业链发展的需要。河南省目前的人才引进政策是以引进高层次人才为核心，多层次人才同时引进。然而，在落实人才引进政策的过程中，存在一些问题，如人才引进数量不足，与沿海省份的人才引进数量相比，差距较大；人才引进优惠政策力度不足且落实并不完全，如"人才烂尾楼"事件，人才引进的结构不合理等。而人才的问题关乎一国或一地区经济、产业等的

---

① 河南省人口学会：《河南最迟 2023 年也会出现人口负增长》，https：//www. toutiao. com/article/7189806526599725607/？upstream_biz＝toutiao_pc&source＝m_redirect，2023 年 11 月 13 日。

繁荣发展,所以,突破现有问题,推动人才引进政策切实落实才是推动产业链发展的根本。

四是产业链的发展离不开创新技术的应用,但河南的创新能力薄弱,有待加强。创新是引领发展的第一动力,是推动一国或一地区经济发展的不竭源泉。创新能够引领产业链发展,使得产业链更有韧性与活力。如果基础创新能力不足,则会导致产业链不强健。实施创新驱动,加快关键核心技术的突破和积累,是增强产业链韧性的根本所在。为响应国家政策,推动省内经济高质量发展,河南省应采取引领行业创新发展的战略。然而,目前来看,现有政策所发挥的效果并不显著,与中部另一个大体量城市武汉相比,发展的速度与进程均差距较大。

四 数字化如何提升河南省产业链竞争优势

数字化作为国家战略,目前已成为推动经济社会发展的核心驱动力,正以不可逆转的趋势改变人类社会,全面重塑着人们的生活方式与城市治理模式。数字化首次提出于《中国制造 2025》,目的在于将制造业发展的核心点从纯粹的规模扩张转为提升质量与提高技术创新能力。河南省也提出,数字化转型不是选择题而是必答题,所以,河南要实施数字化转型战略,构建新型数字基础设施体系,发展数字核心产业,全面提升数字治理能力,全方位打造数字强省。那么,数字化如何才能有效助力提升河南省产业链的竞争优势呢?

(一)推动数据要素流动,激发产业链潜能以推动高质量发展

数字技术是典型的通用目的技术,在国民经济各行业广泛应用并产生深刻影响,是重构产业链竞争优势的重要力量,能够激发产业链的潜能。而数据作为推动产业发展的新型生产要素,在提升重点产业链竞争力方面能发挥重要作用。数据突破了传统生产要素供给的约束条件,具有易复制、无限供给、非消耗性等特点,可以提高资源配置效率与全要素生产率。为激发产业

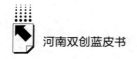

链潜能，推动河南产业链高质量发展，具体可做好以下工作。

一是努力推进数据生态培育，使得数据要素得以充分流动。对于河南省来说，其所具有的 28 个重点产业链发展潜力巨大，蕴含着丰富的数字应用场景。然而，由于受到数据权属、定价、技术保障等的限制，河南省的数据交易市场规模仍旧较小。目前的数据交易市场还仅限于共享交换，而数据交易的应用场景尚未开发。因此，河南省应着力推进数据生态培育，使得数据要素充分流动，如引进数字经济头部企业，完善数据要素交易流通市场，培育数据确权和数据定价的数据交易生态，从而打造协同高效的数据要素生态产业园等。

二是数据充分流动带来的协同效应，可推动河南省产业链升级，实现高质量发展。河南省作为制造业与工业大省，数字化产业的发展能够带动行业实现突破性发展，推动产业逐渐向高端升级，不再持续处于产业链中低端。河南省的制造业也需向更高技术水平、更高附加价值、更加绿色低碳的方向持续升级，数字技术与产业的深度融合是制造业升级的重要推动力。

（二）完善数字基础设施建设，强化数字化人才支撑

数字化的推进不仅要推动数据生态培育，基础设施与人才也是重要的一环。数字基础设施方面，近年来，虽然河南省大力推进数字基础设施建设，但与数字经济强省比较起来，河南省的数字基础设施仍有较大的提升空间，如数据中心等设施建设起步较晚，数量不多，对推动产业链数字化的支撑力不强。而数字化人才方面，近年来河南省大力培育数字技能人才，以实现从人力资源大省向人力资源强省的跨越。然而，数字人才数量不多、能力不强、人才结构不优等问题仍然突出。因此，政府可从以下两个方面入手，以实现数字化发展。

一是聚焦全省的通信网络基础设施与算力基础设施，以加快现有数据中心的升级，并增加全省数据中心的数量，如加快推动河南省卫星导航定位基准服务系统升级，建设河南省与地理信息系统相关的产业园区；创建中部区

域数据中心，以满足产业链上下游需求；扩大"云、网、端"数字化基础设施覆盖面，对河南省重点产业链进行智能化升级与改造，为推进新型工业化发展夯实基础。

二是河南省应加大数字化人才引进与激励力度。人才引进方面，其一，河南省应加大数字化人才引进数量，优化数字化人才引进结构，为数字化的发展夯实人才基础；其二，河南省应鼓励重点产业链的领军企业参与高校的数字化人才培养流程，建立完善的数字人才输送合作机制；其三，搭建学习平台，促进数字化从业人员终身学习，提升自身技能。人才激励力度方面，建立完善且全面的数字化人才激励机制，不仅应从省级层面，还应从企业层面，以实际的激励吸引数字化顶尖人才。

（三）切实提高产业链中企业的数字化程度，深化数字化应用

数字化运营已经成为越来越多企业生存发展的重要方式。而产业是同质企业的合并同类项，企业是构成产业的最小单位。数字化对不同的产业会产生深远影响，所以，从上游到下游的整体产业链条与相关企业也会受到数字化发展的影响。而产业链的飞速革新和与时俱进则会更好地推进产业的现代化发展。那么，在企业方面，如何才能切实提升其数字化程度、深化数字化应用呢？

一是鼓励企业进行数字化转型。要想提升产业链的竞争优势，河南省还需从企业层面入手，鼓励企业采用先进数字技术、设备和系统，充分利用我国制造场景丰富的优势，开发智能场景，建设智能车间、智能工厂、智慧供应链和智慧生态，建设具有广泛连接、数据实时采集、智能分析和控制的工业互联网平台，带动中小企业数字化转型。此外，各企业资源禀赋等千差万别，优势互补才能实现资源优化配置。所以，河南省可以采取有效措施，通过数字化促进企业之间的联动，以实现资源配置的最优化、资源利用的最大化。

二是切实帮助企业解决数字化方面的困难。目前来看，数字化的推进其实在一定程度上存在困难，而产生这一困难的原因并不是企业不愿融入数字

化发展潮流中。恰恰相反，河南大多数传统企业有意向融入数字化进程中，变革企业的传统发展模式，实现数字化飞跃。然而，它们在推进数字化转型升级的过程中，面临着不同的问题，而这些都是由于数字经济对传统支柱产业的改造提升存在一定程度上的门槛。因此，政府应采取措施以推进企业层面的数字化发展，如配置相关的数字化技术支持智囊团队，可以机动性调动，以配合解决各企业数字化转型中出现的不同问题；给予企业一定程度的资金支持，以补贴的形式，推动企业数字化发展；对成功进行数字化转型的企业，给予一定程度的税收优惠政策等。综合来看，随着河南省数字化转型战略的实施，人才、技术、政策等方面的不断完善，传统产业将迎来数字化转型浪潮。

三是破解数字化转型中的技术瓶颈。加大政府、企业等方面对先进制造业和数字经济领域先进技术的研发投入，加快突破智能制造硬科技，如智能芯片、工业软件、超精密加工等，鼓励有条件的地区与企业前瞻布局前沿数字技术和先进制造技术，抢占前沿数字技术与先进制造技术相互深度融合所形成的新兴产业制高点。

（四）完善与数字化发展、数字化应用相关的制度规范

数字化的发展能够推动一地区经济高质量发展的进程，还能提升产业链的竞争优势。然而，数字化的发展也会在某些方面带来风险，如对金融系统的稳定和货币政策传导效果产生影响，隐私泄露风险加大，产业数字化带来的产业生态风险等。所以，数字化的推进仍旧需要制度规范的约束，才能更好地推动数字化转型的实现。

一是根据国家与数字化相关的法律，制定适应本省的制度规范。数字化已成为席卷当今时代的一个大浪潮，它正在逐步渗透经济、文化、社会生活的各个角落，对国家治理体系和治理能力产生了深刻的影响。[①] 虽然数字化

---

① 黄廉熙：《加快数字化发展基础法律制度建设》，http：//www.qxzh.zj.cn/art/2021/3/9/art_1228965138_58904702.html，2023 年 11 月 16 日。

发展迅猛，但与之相匹配的基础制度体系和标准规范还不完善。因此，数字化的应用需要相关法律法规的规范与约束。国家层面应出台与数据保护、交易流通、跨境传输和数据安全等相关的法律法规，加快培育数据要素市场，使得数字化发展更为规范化、合法合规化；而省级层面，政府应根据国家法律法规，因地制宜地制定出制度规范。

二是国家要加强数据治理规则的国际对接，省级层面要有效落实相关治理规则。加强数据治理规则的国际对接有利于价值链、供应链中各企业间数据的国内传输与跨境流动，使其更为安全便利，能够有效破除数字化商品出口、跨境贸易中可能遇到的各种壁垒。河南省作为制造业大省，也应做好相关的准备。

参考文献

李帅娜、刘东阁、梁志杰：《促进还是抑制：数字化与制造业绿色转型发展》，《当代经济管理》2023 年第 12 期。

蒋煦涵、章丽萍：《数字化转型促进高端制造业绿色发展的路径研究》，《当代财经》2023 年第 9 期。

杨根淼、袁静：《全球产业链重组下区块链赋能实体经济：机制路径、治理困境与发展策略》，《国际经贸探索》2023 年第 6 期。

钱诚、孙柏：《中国在全球产业链分工中的作用与影响分析——以宝洁公司产品为例》，《国际经贸探索》2013 年第 3 期。

《河南省人民政府关于印发河南省加快数字化转型推动制造业高端化智能化绿色化发展行动计划（2023—2025 年）的通知》，《河南省人民政府公报》2023 年第 18 期。

B.7
河南省数字产业集群建设的路径研究[*]

蒋　睿[**]

摘　要：　数字产业集群是数字产业发展演进的高级形态，突破了传统产业集群的物理聚合，具有显著的空间溢出效应。近年来，河南省加快布局数字产业集群发展，数字经济规模稳步增长，数字治理体系日趋完善，产业集聚效应初步形成。但数字经济产业"大而不强"、科技创新能力亟待提升、缺乏龙头企业，难以形成"雁阵效应"，集群发展低度化等因素仍然制约着数字产业集群的发展。针对以上问题，河南省可以通过聚焦核心技术攻关，提升产业集群创新力；聚焦集群企业培育，增强产业集群竞争力；聚焦数字生态建设，夯实产业集群硬实力等举措加快数字产业集群建设，助力河南数字经济提质增效。

关键词：　数字经济　数字产业集群　产业链

　　数字产业集群是在数字经济背景下以新发展理念为引领，从事数字产品制造、数字产品服务、数字技术应用、数字要素驱动的企业主体及其相关机构等组成的具有较强核心竞争力的企业集群。2022年，我国数字经济规模达到50.2万亿元，同比名义增长10.3%，已连续11年显著高于同期GDP名义增速，数字经济占GDP比重达到41.5%。数字经济已成为全球经济竞争的新增长极。习近平总书记在党的二十大报告中指出："加快发展数字经

---

　　* 本文系河南省高等学校重点科研项目（23B790009）"河南打造数字经济发展新高地的路径研究"、河南省社会科学界联合会调研课题（SKL-2023-2670）"河南打造国家级数字产业集群的对策研究"阶段性成果。

　　** 蒋睿，河南中原创新发展研究院讲师，研究领域为数字经济、区域经济、创新创业。

济，促进数字经济和实体经济深度融合，打造具有国际竞争力的数字产业集群。"数字产业集群是数字经济高质量发展的基础载体，也是促进数字经济与实体经济融合发展的催化剂。想要在区域竞争中拔得头筹，就必须下大功夫建设数字产业集群，链接上中下游产业聚链成群。

一 建设数字产业集群的重要意义

作为数字经济发展到一定阶段的产物，数字产业集群的建设具有重要的意义。从全球竞争角度来看，数字产业集群的建设能够增强数字产业链的韧性，帮助中国占领数字经济发展的新高地；从国内经济发展角度来看，数字产业集群的建设能够激发产业发展新动能，助推现代化产业体系建设；从国内区域竞争角度来看，数字产业集群是经济增长的新引擎，能够促进河南实现"换道领跑"。

（一）增强数字产业链韧性

聚焦国际视野，近年来经济全球化遭遇逆流、贸易保护主义及地缘政治博弈持续加剧，全球产业链供应链布局遭受严重冲击。发展数字经济是把握新一轮科技革命和产业变革新机遇的战略选择，是新一轮国际竞争重点领域。欧、美、日等高度工业化地区和国家均以数字化转型为首要任务，实施数字产业集群战略，进而提升数字经济发展，抢占产业链重构重塑制高点。

中国作为全球产业链供应链的重要参与者，在产业链韧性遭受冲击之时，提出要"着力提升产业链供应链韧性和安全水平"①。数字产业集群将上游数字产品制造业、中游数字产品服务业与技术应用业、下游数字要素驱动业集聚起来，凸显出低成本高效率运行、破除地缘和信息壁垒、产业融通发展等优势，延链补链强链，将数字技术渗透各个行业，助推企业实施数字化转型，增强产业链韧性，助力经济高质量发展。

---

① 习近平：《在中国共产党第二十次全国代表大会上的报告》，2022 年 10 月。

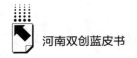

（二）助推现代化产业体系建设

现代化产业体系是现代化国家的物质技术支撑，也是实现经济现代化的重要标志，更是实现中国式现代化的必然要求。数字产业是战略性新兴产业，数字产业集群将产业内各企业聚链成群，为产业体系带来了新的增长点。与此同时，信息技术与传统产业的融合，激活了传统产业发展动力，对传统产业进行重塑重构，促进传统产业提质增效，进一步衍生出新产业、新业态和新模式。另外，数字产业集群为实体经济发展开拓了新空间，利用数字技术切实提高了实体经济的生产和服务效率，使现代化产业体系加速形成。

（三）提升区域经济竞争力

数字经济已经成为我国经济发展中最有活力的重要组成部分之一，也成为区域竞争的新赛道，数字产业集群成为数字经济发展的重要支撑，也是必然结果。随着国家重大区域战略的落地，各地区、各省份纷纷瞄准经济增长的新引擎，大力建设数字产业集群。根据中国电子信息产业发展研究院统计，我国 25 个先进制造业集群中，六成以上主导方向是数字经济。2022 年12 月 19 日，河南省委经济工作会议在深入实施数字化转型战略方面，提出构建全国算力高地、打造国家级数字产业集群、争创国家级数字化转型促进中心等目标。发展数字产业集群能够为十大战略中的"数字化转型战略"的实施以及《"十四五"数字经济和信息化发展规划》的贯彻落实提供有效的对策，助力河南在区域竞争中实现"换道领跑"，为谱写新时代中原更加出彩的绚丽篇章提供支持。

二 河南数字产业集群建设的基础条件

近年来河南省数字经济发展迅速，数字经济规模稳步增长，各地数字产业集群呈现特色化发展，数字经济治理体系不断完善，具备打造有区域竞争优势的数字产业集群的基础。

（一）数字经济规模稳步增长

河南数字经济规模连续 7 年稳居全国前十，持续保持全国前列。以 2020~2022 年发展情况为例，从数字经济总体规模来看，河南省由 2020 年的接近 1.6 万亿元至 2022 年的突破 1.9 万亿元；增速由 8.1% 提升至 10.6%，超过全国平均水平；数字经济占 GDP 比重由 14.6% 增至 31.5%[①]，增速和占比稳中向好。

从规模来看，全省数字产业化规模从 2020 年突破 2500 亿元至 2022 年突破 3400 亿元，数字产业链韧性和竞争力显著增强。产业数字化规模也实现两连增，由 2020 年的接近 1.3 万亿元至 2022 年突破 1.59 万亿元，数字经济发展基础越发坚实。数字经济渗透率是衡量数字经济发展水平的一个重要指标，河南省第一、二、三产业数字经济渗透率连年提升，特别是第三产业，在 2022 年达到了 37.9%（见表 1）。作为农业大省，河南省全面推进智慧农业建设，第一产业数字经济渗透率稳步提升；制造业数字化转型成效显著，2022 年新增省级数字化转型示范区 7 个、上云企业 3.58 万家，新培育省级工业互联网平台 10 个；第三产业涌现出包括 UU 跑腿在内的多家优秀企业，以数字技术赋能服务业发展。

表 1　2020~2022 年河南省三次产业数字经济渗透率

单位：%

年份	第一产业	第二产业	第三产业
2020	5.3	17.0	33.4
2021	5.6	17.9	34.5
2022	6.2	19.4	37.9

资料来源：中国信息通信研究院，《河南省数字经济发展报告》（2021~2023 年）。

①　河南省发改委、中国信通院：《河南省数字经济发展报告》（2021~2023 年）。

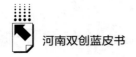

（二）产业集聚效应初步形成

河南重点发展新型显示和智能终端、先进计算、智能传感、网络安全、工业互联网等数字产业，培育了一些在细分领域具有竞争优势的数字产业集群。郑州市充分发挥头雁效应，数字经济规模于 2022 年突破 5000 亿元，领跑河南省其他地市。郑州市从先进计算、智能终端、人工智能、软件等数字经济核心产业发力，培育形成了信息技术服务产业集群、下一代网络产业集群等国家级战略性新兴产业集群。其中郑州市信息技术服务产业集群在 2023 年国家考核评价中获评优秀，[1] 同时，郑州智能传感器产业集群相关企业超过 4000 家，气体传感器、热释电红外传感器市场占有率国内第一，成功入选 2023 中国百强产业集群。截至 2023 年 4 月，郑东新区已累计入驻超过 3500 家数字企业，并汇聚了华为、阿里、海康威视、大华、软通动力等一批龙头企业，着力打造千亿级数字产业集群。

稳坐第二把交椅的洛阳，数字经济规模于 2022 年首次突破 2000 亿元。以人工智能+智能制造+大数据产业有机协同为核心，建设智算基础设施，形成智能农机控制芯片等上下游关键产业链环节。洛阳电子信息产业以中航光电、中移在线等为龙头，由高端光电电子器件产业园、民机与工业互联、中部云谷、昇腾人工智能实验室、中南高科等组成的产业集群。

鹤壁市虽然位于河南省数字经济发展第三梯队，但作为资源枯竭型城市数字化转型的典型代表，其表现可圈可点，全市数字经济核心产业增加值占 GDP 比重连续两年居全省第二。鹤壁市构建"5+N"产业布局体系，引进 29 家头部企业落地，带动 533 家数字经济相关企业形成集聚，电子核心（电子电器）产业集群成功入选河南省首批战略性新兴产业集群。鹤壁市为了凸显数字产业集聚、辐射带动作用，高起点规划建设"一城一岛多园"

---

① 中国信息通信研究院：《河南省数字经济发展报告（2023）》。

的科技创新体系，以园聚链，规划建设 20 个专业化园区，实现了"上下楼就是上下游，产业园就是产业链"。

（三）数字治理体系日趋完善

2022 年，"数字经济治理"一词首次写入《政府工作报告》，《"十四五"数字经济发展规划》也提出了"数字经济治理体系更加完善"的目标。河南省政府积极制定数字经济发展战略规划，明确了发展目标和路径，将数字经济发展纳入区域发展规划，抢占先机，同时制定了一系列鼓励数字技术创新、促进数字化产业发展、打造数字产业集群的政策措施（见表 2）。

表 2 2020～2023 年河南省政府出台与数字经济有关的政策

政策名称	出台时间
《2020 年河南省加快数字经济发展实施方案》	2020 年 5 月
《2021 年河南省数字经济发展工作方案》	2021 年 3 月
《2021 年河南省国民经济和社会发展第十四个五年规划和二〇三五年远景目标纲要》	2021 年 5 月
《河南省数字政府建设总体规划（2020–2022 年）实施方案》	2021 年 9 月
《河南省"十四五"数字经济和信息化发展规划》	2021 年 12 月
《河南省数字经济促进条例》	2022 年 1 月
《2022 年河南省数字经济发展工作方案》	2022 年 3 月
《2023 年河南省数字经济发展工作方案》	2023 年 1 月

资料来源：根据河南省人民政府等网站资料整理。

数字治理体系中最重要的一环是数字政府的建设。近年来，河南省始终以习近平总书记所提出的"网络强国"重要思想为引领，全面推动政务数字化转型。目前，河南省政务服务事项基本实现网上可办、95%以上实现全程网办，社保、医保、公积金查询等 7669 个事项实现"掌上办"，952 个事项实现"跨省通办"。国办电子政务办全国一体化政务服务能力评估报告显示，2022 年、2023 年连续两年河南省进入全国"非常高"组别，政务服务效能实现大幅跃升。为了更加深入地推进数字政府建设，河南省人民政府先后在 2023 年 3 月和 5 月印发了《"河南链"建设实施方案（2023—2025年）》和《河南省加强数字政府建设实施方案（2023—2025 年）》，期望为中国式现代化建设河南实践贡献更加强劲的数治力量。

三 河南数字产业集群建设的现实困境

如今河南数字经济发展取得了长足进步，但是仍然面临不少现实困境。其中包括数字经济产业"大而不强"，质量提升没有赶上数量提升的速度；科技创新能力没有与 GDP 总量同频共振；头部企业数量少，雁阵效应尚未形成；现有集群发展低度化，高端研发与协同合作欠缺。

（一）数字经济产业"大而不强"

目前，河南省数字经济产业规模较大，但是在质量上存在明显短板，面临"大而不强"的瓶颈制约。虽然河南数字经济规模连续 7 年稳居全国前十，但根据《中国数字经济发展指数报告 2023》，河南数字化综合发展水平处于第二梯队，与第一梯队的省份仍然存在不小的差距。① 2022 年 11 月 30日工信部所公布的 45 个国家先进制造业集群名单中，新一代信息技术领域集群有 13 个，合肥市智能语音集群、武汉市光电子信息集群、成都市软件和信息服务集群、成渝地区电子信息先进制造集群等均在名单内，郑州市信息技术服务产业集群、郑州市下一代网络产业集群等虽然有着超两千亿的营收，与合肥、杭州旗鼓相当，但是没有上榜。

（二）科技创新能力亟待提升

科技创新能力是产业发展最重要的动能，数字经济产业具有高技术性特征，其蓬勃发展离不开科技创新的支持。R&D 经费投入强度是衡量区域科

---

① 《中国数字经济发展指数报告 2023》显示，第一梯队包括北京、上海、广东、江苏、浙江、山东、四川、天津、福建、湖北 10 个地区，第二梯队包括河南、重庆、河北、贵州等 12个地区，其余地区处于第三梯队。

技创新能力的关键指标之一，通过对比 2022 年中部六省 R&D 经费投入强度可以看出，河南省在科技创新资源投入上不如安徽、湖南、湖北三省，只有 1.86% 的投入强度，未实现 2022 年初政府工作报告定下的投入强度达到 1.96% 以上的目标（见表 3）。

表 3　2022 年中部六省 R&D 经费及投入强度对比

单位：%，亿元

省份	R&D 经费投入强度	R&D 经费
安徽	2.56	1152.5
湖南	2.41	1175.3
湖北	2.33	1254.7
河南	1.86	1143.3
江西	1.74	558.2
山西	1.07	273.7

资料来源：中部六省统计局网站。

发明专利也可以从一定程度上反映出地区的创新能力。截至 2022 年底，中部六省发明专利授权量分别为：湖北省 2.9 万件，安徽省 2.6 万件，湖南省 2.04 万件，河南省 1.46 万件，江西省 0.87 万件，山西省 0.51 万件[①]，河南与中部地区"尖子生"存在较大差距。河南整体科技创新能力的不足导致研发设计以模仿为主，缺乏核心技术，竞争力下降，严重影响着数字产业集群的发展。

（三）头部企业数量较少

企业是产业发展的源头活水，优秀的企业能够发挥"头雁"作用，带动其他梯队企业发展，促进整体产业集群的高质量发展。2022 年在中部六省中，河南省 GDP 总量居第一，但高新技术企业数量却排第四名，与东部的上海、浙江、江苏差距更大（见图 1）。在 2022 年中国互联网综合实力企

---

① 资料来源：中部六省统计局网站。

业百强榜单中，河南省仅有中钢网科技集团和中原大易科技有限公司上榜。2022 中国数字经济 100 强榜单中河南仅有中航光电位列其中。从数量上看，河南数字企业数量不少，汉威科技、黄河科技集团、信大捷安、中原算力等一批企业已在相关领域崭露头角，但从质量上来说，依然缺乏知名度高、技术研发能力强、发展规模大的品牌企业。龙头企业的缺乏导致行业发展不顺畅，无法通过"雁阵效应"来带动数字经济产业发展。

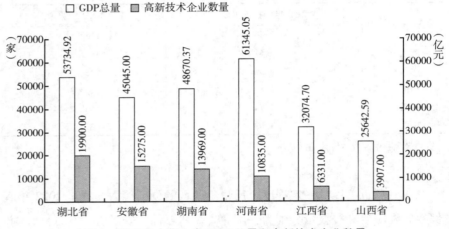

图 1 2022 年中部六省 GDP 总量和高新技术企业数量

资料来源：https：//www.163.com/dy/article/IBJ6QG1A055634MC.html。

（四）集群发展低度化

目前，河南省数字产业集群内的企业主要进行低附加值加工制造，缺少价值链高端环节，包括芯片、高端传感器在内的很多领域市场占有率为零。虽然 2022 年河南省手机产量为 1.6 亿部，约占全国产量的 1/10[①]，但多为配件组装，不涉及智能手机的核心研发设计环节。郑州高新区智能传感器战略性新兴产业集群聚集了传感器相关企业超 4000 家，但这些企业主攻后端器件制造和解决方案及应用环节，前端研发设计环节在燃气、水务领域具备

---

① 陈红瑜主编《2023 年河南经济形势分析与预测》，社会科学文献出版社，2023。

较强优势，中间 MEMS（微机电系统）芯片制造、封测环节基本空白。

另外，集群内企业未能实现协同发展，根据《关于河南省电子信息产业发展的调研报告》，河南省电子信息产业领域航瑞电子、三贤电子等企业订单爆满，甚至因产能不足面临较大按期交货压力，恒泰电器、荣晟达等企业却因订单不足处于停产或半停产状态。数字产业集群强调的是集群内上、中、下游企业的互动与协作，通过资源共享、协同发展提升整体产业水平，产业集群的低度化会制约集群的可持续发展。

四　河南数字产业集群建设的路径

数字产业集群与传统产业集群最显著的区别在于通过物理空间和数字空间的"双集聚"来增强数字产业链的韧性与安全，推动数字经济高质量发展，提高区域竞争力。河南数字产业集群建设应该聚焦核心技术攻关、集群企业培育和数字生态建设，多措并举建设具有区域竞争力的数字产业集群。

（一）聚焦核心技术攻关，提升产业集群创新力

一是加大科技研发投入。加快推动政策落地，政府要加大财力、人力、物力扶持力度，扶持数字产业创新发展。通过对数字经济相关企业减税降费、提供专项贷款、设立数字经济专项基金等方式，减轻企业经济负担，降低企业投资风险，激发企业创新活力，发挥财政资金引导作用，带动企业增加研发投入，进一步撬动科技创新。二是重点突破关键核心技术。习近平总书记曾指出，关键核心技术是要不来、买不来、讨不来的。只有把关键核心技术掌握在自己手中，才能从根本上保障国家经济安全、国防安全和其他安全。[①]河南省要充分重视基础研究和源头创新的重要性，要立足中部地区，对标北上广深，以提升数字产业集群科技创新为首要任务，以集群发展高端化、专业化、绿色化、国际化为主要目标，突破关键核心技术。智能传感器和半导

---

① 习近平：《努力成为世界主要科学中心和创新高地》，《求是》2021 年第 6 期。

体产业是新一代信息技术的核心，也是科技竞争的主战场。河南省要在现有基础上专攻传感器 MEMS（微机电系统）芯片制造和封测环节；集中力量突破新型显示和智能终端等前沿技术和关键核心技术；在产业集群内谋划国家级研发创新中心，减少对国外数字产业技术的依赖，针对全球数字"卡脖子"技术进行原创性攻关，努力实现企业高水平科技自立自强。三是增强政校企行研协作，加强核心技术协作研发。高校和科研院所拥有关键创新要素，能够开展大量的基础研究，企业和行业协会可以为科技成果转化提供广阔的平台。政府应针对数字产业集群发展给予专项政策支持，引导高校、企业、行业协会与各类研究机构加强数字核心技术攻关合作，激励多方参与到数字产业集群发展中，形成合力，共享资源，共同参与国家重大科技创新项目，促进核心技术产品研发和应用，共同推动数字产业提质增效。

（二）聚焦集群企业培育，增强产业集群竞争力

首先，发展壮大在产业链条上具有主导能力和控制能力的优势"链主"企业。"链主"企业在数字产业集群建设中发挥着重要的集聚核心作用，能够促进产业链上中下游的有机衔接，实现产业链循环发展。汉威科技、黄河科技集团、金惠科技、信大捷安、信产投、中原动力机器人、中原算力等企业是河南省现有数字经济领域头部企业，其中汉威科技气体传感器国内市场占有率达到 75%。河南省要着力培育包括汉威科技在内的现有头部企业，使其拥有主导产业集群发展的能力，协调产业集群内资源配置，在国际竞争中凸显优势。同时作为"头雁"企业，起到带动中小企业发展的作用。其次，挖掘具有潜力的中小企业。要逐步构建数字经济类企业"微成长、小升高、高变强"的阶梯式培育机制，各地工信和发改部门要及时掌握数字技术企业的数量和基本情况，列出重点培育企业名单，建立数字技术培育库。加大对各类优质中小企业支持力度，将其尽快培育成为科技型中小企业；对已成为科技型的中小企业做好跟踪服务和监测培育指导，筛选和挖掘市场前景好、创新能力强、发展潜力大、综合效益高、核心竞争力强的科技型中小企业并将其纳入高新技术企业、专精特新中小企业、专精特新小巨人

企业的培育计划。再次，让外来企业留得住。注重企业长远发展能力，营造适宜数字技术企业发展的营商环境，避免赶项目、赚快钱，构建良好的生态体系，使外来优秀数字企业带来的数据资源和技术能力赋能本土企业发展。

（三）聚焦数字生态建设，夯实产业集群硬实力

一是优化布局，引导产业集群协同化发展。统筹省内各地数字经济发展基础、实体经济发展及数字规划实施状况，因地制宜、特色为先，错位发展、重点突破，把握节奏、有序推进。加快推动出台数字产业集群全省一体化布局规划。瞄准价值链中高端环节，顺应本地化的全球价值链重构趋势，加强集群内产业链集聚和供应链配套，形成有序分布、分工合作、协同互补的"雁阵式"数字产业集群发展格局。二是完善数字治理体系。制定河南省数字经济产业集群发展指导意见和实施方案，做好政策保障。深化政府对于数字产业集群发展的服务和监管的作用，推进政府主体与市场主体间的双向互动，利用数字平台做好信息开放、共享、共治。实现对产业集群内企业数据和产业生态的全方位、立体化、多层次动态管理，引导集群内资源合理配置，促进集群内企业协同发展。针对数字产业集群发展小微企业的扶持与保障，应当及时、全面地了解小微企业的发展需求，及时识别出其发展所产生的问题，并制定有效的解决方案。三是建立以数字产业集群发展为导向的人才培养与引进机制。人才是发展的关键要素，数字人才是稀缺型人才，培养和引进符合数字产业集群要求的人才是产业集群建设的重要任务。明确产业集群发展人才需求的类型，结合行业人才需求和供给数据，制定适应的专项人才培养与引进方案，实现人才培养与引进合理化、精准化、科学化。重视河南省高校、科研院所对于数字产业集群发展所需复合型人才的培养。优化课程体系设置，加强数字化基础设施、数字化交叉融合、数字化实践应用等多个方面的实践教学，鼓励校企研协同育人，构建企业、学校"双导师制"教学体系，打造多元化育人机制，为河南省数字产业集群发展输送优质人才。

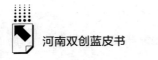

参考文献

河南省发展战略和产业创新研究院课题组：《关于河南省电子信息产业发展的调研报告》，2023 年 9 月 21 日。

王莉莉、杨娟、吴智兰：《安徽打造数字产业集群的谋与策》，《决策》2021 年第 12 期。

李安祥：《数字经济背景下我国数字产业集群发展的路径探析》，《中国电信业》2023 年第 5 期。

梁琳、金光敏：《数字经济赋能我国产业链韧性提升的路径研究》，《齐鲁学刊》2023 年第 5 期。

周海川、刘帅、孟山月：《打造具有国际竞争力的数字产业集群》，《宏观经济管理》2023 年第 7 期。

B.8
河南省加强双招双引推动产业链
高质量发展研究

豆晓利*

摘　要：　双招双引是带动产业链高质量发展的动力引擎，能够以外力助力产业链补链强链，创新资源要素配置构建产业链升级新机制，为产业链做大做强注入人才活力。本文总结了河南省双招双引推动产业链高质量发展的工作举措和成效，包括出台促进双招双引多项政策、创新双招双引工作机制、举办第六届中国·河南招才引智大会等大型活动招揽优质人才和项目、与多个地区签署合作框架协议吸引重大项目落地以及探索双招双引特色模式等。在此基础上，笔者认为，应该通过整合双招双引力量、精准把握重点产业需求、着力引进重点重大项目、创新对外经济合作模式以及注重营商环境和人才环境建设等，不断提升双招双引新理念、增强双招双引效益、拓展双招双引新途径、增强双招双引环境吸引力，更好推动产业链高质量发展。

关键词：　双招双引　产业链　高质量发展

　　做大做强重点产业链，不断增强产业链群的核心竞争力，加快产业结构优化升级，构建现代化产业体系，是建设现代化河南的关键任务，是建设制造强省的迫切需要。双招双引是经济发展的源头活水，是事关一个地方发展的大战略、大举措。当前，河南省正处于大有可为的重要战略机遇期，同时也面临技术、人才、资金、项目等资源匮乏的难题，尤其是高端项目的吸引

---

　*　豆晓利，河南中原创新发展研究院教授，研究方向为区域经济、创新创业。

力不强。鉴于此,河南应该准确认识新发展阶段的新要求,以双招双引为重要抓手和动力引擎,推动产业链高质量发展。

一 双招双引是带动产业链高质量发展的动力引擎

产业链的思想起源于国外,最早可以追溯到亚当·斯密提出的"工业生产是一系列基于分工的迂回的链条"①。在国内"产业链"的概念最早由学者姚齐源、宋伍生提出,即区域宏观决策机构应该确定区域某一阶段的重大战略目标,进而选择实现这一目标的重点(产业链)及相应的结构调整方向,但是对于什么是产业链,文中并没有给出明确的界定。② 随着研究成果的不断丰富,产业链的概念界定也逐渐清晰。比较普遍的观点认为,产业链是基于产业上游到下游各环节的由供需链、企业链、空间链和价值链四个维度有机集合而形成的链条,③ 是一种在一定技术经济关联下各个产业部门之间依据特定的逻辑关系和时空布局关系客观形成的链条式关联关系形态。可以看出,产业链是一个宏观的概念,在本质上是指具有某种内在联系的企业群结构,包含了结构属性和价值属性两种维度。产业链的主要内容是上下游关系以及相互之间的价值交换,通常由上游环节向下游环节输送产品或服务,下游环节向上游环节反馈信息。④

产业是地区经济发展的基础,产业转型升级是地区经济发展的必然选择,产业转型升级要求产业链做大做强。2023 年 4 月,河南省人民政府出台了《关于加快构建现代化产业体系 着力培育重点产业链的工作推进方案》,对 7 大先进制造业集群和 28 个重点产业链制定了具体的工作推进方

---

① 亚当·斯密:《国富论》,商务印书馆,2023,第 101~110 页。
② 姚齐源、宋伍生:《有计划商品经济的实现模式——区域市场》,《天府新论》1985 年第 3 期,第 1~4+11 页。
③ 吴金明、邵昶:《产业链形成机制研究——"4+4+4"模型》,《中国工业经济》2006 年第 4 期,第 36~43 页。
④ 刘一腾:《数字经济驱动中国制造业升级研究——基于产业链空间布局的考察》,吉林大学博士学位论文,2022。

案。2023 年 10 月，河南省出台了尼龙新材料等 28 个重点产业链行动方案，进一步明确了各条产业链总体思路、发展目标、战略布局、主攻方向、重点任务、推进措施等。可以说，河南省对未来几年甚至更长时间关于重点产业链的布局已经非常清晰了，对于建设制造业强省的目标定位已经非常明确了，接下来的关键问题是如何把重要战略落地到具体实践中。

双招双引是招商引资、招才引智的简称，"双招"即招商和招才，"双引"即引资和引智，这是对外招商引资的全新概念，其关键在于不断创新经济发展方式，鼓励创新，让经济发展与时俱进。双招双引应该具有产业思维。①

近年来，很多省份把双招双引作为应对内外部环境变化、优化产业结构、推动高水平开放的关键抓手，河南省更是把"双招双引"作为 2023 年工作的重点来抓，以双招双引推动产业链高质量发展的逻辑关系主要体现在如下几方面。

一是双招双引以外力助力产业链补链强链。1~2 个世界级、7 大先进制造业集群和 28 个重点产业链的战略目标的提出彰显了河南在未来几年产业发展的重大决心，该目标的实现需要内外力两种力量结合。内力需要进一步加强全省已有产业力量，培育和孵化本土企业；外力则需要通过双招双引的方式引进境外省外优势资源，既需要厘清河南省产业链发展需要的企业、人才、项目，也需要详细考察境外省外哪些企业、人才、项目资源能够满足省内经济发展需求。特别是对于河南这样的中部省份来说，外部的力量尤为重要，通过借助外部力量既实现补链强链，又有利于实现弯道超车，以较短的时间赶超其他地区。

二是双招双引创新资源要素配置，构建产业链升级新机制。产业链的高质量发展关键在项目，出路则在招商引资，产业链招商作为产业转型升级的有效途径，其重要性日渐凸显。实际上来看，今天关于双招双引的概念不仅是引入资金、项目、企业以及人才资源，而且是在更大范围内配置资源要

---

① 王奇勇：《双招双引的五种思维》，《决策》2023 年第 4 期，第 68~70 页。

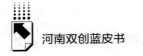

素，通过引进新变量、创造新组合、提供新可能、培植新优势等创新资源要素配置的方式方法，助力产业链攀升和价值链提升，实现产业链整体转型升级。

三是双招双引为产业链做大做强注入人才活力。双招双引包含招商引资和招才引智，招才引智更加关乎地区经济发展的未来，是各地区人才引育的有力举措。河南省委省政府把招商引资、招才引智放在优先发展的战略地位，这与全省实施创新驱动、科教兴省、人才强省战略高度契合。通过全省招商团队统一作战以及企业自主引才引智相结合的方式，聚焦全省重点产业链引进高端人才、急缺人才，是全省产业发展的重要动力源。

因此，把双招双引作为产业链高质量发展的重要动力引擎，是河南省成功打造 28 个重点产业链的必然选择。聚焦双招双引，就是把招商引资和招才引智放在重点产业链发展的统一框架中，以招商引资实现量的规模化扩张，以招才引智推进质的突破性飞跃，汇聚各方面资源和要素，凝聚各方面智慧和力量，打通产业链、创新链、资金链、人才链，形成一个产才融合的生态圈。

二 河南省以双招双引提升产业链 高质量发展的举措和成效

双招双引是河南省 2023 年的工作重点，在 2023 年 7 月 27~28 日召开的河南省委十一届五次全会特别强调，"要抓双招双引。以更大力度招商引资，以更大诚意招才引智，以更广视野发展外贸，持续提升开放水平"。一年来，全省在制定支持政策、创新工作机制、高端项目引进、特色模式创建等方面的举措成效显著，有力推动了产业链高质量发展。

（一）出台促进双招双引多项支持政策

河南省在 2021 年 12 月就印发了《河南省"十四五"招商引资和承接产业转移规划》，提出要聚焦重点产业和关键领域招引承接，并分别制定了提质发展传统产业招商承接行动、培育壮大新兴产业招商承接行动、前瞻布局未来产业招商承接行动、优化提升现代服务业招商承接行动、大力发展数字经济招商承接行动等几大行动，对不同产业领域有针对性地开展双招双引活动。

2023年9月，河南省人民政府出台了《支持重点产业链高端化智能化绿色化全链式改造提升若干政策措施》，进一步从7个大方面、27条细则对产业链全链式改造提升进行奖补。该文件中特别提出要支持招才引智和招商引资，具体包括鼓励培养引进高层次和急需紧缺人才、支持企业引才聚才、支持企业家提升创新创业水平以及对引进境外、省外投资项目实际到位并形成实收资本的给予不同额度的奖励等政策措施，特别是对引进落户河南自由贸易试验区、郑洛新国家自主创新示范区、郑州航空港经济综合实验区、国家级经济技术开发区、国家高新技术产业开发区的与主导产业相关的产业项目，在以上奖励标准基础上增加50%，对引进的新兴产业、未来产业投资河南省项目，在既定奖励标准基础上增加10%，对特别重大项目，报经省政府同意，采取"一事一议"予以支持。

2023年12月，由河南省发展改革委等五部门联合印发《关于进一步加强省重点外资项目建设要素保障的通知》，聚焦用能、用地、环境容量、资金和政策等五方面提出了18条针对性强、含金量高的政策举措，全力以赴稳外资、促投资。该项政策的服务主体更鲜明、针对性更强、保障力度更大，是全省以更大力度吸引和利用外资的务实行动之一，也是河南首次就保障外资重点项目建设出台的专项举措。

（二）创新工作机制实行图谱化作业

2023年7月，河南省为构筑制造核心竞争优势，对省重点产业链培育工作实行专班化推进方式，对重点产业链培育工作建立了"一链一专班一机构"工作机制，其中，每个产业链由1名省级领导担任链长，以1个省直部门为责任单位，依托1个产业联盟或协会的盟会长单位和1个研发机构组建工作专班，分链推进产业链现代化攻坚。省委书记楼阳生和省长王凯担任总链长并各领衔 1 个产业链。各产业链专班实行"三三制",组成人员 1/3 为党政单位负责人、1/3 为龙头企业负责人、1/3 为高校院所专家学者,旨在将有形之手与无形之手更好结合,充分激发市场主体和创新主体的活力。

建立产业链专班以后,各产业链专班按照"缺什么引什么、弱什么补什么"的原则,制定了产业链条图、技术路线图、区域分布图、招商引资图,实施产业链图谱化作业,分别研究编制"一方案""四图谱""六清单"。"一方案"即培育壮大产业链三年行动方案。"四图谱"即产业、技术、人才、装备图谱。"六清单"即重点企业、项目、园区、短板、创新平台和推进事项清单。对方案及清单设定的所有事项,分别明确工作目标、包联领导、责任单位、完成时限,实行挂图作战。通过建立"一链一专班一机构"工作机制,对产业链招商引智实行挂图作战,工作效率得到大幅提升。

(三)举办第六届中国·河南招才引智大会等大型活动招揽优质人才项目

2023 年 10 月 27 日,中共河南省委、河南省人民政府、欧美同学会(中国留学人员联谊会)共同举办了第六届中国·河南招才引智大会,第三届中国·河南开放创新暨跨国技术转移大会同步进行。在开幕式上,省长王凯为 10 名青年人才发放人才公寓钥匙,10 个高层次人才项目、10 个重大科技项目进行了现场签约。大会期间同时集中举办了人才(项目)对接洽谈会、中原科技城院士论坛、中医药发展论坛等活动。2018 年以来,河南省已连续举办五届招才引智创新发展大会,累计签约各类人才 23.9 万人,引进顶尖人才团队 1312 个,落地高质量人才合作项目超过 2400 个,为河南省招揽了优质人才和项目。① 同时,大会还设置有 6 场省外招才引智活动,分别在长春、北京、西安、上海、南京和武汉举行。每场省外招才引智活动分

---

① 数据来源:新华网,http://www.ha.xinhuanet.com/20231028/5384a79100c74d54a9aa960ae4027a5f/c.html。

别聚焦河南省重点行业、新兴产业、重大战略等人才需求，并结合各省高校的人才资源特点，有针对性地开展招才引智活动。除此以外，河南省各辖市也结合本地区经济特色和实际需求分别举办了多样化的招商引智大会，例如，安阳市举办了"融入京津冀 共创新未来"招商推介大会、粤港澳大湾区招商引智推介大会、长三角招商引智推介大会等招商引智推介活动，实现了与京津冀、粤港澳大湾区、长三角等地区经济合作与人才交流的新突破。

（四）与多个地区签署合作框架协议吸引重大项目落地

为高质量推动双招双引工作，2023 年，河南各级党政代表团奔赴境外省外各地，特别是广东、深圳、香港、澳门等地开展商务拜访活动，大力招商引资，与多个地区签署了合作框架协议。特别是粤港澳大湾区正处于产业结构调整、空间资源限制以及要素成本高企等发展新阶段，而豫粤两地的产业互补性较强，关联度较高，深化合作的空间巨大、潜力巨大，这实际上为两地的产业升级和空间转移创造了新机遇。正是基于此，2023 年 5 月，广东与河南两省在广州签署战略合作框架协议，在多年来合作的基础上进一步精准推介当前重点产业，推进双招双引工作。据河南省商务厅统计数据，2023 年上半年，河南全省新增合同省外资金项目 2690 个、合同省外资金18066.8 亿元，同比增长 0.52%；实际到位省外资金 6014.3 亿元，同比增长 7.39%。其中从引资具体省市来看，广东省位居第一。[1]

（五）各地区形成"双招双引"特色模式共同推进全省双招双引工作

除了省级层面以外，各省辖市也均聚焦本地区重点产业链组建工作专班全力推进双招双引工作。其中，郑州市依托开放平台和载体、交通、产业等优势形成了"人才+项目+资金"模式。开封市围绕主导产业开展柔性引智、积极引进带人才的高科技企业，形成了"'双招双引'合一"模式。南阳市依托建设副中心城市和卧龙综合保税区的重大机遇，积极探索"紧盯重点

---

① 资料来源：河南省人民政府网站，https://www.henan.gov.cn/2023/07-27/2785684.html。

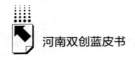
地区（京津冀和长三角、粤港澳大湾区）的'双招双引'"模式。这些具有地方特色的"双招双引"模式对促进各地经济恢复、推动高水平对外开放、实现经济高质量发展都发挥了显著的效果。

三 以双招双引推进产业链高质量发展的政策建议

2023年，河南省双招双引工作取得了显著成效，面对各省份的激烈竞争，未来要实现更好地以双招双引推进产业链高质量发展的目标，应该通过整合双招双引力量、精准把握重点产业需求、着力引进重点重大项目、创新对外经济合作模式以及注重营商环境和人才环境建设等，不断增强双招双引针对性、增强双招双引效益、拓展双招双引新途径、增强双招双引环境吸引力。

（一）整合全省双招双引力量，准确把握双招双引新思维新趋势

从全省层面来看，应该整合全省双招双引力量和资源，建立专业工作团队，对全省今后如何开展双招双引工作进行系统研究和攻关。首先，应该提升工作团队理念思维，改变以前土地优惠、税收优惠、奖励优惠等传统双招双引思维，准确把握双招双引发展新趋势，向提升区域软实力、体制机制创新、提升企业信心、激发市场活力等双招双引新思维新方式转变。其次，应该准确把握双招双引新发展趋势，具体包括以产业链、引导基金、新型载体、产才融合等方式推进双招双引工作，用新的工作方式应对双招双引工作的新发展趋势。再次，应该建立对省内外开展双招双引工作的前期经验总结梳理的常态化机制，对全省以及各地市适用的双招双引举措进行分析鉴别，对有价值的经验进一步完善、推广。最后，应该着力在争取高科技项目、高层次人才和团队引进方面开展研究，明确年度目标，制定切实可行的工作措施，确保落实到位。

（二）精准把握重点产业需求，开展有针对性的双招双引活动

双招双引工作是随着产业不同阶段发展需要不断调整的，双招双引工作

应该具有针对性，不然就是对资源的极大浪费。首先，应该建立常态化的调研机制。河南 28 个重点产业链已经明确，但是每个产业链量级都很大，需要的企业、项目、人才资源都有待调研和梳理，只有厘清了重大产业资源需求，才能确保双招双引工作的针对性。其次，在明确重点产业和项目要求后，建议编制重点产业招商导引，梳理形成重点产业链企业、项目、人才需求清单以及高校特色人才需求清单，围绕战略性新兴产业和未来产业开展更大力度的招商引资活动，通过更大力度的招商引资活动，进一步集聚高科技项目和创新人才，加快核心技术攻关，形成产业核心竞争优势和产业链优势。

（三）着力引进重点重大项目，增强双招双引效益

双招双引工作既要抓整体全面也要突出重点，特别是把着力点放在重点重大项目的引进上。一是应该围绕重点产业发展需求，着力引进投资额大、经济贡献大、科技水平高的项目，特别是围绕高端装备、新材料、现代医药等战略性新兴产业和生命健康、量子信息、前沿新材料等未来产业开展更大力度的招商引资活动。二是建议开展重大技术项目双招双引专项行动，通过举办高校院所成果推介和技术需求对接活动，对引进持有自主知识产权或核心技术的创新创业投资项目给予大力扶持和奖励。三是积极挖掘央企国企、世界 500 强、国内 500 强、民营企业 500 强、上市公司、科技创新型企业等重点资源，深度对接、全面合作，引进占据价值链核心位置、产业链高端位置的大项目、好项目。四是积极引进总部经济项目，对注册地位于境外的跨国公司和达到规定条件的国内大企业在河南省设立企业总部、区域总部、职能总部的给予激励补助。

（四）创新对外经济合作模式，开拓双招双引新途径

开展双招双引工作，眼光不能一味紧盯在"招"和"引"的层面上，要通过创新对外经济合作模式，开拓双招双引新途径。要积极争取合作对象，特别是加大力度推进与发达国家和共建"一带一路"国家的合作，加强与国内发达地区及世界 500 强、中国 500 强、民营企业 500 强、上市公

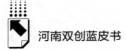

司、科技创新型企业等重点资源企业的合作，加强与国内外一流高校和科研院所的合作，积极在国内外共建合作园区，积极"走出去"投资等，在合作中把握市场变化趋向和产业发展趋势，同时有效带动双招双引，引进更多出口型高质量项目。

（五）注重营商环境和人才环境建设，增强双招双引环境吸引力

项目想要引进来，产生经济效益，不仅需要优越的招商引资政策，更需要好的营商环境。要进一步推动自贸试验区、航空港跨境电商试验区的开放制度创新，进一步完善双招双引体制机制，提升营商便利化水平，提高进出口通关和多式联运的效率，降低制度性交易成本和运输费用，并把开放制度创新的成果及时在全省推广复制。人才不仅要引进来，更要留得住，想要留住人才需要打造良好的人居环境，要严格兑现招商引资政策承诺，为各类人才提供居留、医疗保健、就业创业、社会保险、子女教育、住房保障、信贷支持、办税服务、出入境等"一卡通"便捷服务。

参考文献

陈智恒：《长三角地区对台"双招双引"的经验与启示》，《学术论坛》2021年第8期。

刘一腾：《数字经济驱动中国制造业升级研究——基于产业链空间布局的考察》，吉林大学博士学位论文，2022。

倪庆东：《聚力"双招双引"攻势助推产业优化升级》，《中共青岛市委党校　青岛行政学院学报》2020年第3期。

喻新安等：《河南创新创业发展报告（2023）》，社会科学文献出版社，2023。

产业篇

B.9
河南省先进装备产业链发展研究[*]

刘 晓[**]

摘 要： 当前全球新一轮工业革命蓬勃兴起，在此战略机遇期，大力培育和发展先进装备产业链，是河南打造现代化产业体系的必然要求，也是抢占未来经济和科技发展制高点的战略选择，对于河南实现由制造业大省向强省转变具有重要意义。河南先进装备产业链经过多年的发展取得了显著成效，但是产业链核心环节有待巩固，产业链协同发展还需加强，产业链资源配套仍应完善。河南应构建技术创新体系，推进产业链提质增效；健全产业培育机制，助推产业链协同发展；加强产业要素支撑，完善产业链发展配套；推动产业服务建设，优化产业链发展环境；加快建设和完善先进装备产业链，为推进中国式现代化建设河南实践贡献力量。

关键词： 先进装备产业链 装备制造业 现代化产业体系

---

[*] 本文系河南省高等学校重点科研项目（24B790009）"河南省发展壮大战略性新兴产业的路径研究"、河南省社会科学界联合会调研课题（SKL-2023-2495）"加快建设具有河南特色的现代化产业体系研究"阶段性研究成果。

[**] 刘晓，河南中原创新发展研究院讲师，研究方向为产业经济、区域经济。

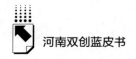

装备制造业是为国民经济生产提供技术装备的基础性产业，是实体经济的重要组成部分。党的十八大以来，党中央、国务院高度重视装备制造业发展，习近平总书记强调，高质量发展是"十四五"时期我国经济发展的必由之路，装备制造业高质量发展更是重中之重，要努力把关键核心技术和装备制造业掌握在我们自己手中。先进装备产业作为装备制造业的核心领域和关键部分，培育壮大先进装备产业，完善先进装备产业链，对于加快传统装备制造业转型升级，推动制造业高端化、智能化、绿色化发展，打造现代化产业体系，促进经济高质量发展具有重要作用。

一　河南省先进装备产业链内涵

装备制造业是为国民经济发展提供生产技术装备的工业的总称，即"生产机器的机器制造业"，被誉为"工业经济的心脏"，分为传统装备制造业和先进装备制造业。传统装备制造业是应用传统制造技术、工艺生产技术含量低、产品附加值低的装备生产行业，而先进装备制造业则是指生产制造高技术、高附加值先进工业设施设备的行业。先进装备制造业又被称为高端装备制造业，是现代产业体系的脊梁，是国民经济的基石，所谓"先进"，主要体现在知识技术密集且多学科多领域高精尖技术集成，处于价值链高端且具有高附加值特征，占据产业链核心且决定产业链整体竞争力等三个方面。根据《国务院关于加快培育和发展战略性新兴产业的决定》（国发〔2010〕32号），先进装备产业主要包括智能制造、航空、卫星及应用、轨道交通、海洋工程装备产业。从产业链的角度看，先进装备制造产业上游主要涉及装备制造相关原材料，中游涉及零部件和整机制造，下游主要涉及高端装备制造相关应用。打造和完善先进装备产业链，是推动工业转型升级的重要引擎之一，是产业发展的大势所趋，是河南产业结构向中高端转型升级的主要方向，是激发经济增长新动能、实现高质量发展的重要力量。

二 河南省先进装备产业链发展取得的主要成效

装备制造业作为河南的传统优势产业与核心支柱产业，经过多年发展取得了良好成效，产业规模持续扩大，为先进装备产业链建设提供了强大基础。近年来，河南举全省之力打造重点产业链，先进装备产业链加速补链延链强链，总体发展态势良好。

（一）产业基础不断夯实

河南省装备制造业门类齐全，产业规模超过万亿。2022年，河南规模以上装备制造业企业达4344个，产业增加值占规模以上工业增加值的比重达12.1%，实现利润总额415.01亿元，营业收入利润率达5.5%，居五大主导产业第二位，对规模以上工业增长的贡献率达7.3%。2013～2022年，河南省规模以上装备制造业增加值年均增长11.02%，高于规模以上工业3.58个百分点，高于全国规模以上装备制造业2.12个百分点。河南省规模以上装备制造业增加值增速，除了2020～2022年三年受疫情影响等原因低于全国规模以上装备制造业增加值增速外，总体来说始终高于全国平均水平，特别是2023年以来克服疫情影响强势回升，2023年上半年河南省规模以上装备制造业增加值增长12.0%（见表1），约是全国规模以上装备制造业增加值增速的1.85倍（见图1），约是河南规模以上工业增加值增速的3.64倍（见图2），有力拉动工业经济增长。

表1 2013年至2023年上半年河南省规模以上装备制造业相关指标数据

单位：%、个

时间	规上装备制造业增加值增速	规上工业增加值增速	规上装备制造业增加值占规上工业增加值比重	规上装备制造业单位数
2013年	14.0	11.8	14.2	3330
2014年	15.7	11.2	15.1	3652
2015年	13.1	8.6	16.0	4012

续表

时间	规上装备制造业 增加值增速	规上工业 增加值增速	规上装备制造业增加值 占规上工业增加值比重	规上装备制造业 单位数
2016 年	12.7	8.0	16.6	4281
2017 年	16.1	8.0	3.5	4506
2018 年	14.4	7.2	5.8	4269
2019 年	17.4	7.8	14.6	3999
2020 年	-1.2	0.4	13.8	3819
2021 年	5.1	6.3	12.6	3949
2022 年	2.9	5.1	12.1	4344
2023 年上半年	12.0	3.3	/	/

资料来源：《河南统计年鉴》（2014~2023 年）、河南省人民政府门户网站。

图 1　2013 年至 2023 年上半年河南省规上装备制造业增加值增速与
我国规上装备制造业增加值增速对比情况

资料来源：《河南统计年鉴》（2014~2023 年）、河南省人民政府门户网站、中国政府网。

（二）创新平台加快建设

河南不断加大创新投入力度，推动传统装备产业转型升级，大力发展先进装备产业，先进装备产业链创新要素加快集聚。2023 年，河南成

图2 2013年至2023年上半年河南省规上装备制造业增加值增速与河南省规上工业增加值增速对比情况

资料来源：《河南统计年鉴》（2014~2023年）、河南省人民政府门户网站。

立省级先进装备产业联盟，由郑煤机牵头，联合中国一拖、中信重工等25家单位共同发起，致力于推动省内先进装备产业上下游的深入合作，发展壮大先进装备产业链、产业集群。2019年，河南农机装备创新中心成功获批国家级制造业创新中心，是全国农机领域唯一的国家级制造业创新中心，也是全国第三个装备制造业创新中心。自2021年起，河南先后组建遴选三批共40家产业研究院，致力于打通科技成果产业转化"最后一公里"，主要集中在先进装备、新材料、生物医药、新能源汽车等产业领域，其中涉及装备制造业的研究院约占三成，如河南省智能矿山装备产业研究院、河南省高端轴承产业研究院等。截至2023年底，河南共培育建设五批31家省级制造业创新中心，如河南省物流装备创新中心、河南省智能矿山装备与工艺创新中心等。2023年，河南中铁工程装备集团有限公司、平高集团等7家工业设计中心入选第六批国家级工业设计中心。"十三五"时期，河南省建成智能工厂和智能车间571个，工业互联网平台25个，国家级新型工业化产业示范基地达到13个。2023年，河南两个5G工厂项目入选工信部公示的《2023年5G工厂名录》，其中

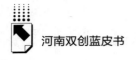

一个就是通用设备制造业——基于"5G+工业互联网"的离散型装备智能工厂项目。

（三）政策支撑持续完善

河南高度重视装备制造产业尤其是先进装备制造产业的发展，制定了一系列规划和方案，为加快推进先进装备制造产业发展、完善先进装备产业链提供了坚实的政策支撑。2016 年，河南省人民政府印发了《中国制造 2025 河南行动纲要》，提出建设先进制造业大省需聚焦的三个重点优势发展领域，高端装备就是其中之一。2017 年，河南省人民政府办公厅印发了《河南省装备制造业转型升级行动计划（2017—2020 年）》，明确了装备制造四大优势产业和四大新兴产业，强调推出一批具有国际影响力的高端装备。2020 年，河南省人民政府办公厅印发了《关于建立新兴产业链工作推进机制的通知》，针对智能装备产业链成立了以省级领导为链长、工业和信息化厅负责统筹推进的工作专班。2021 年，河南省人民政府印发了《河南省先进制造业集群培育行动方案（2021—2025 年）》《河南省"十四五"制造业高质量发展规划》《关于建立省级先进制造业集群重点产业链"双长制"的通知》，提出建成具有重要世界影响力的万亿级装备制造业集群，明确了电力装备等六大装备制造重点产业链，着力打造一批千亿级集群和现代化产业链，建立群链链长制和盟会长制。2022 年，河南省人民政府发布了《河南省加快传统产业提质发展行动方案》《河南省加快新兴产业重点培育行动方案》《河南省加快未来产业谋篇布局行动方案》三大行动方案，均强调要大力发展高端装备产业；发布了《河南省"十四五"战略性新兴产业和未来产业发展规划》，提出培育壮大高端装备产业等高成长性产业，明确轨道交通装备等四个重大项目。2023 年，河南省人民政府办公厅印发了《河南省培育壮大尼龙新材料等 27 个重点产业链行动方案》，明确提出了培育壮大先进装备等 28 个重点产业链高质量发展的"作战方案"。一系列文件的出台，为河南打造先进装备产业集群、提升先进装备产业链竞争力，明确了发展方向和路径。

（四）重点产业链优势凸显

近年来，河南把产业发展的重点聚焦到提升产业链现代化水平上，建立了由省级领导担任链长的重点产业链推进专班，推动河南省产业链现代化建设驶入快车道。目前，河南在新型电力、工程机械、农机装备等重点领域产业链优势凸显，初步形成了龙头企业引领、技术创新驱动、产业区域集聚的良好发展态势。

1. 新型电力（新能源）装备产业链

河南是全国重要的新型电力（新能源）装备制造基地，中等规模以上的电力装备制造企业达 50 多家，横跨一二次、高中压、交直流装备领域，产品覆盖电力系统各个环节。在龙头企业引领方面，河南新型电力（新能源）装备产业基本形成了以许继集团、平高集团、森源电气、金冠电气等龙头企业为"链主"的产业链。在技术创新驱动方面，许继集团在特高压和智能电网方面，打破了 ABB 等国际巨头在高端电力装备方面的垄断，为全球特高压直流输电工程提供了 50% 的换流阀和 75% 的控制系统，数十项创新产品技术指标达到国际领先水平。平高集团在高压开关等输配电设备领域处于国际领先水平，成功研制了世界首台 1100kV GIL 产品等一批拥有完全自主知识产权的高端产品。在产业区域集聚方面，河南新型电力（新能源）装备产业形成了以郑州、许昌等地为重点区域的产业集群。其中，郑州在绝缘材料、加工设备、电力线缆等细分领域优势明显，形成索凌电气、华洋铜业等为代表的龙头企业，产业链条相对完整。中国电气装备集团中原区域总部于 2023 年底落户郑州，将进一步推动河南电力装备形成成套输出的能力。2022 年，许昌电力装备产业集群规模突破 1400 亿元，电力装备产业核心产品本地采购率在 50% 以上，不断推动电力装备产业链延链补链强链。

2. 先进工程机械产业链

河南工程机械龙头企业数量达 234 家，在建设机械、矿山机械、起重机械领域优势明显，产业发展基础坚实，企业覆盖产业链上中下游各环节。在

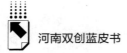

龙头企业引领方面，河南先进工程机械产业基本形成了以中信重工、郑煤机、洛阳 LYC 轴承、中铁装备、卫华集团等龙头企业为"链主"的产业链。在技术创新驱动方面，中铁装备建成世界首个全断面隧道掘进机云计算平台和大数据中心，盾构机市场占有率全球第一；中信重工研发了目前世界上最大的真空盘式过滤机，填补了国内外空白；郑煤机矿用液压支架产销量世界第一，自动化程度全球最高；洛阳 LYC 轴承与中信重工联合研制的矿山重型装备特大型轴承，突破了专用特大型轴承"卡脖子"技术，打破了进口垄断。在产业区域集聚方面，河南先进工程机械产业形成了以郑州、洛阳、新乡、许昌、焦作等地为重点区域的产业集群。其中，洛阳 2022 年轴承制造产业规模超过 200 亿元，产业主要集聚在洛龙区与涧西区，产业链上游原材料部分有洛钢集团、洛龙铜一等企业；中游轴承制造部分有洛阳 LYC 轴承、洛阳轴研所、国华轴承等企业；下游应用场景有双瑞风电、一拖众成、洛阳高峰等企业，形成了较为完整的轴承制造产业链。除洛阳以外，河南多地也形成各具特色的先进工程机械产业集群，如新乡起重工程机械产业集群、郑洛新焦矿山工程机械产业集群等。

3. 先进农机装备产业链

河南是农机装备大省，农机总动力位居全国第二，拖拉机、配套农机具数量均居全国第一，收获机、动力机械处于国内领先水平，规上农机装备制造企业有 200 余家，农机装备产业总体发展水平位居全国前列。在龙头企业引领方面，河南先进农机装备产业基本形成了以国家农机装备创新中心、中国一拖、河南中联重科等一批龙头企业为"链主"的产业链。在技术创新驱动方面，河南拥有全国农机领域唯一的国家级制造业创新中心——国家农机装备创新中心，该中心研发了粮损测试验证平台，其测试技术填补了国内在相关领域的空白；中国一拖研发的国内首台 220 马力履带拖拉机，打破了我国在该领域完全依靠进口的局面。在产业区域集聚方面，河南先进农机装备产业形成了以洛阳、郑州、开封、许昌、南阳、新乡等地为重点区域的产业集群。其中，洛阳共有农机装备及相关零部件生产企业 500 多家，产业规模超 300 亿元，依托中国一拖、国家农机装备创新中心等"链主"企业，初步形成了涵盖基础材料、整机、农机关键零部件等完整链条的农机装备产业。河南其他区域在中国一拖等企业的带动下也形成了多条较为完整的先进农机装备产业链。

4. 机器人和数控机床产业链

河南机器人相关企业总数达 1.2 万余家，在全国排名第 8，规上企业有 101 家，主要分布在零部件、机器人本体、系统集成及应用等领域，在大型、精密、高速数控加工设备和系统方面具备了明显的行业优势。在龙头企业引领方面，河南机器人和数控机床产业基本形成了以中信重工、郑州科惠、郑州越达、安阳鑫盛等一批龙头企业为"链主"的产业链。在技术创新驱动方面，中信重工拥有 50 余款特种机器人产品，主持参与编写特种机器人国家标准，连续多年稳居中国智能特种机器人产业第一梯队。郑州科惠专用焊接机器人等多项产品实现了进口产品替代，郑州越达涂装及焊接领域综合技术实力居国内领先水平。在产业区域集聚方面，河南机器人和数控机床产业形成了以郑州、洛阳、安阳、许昌等地为重点区域的产业集群。其中，郑州依托哈工大郑州研究院、中国船舶七一三研究所、郑州磨料磨具磨削研究所、郑州机械研究所、郑州科慧、郑州越达有限公司等一批科研院所与企业，形成了以高新技术开发区和郑州大学科技园为核心的机器人产业集聚区，机器人和数控机床产业链正在加速构建。

5. 航空航天及卫星应用产业链

河南以北斗导航与位置服务为突破，发展面向农业、气象、交通、物流、能源等行业的卫星融合软件与服务，截至 2021 年底，全省卫星产业规模达到 100 亿元，卫星产业呈现良好发展态势。在龙头企业引领方面，河南航空航天及卫星应用产业基本形成了以河南北斗、河南航天宏图、威科姆、天迈科技等龙头企业为"链主"的产业链。在技术创新驱动方面，河南建成了国家超级计算郑州中心、国家北斗产业产品质量监督检验中心等一批研发中心与服务平台。河南北斗卫星导航平台有限公司承担的"北斗三号运营服务平台"项目，是国内第一个通过北斗三号民用服务能力认定评审的项目。在产业区域集聚方面，河南航空航天及卫星应用产业形成了以郑州、

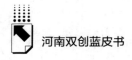

鹤壁等地为重点区域的产业集群。其中，鹤壁拥有良好的数字经济产业基础，联合中国测绘学会共同建设了全国首个空间地理信息与 5G 融合应用试验区，依托航天宏图等龙头企业，成功引进 20 余家卫星产业上下游配套企业，基本形成了上游涵盖卫星整星制造等领域、中游涵盖卫星通信+地面设备等领域、下游全面覆盖卫星应用等领域的全链条卫星互联产业生态。

6. 节能环保装备产业链

河南作为国家循环经济试点省份，具有较好的产业基础，在大气、水、土壤污染防治技术装备，节能和环保服务设备领域有着较强的优势。在龙头企业引领方面，河南节能环保装备产业基本形成了以中原环保、河南大张过滤设备等龙头企业为"链主"的产业链。在技术创新驱动方面，中原环保公司高标准建设了全国第 7 座百万吨级污水处理厂，成功建设了全国首个热解气化污泥处置项目，拥有污泥热解气化、精确曝气系统等多项核心技术；河南大张过滤设备公司是我国中西部规模最大的压滤机生产基地，建设有河南省固液分离装备技术研发中心等 5 个创新平台。在产业区域集聚方面，河南节能环保装备产业形成了以郑州、许昌、洛阳等地为重点区域的产业集群。其中，许昌共有节能环保装备直接相关企业 100 余家，间接相关企业 300 余家，拥有禹州市环保装备产业园、建安区环保装备产业园等先进环保装备制造产业园区，形成了节能变压器和节能电机产业等高效节能装备制造集群。

三　河南省先进装备产业链发展存在的主要问题

河南先进装备产业经过多年的培育和发展，在电力、工程机械、农机设备等重点领域已经初步形成较为完整的产业链，但是与经济发达省份比较，先进装备产业的规模和层次还有待提升，产业链上下游还有待完善。

（一）产业链核心环节有待巩固

河南先进装备产业虽然有部分产品、技术处于国内甚至国际领先水平，但是整体处于产业链中低端环节。河南先进装备产业侧重于装备整机的制造，核心关键技术、核心关键零部件进口依赖程度较高。如轴承作为制造业中的灵魂零件，河南的制轴工艺已经处于国内领先水平，但高端轴承用钢，对纯度、均匀性等要求都非常高，基本上依赖进口。

（二）产业链协同发展还需加强

河南先进装备产业尚未完全形成上下游企业协作发展的模式，产业主体数量还需进一步提高，龙头企业的带动能力和辐射能力还有待进一步加强，上下游企业的合作范围、合作深度仍需进一步拓展。如机器人和数控机床产业，省内相关企业多处于产业链下游的系统集成及应用端，上游缺乏机器人核心零部件制造企业，中游企业的行业影响力还有待提高，技术配套相对不成熟。

（三）产业链资源配套仍应完善

河南先进装备产业链的人才、金融等要素还不能完全满足快速发展需求。一是缺乏高端复合型人才和高技能型人才，尤其是先进农机装备产业，农机装备产业相对来说获利能力不足，人才待遇、社会地位相对其他行业差别过大，人才支撑明显不够。二是金融支持力度不够，直接融资比例较低，自主创新资金需求难以满足，尤其是中小企业。三是产业发展环境有待优化，需要进一步深化体制机制改革，营造公平、透明、稳定的营商环境。

四　河南省先进装备产业链发展的对策与建议

河南先进装备制造业正处于转型升级、补短板、锻长板的关键阶段，加快完善和发展先进装备产业链事关高质量发展大局，对于推动河南现代化产业体系建设具有重要意义。

（一）构建技术创新体系，推进产业链提质增效

一是突破核心关键技术。强化许继集团、中信重工、郑煤机等先进装备

产业"链主"企业在创新资源配置中的主引擎地位，推动高密度研发投入和高质量专利发明，加大首台（套）重大技术装备研制和推广应用支持力度，鼓励"链上"企业共同开展技术攻关。实施一批科技攻关专项，发布制造业基础领域关键核心技术和产业攻关指南，组建一批关键共性技术平台，大力推进重点创新产业化升级工程，着力突破先进装备产业关键技术瓶颈。加强与完善知识产权保护，推动专利布局，构建先进装备领域知识产权快速协同保护机制。

二是提高自主创新能力。发挥好政府政策的引导作用，构建以新型实验室体系、技术创新中心体系、创新基础设施体系为核心的先进装备制造产业创新策源系统，为先进装备制造业提供源头技术供给。加大科技研发投入，以政府财政资金投入为引领，以企业资金为核心，以社会和金融资本为重要补充，构建系统完备的研发投入体系，形成政、银、企协同创新的资金保障机制。

三是促进科技成果转化。加快建立以企业为主体、以市场为导向、产学研用深度融合的技术创新体系，依托省科学院、哈工大郑州研究院等科研院所，形成由政府协调整合社会优质资源开展多元产学研合作机制。围绕先进装备产业技术攻关需求，组织企业承接国家级科研项目和国家科技重大专项，密切产业部门与科技部门沟通联系，鼓励和引导企业与用户、高校及科研院所等单位开展联合攻关，组织实施一批成果转化和示范应用项目，加速创新成果产业化。

（二）健全产业培育机制，助推产业链协同发展

一是市场主体梯度培育。培育龙头领航企业，强化与行业知名企业对标对表，支持龙头企业通过创新转型、兼并重组等方式做大做强，集中优质资源培育一批具有国际竞争力的先进装备龙头企业，打造一批具有全国乃至国际影响力的先进装备，推出一批具有全国乃至国际知名度的品牌。推进中小企业晋档升级，持续开展专精特新企业培育工程，鼓励中小先进装备企业在细分领域形成技术领先优势，成为补强产业基础和产业链短板的冠军企业；

制定单项冠军培育计划，不断夯实创新型中小企业、"专精特新"中小企业、"小巨人"企业、制造业单项冠军等优质中小企业梯度培育基础，集聚优质资源催生培育壮大专业化企业。

二是打造重点产业集群。以链主企业为龙头向产业链上下游延伸，形成引链成群、聚链成势的规模效应。如大力培育以郑洛新许千亿级建设工程机械产业集群、新乡千亿级起重工程机械产业集群、郑洛新焦千亿级矿山工程机械产业集群为代表的先进工程机械装备产业集群。培育壮大特色产业园区，设置先进装备制造业发展指标，培育产业发展先进示范园区，吸引国内外头部企业、实力企业布局落子，带动配套企业、服务性企业跟进落位，不断壮大先进装备产业集群体量规模。

三是深化产业数字赋能。推动传统装备制造企业智改数转，鼓励龙头企业"一企一战略"深入开展数字化转型。鼓励先进电力装备、先进工程机械装备等重点领域企业依托人工智能、5G等新技术，推动智能制造升级改造，分产业分领域打造标杆示范。强化基础支撑，加大5G基站和"双千兆"网络建设力度，全面推进IPv6规模部署应用和大数据中心平台建设。提升配套服务，加快省级数字化转型促进中心、"数字化诊所"建设。

（三）加强产业要素支撑，完善产业链发展配套

一是强化资金支持。引导银行业金融机构对技术先进、优势明显、支撑带动作用强的项目优先给予信贷支持。鼓励国家制造业转型升级基金、先进制造产业投资基金、国家中小企业发展基金及各类社会资本加大对先进装备产业领域投资力度，充分发挥政府投资基金引导带动作用，鼓励和引导社会资本参与产业发展。鼓励先进装备企业利用多层次资本市场融资发展，支持装备制造企业通过融资租赁方式转型升级。

二是加强人才引培。创新人才引进、培养、使用、评价、激励政策，建立先进装备产业人才库，加快培养和引进中高级技工队伍、研发专家和团队、高级经营管理人才，为先进装备产业发展提供智力支持。以重大技术装备项目、重点产业基地建设为引领，加快推动人才培养方式转变，支持企业

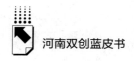

与科研院所、高等院校在学科建设、人才培养等方面开展合作。开展人才的订单式、专业化、精准适配式培养，鼓励支持先进装备企业加大对高端领军人才、急需紧缺人才的引进力度，健全涵养人才政策措施，为装备制造业转型升级提供人才保障和支撑。

（四）推动产业服务建设，优化产业链发展环境

一是加快政府产业政策落地。进一步健全省级领导担任"链长"机制，强化"链长"助力"链企"能力。加快完成河南六大重点先进装备产业链"四图谱六清单"和三年行动方案的编制，分阶段明确任务、有重点地出台有针对性的细化支持政策。深化"放管服"改革，推动简政放权，最大限度取消、下放行政审批事项，提高审批效率。加强公共服务体系建设，建立失信违法市场主体联合惩戒制度，激发各类市场主体发展活力，优化营商环境。

二是充分发挥产业联盟服务作用。鼓励先进装备产业联盟发挥组织优势，积极为企业提供信息、技术、管理等咨询服务，深入开展产业链上下游产供销适配性对接，提高产业链供应链稳定性和地方配套率。强化行业关键共性技术协同攻关，促进创新资源整合、创新效能提升、创新成果转化。组织金融投资、工业设计、质量认证、检验检测等各类服务机构精准切入、同频共振，发挥倍增效应。支持举办或组织企业参加装备产业领域的技术会议、论坛、产品展示交流、展览展销等活动，增强先进装备影响力和话语权。

参考文献

《中华人民共和国国民经济和社会发展第十四个五年规划和 2035 年远景目标纲要》，中华人民共和国中央人民政府网站，https：//www. gov. cn/xinwen/2021-03/13/content_5592681. htm？pc&wd＝&eqid＝91387bc80000153d000000066487202c，2021 年 3 月 13 日。
《河南省人民政府关于印发河南省"十四五"战略性新兴产业和未来产业发展规划的

通知》，河南省人民政府网站，https：//www. henan. gov. cn/2022/01－24/2387551. html，2022 年 1 月 24 日。

《河南省人民政府关于印发河南省建设制造强省三年行动计划（2023—2025 年）的通知》，河南省人民政府网站，https：//www. henan. gov. cn/2023/08－15/2797207. html，2023 年 8 月 15 日。

《河南出台 28 个重点产业链行动方案》，河南省人民政府网站，https：//www. henan. gov. cn/2023/10－21/2833457. html，2023 年 10 月 21 日。

宋歌：《河南省传统装备制造业向高端制造业升级的对策》，《现代企业》2020 年第 12 期。

干勇、谢曼、廉海强、邹伟龙、王慧：《先进制造业集群现代科技支撑体系建设研究》，《中国工程科学》2022 年第 2 期。

B.10
河南省新材料产业链发展研究

张志娟*

摘　要：　　新材料产业作为制造业高质量发展的先导和基石，推动新材料产业链发展对于河南加快先进制造业强省建设具有非常重要的意义。河南省新材料产业链发展的基础和成效日益巩固和凸显，如政策支持力度不断加大、群链融合协同发展机制加快构建、产业集群发展态势强劲、重点产业链建设实现新突破等；但同时，产业竞争力有待提高、科技创新能力不足、高层次人才相对短缺、协同联动的产业链生态尚未形成等短板仍然存在。为进一步推动河南省新材料产业链发展，河南需要从完善顶层设计、提升企业自主创新能力、持续加大人才引培力度、营造良好的产业链群协同生态等方面持续发力，以助力河南新材料强省建设和先进制造业强省建设。

关键词：　　新材料　产业链　产业集群　自主创新

新材料产业是重要的战略性新兴产业，也是制造业高质量发展的先导和基石[①]，被称为"发明之母"和"产业粮食"。近年来，随着产业转型与科技发展，新材料产业迎来了重大的发展机遇，国家"十四五"规划将其列为七大战略性新兴产业和"中国制造2025"重点发展领域，党的二十大报告也明确将新材料作为推动战略性新兴产业融合发展的增长引擎。河南省作为全国重要的新材料产业聚集地，近年来，全省新材料产业规模不断壮

---

* 张志娟，河南中原创新发展研究院教授，研究方向为区域经济、产业创新。

[①]　河南省人民政府：《河南省加快材料产业优势再造换道领跑行动计划（2022—2025年）》，2022年7月19日。

大，基本形成了种类齐全、结构合理、配套完善的新材料产业链条体系，在国内有着举足轻重的地位和影响力。

一 河南省新材料产业链发展的基础及成效

当前，河南省新材料产业正在经历从量变到质变的迭代升级，呈现比重大、基础好、应用广的特点，在新材料多个细分领域形成了自身的特色和优势。据河南省工信厅公布的数据，2021 年和 2022 年河南省新材料产业工业增加值增速分别为 8.7% 和 3.9%，分别占工业行业增加值的比重为 8.7% 和 8.6%。[①]

（一）政策支持力度不断加大

近年来，河南省委、省政府结合全省资源禀赋和产业基础，举全省之力打造重点产业链。为加快河南从原材料大省向新材料强省转变，政府围绕新材料产业链发展不断强化顶层设计和政策支撑。2021 年 10 月，河南省政府印发的《河南省先进制造业集群培育行动方案（2021—2025 年）》明确提出，河南的超硬材料、尼龙新材料等新材料产业链将从千亿级别向万亿级别跨越；此后又相继出台了《河南省加快材料产业优势再造换道领跑行动计划（2022—2025 年）》《加快构建现代化产业体系 着力培育重点产业链工作推进方案》等多个政策文件；围绕新材料产业集群中的超硬材料、尼龙新材料等 9 个重点产业链印发了《培育壮大超硬材料产业链三年行动方案》《河南省培育壮大尼龙新材料等 27 个重点产业链行动方案》，形成了促进新材料产业链发展强有力的政策体系，为河南建设新材料强省提供了有力支撑。

（二）群链融合协同发展机制加快构建

2023 年以来，全省大力打造高水平新材料产业协同创新平台，群链融

---

① 《九链合力打造新材料强省——河南培育七大产业集群系列解读之一》，《河南日报》2023 年 11 月 27 日。

合协同发展机制加快构建。2023 年 10 月 26 日，河南省新材料产业联盟成立，该产业联盟不仅汇聚了河南省科学院、郑州大学、郑州三磨所等高校和科研院所，还聚集了多氟多、中南钻石、平煤神马集团等各领域的众多知名企业，形成了从上游原材料生产，到中游新材料加工，再到下游应用的完整产业链，将有效促进新材料上中下游企业的协同合作。11 月 2 日，洛阳市铝基新材料产业联盟成立，该联盟汇集了洛阳铝基新材料企业、第三方服务机构、金融机构及相关科研院所与高校、社会团体、终端应用客户等共 55 家，将推动洛阳铝基新材料产业实现跨越式发展。12 月 1 日，河南省超硬材料协会成立，意味着全省除了已拥有的国家火炬计划超硬材料产业基地、国家超硬材料及制品工程技术研究中心等国家级重点实验室和技术中心外，超硬材料行业的协同创新资源进一步增加；该协会将充分发挥链主企业的集成和带动作用，促进创新资源整合、创新效能提升和创新成果转化。12 月 22 日，由河南钢铁集团与河南省科学院、北京科技大学联合共建的河南省先进钢铁材料产业研究院成立。

可以发现，上述新材料产业联盟、材料协会和材料产业研究院等"创新联合体"的成立，将有力支撑河南新材料产业的科技攻关和技术研发，进一步发挥知名企业的示范带动引领作用，进而合力推进河南新材料产业链实现跨越式发展。

（三）产业集群发展态势强劲

自 2022 年国家工信部开展中小企业特色产业集群工作以来，河南全省已有 6 个国家级中小企业特色产业集群。工信部公布的 2022 年度 100 个国家中小企业特色产业集群名单中，全省有 4 个集群名列榜单，其中襄城县碳硅新材料产业集群、叶县尼龙材料产业集群成功入榜。2023 年，全省有 6 个集群申报 2023 年度国家级中小企业特色产业集群，共入选了 2 个，其中方城县超硬及硬质合金新材料产业集群被认定为国家级中小企业特色产业集群（见表 1）。① 2023 年 12

---

① 由中华人民共和国工业和信息化部官网资料整理而得，https：//www.miit.gov.cn/。

月，郑州市发展改革委公示了第一批拟认定的 5 个郑州市战略性新兴产业集群名单；其中，新材料产业集群方面，郑州巩义市铝基新材料战略性新兴产业集群、郑州高新区超硬材料战略性新兴产业集群、郑州登封市新材料战略性新兴产业集群荣登榜单。①

表 1　2022 年、2023 年全省入选国家级中小企业特色产业集群名单

单位：个

年份	集群名称	数量
2022	长垣市门桥式起重机械产业集群 襄城县碳硅新材料产业集群 叶县尼龙材料产业集群 新安县轴承制造产业集群	4
2023	中牟县新能源专用车制造产业集群 方城县超硬及硬质合金新材料产业集群	2

资料来源：工业和信息化部。

目前，全省形成了郑州、许昌、南阳、焦作、商丘等超硬材料集群，拥有三磨所、黄河旋风、四方达、力量钻石、国机精工、惠丰钻石、富耐克等一批行业上市公司及新三板企业。以三磨所、四方达等为代表的超硬材料企业，带动了许昌、商丘等地超硬材料产业同步发展。河南超硬材料产业呈现百花齐放的态势，如郑州的郑钻公司高精度道具在全球处于领先地位，许昌长葛的黄河旋风是目前国内品种最齐全的超硬材料供应商，南阳方城中南钻石是全球最大的工业金刚石制造商，商丘柘城是全国最大的微粉生产基地。

（四）重点产业链建设实现新突破

1. 超硬材料产业链

作为超硬材料发源地的河南，已经成为国内乃至全球超硬材料行业的领

---

① 《郑州高新区超硬材料战略性新兴产业集群上榜！》，中国超硬材料网，http：//www.idacn.org。

航者，超硬材料及制品的产量占全国市场的 80% 以上，位居全国第一。据有关统计数据，截至 2022 年 7 月，河南省拥有超硬材料企业 3795 家，数量占全国的 10.9%；超硬材料产业规模约 400 亿元，规模以上企业约 300 家，其中上市企业 6 家，年销售收入 1 亿元以上的企业 30 多家[①]，主要分布在郑州、许昌、南阳、商丘四地。目前我国金刚石单晶产量占全球总产量的 95% 左右，其中河南人造金刚石的产量全国占比达到 80%，全球占比达到 70%。[②] 超硬材料产业链作为全省重点培育的 28 个重点产业链之首，通过延链补链强链，2025 年，超硬材料产业链规模有望达到千亿级。

2. 尼龙新材料产业链

尼龙新材料产业也是河南的特色优势产业，被列入国家战略性新兴产业集群发展工程。平顶山市作为河南省尼龙新材料产业的主要载体城市，近年来大力深耕尼龙新材料高附加值产业链。目前，尼龙新材料行业从煤炭开采、焦炉煤气制氢、钛白粉加工等上游原材料，到尼龙 66 等中间体，再到尼龙工业丝、帘子布工程塑料制品等下游产品，已经形成了较为完整的全产业链条。截至 2022 年底，平顶山市各类尼龙新材料产品产能达 240 多万吨，产业集群营业收入突破 1000 亿元，客户遍布欧洲、美洲、亚洲等 40 多个国家和地区，已成为"河南制造"走向世界的亮丽名片。其中，尼龙 66 工业丝、帘子布产能居世界第一位，尼龙 66 盐产能居亚洲第一位，尼龙 66 切片产能居全国第一位。2022 年，以尼龙新材料为代表的战略性新兴产业对平顶山市规模以上工业增加值的贡献率达 23.5%。[③]

3. 先进铝基材料产业链和先进铜基材料产业链

先进铝基材料和先进铜基材料是新材料领域的重要组成部分，也是河南的优势支柱产业。近年来，河南依托郑州、洛阳、开封、商丘等地建设全国

---

① 《稳经济大盘背景下河南新材料产业发展现状及建议》，中国发展出版社网站，https：//www.develpress.com/？cat＝5，2022 年 9 月 5 日。
② 《超硬材料演绎"强者恒强"》，《河南日报》2023 年 4 月 14 日。
③ 《河南平顶山尼龙新材料产业调查：入驻企业 200 余家，产值突破 1000 亿元》，《经济日报》2023 年 9 月 15 日。

重要的铝材料及制品生产基地，涵盖氧化铝、电解铝等完整产业链条；依托洛阳、三门峡、济源、新乡等地加快铜材及深加工产业的发展，目前已经拥有了比较完备的产业链条。2022 年 1~12 月，河南铝材产量达 1094.2 万吨，同比增长 8.73%，居全国第二位，仅次于山东省（1343.03 万吨）；河南铜材产量完成 99.4 万吨，同比增长 3.46%，居全国第六位。[①] 2023 年 9 月全国工商联所公布的"2023 中国 500 强民营企业"名单中，豫联能源集团作为河南省拥有煤、电、铝及铝精深加工全产业链的转型升级示范性企业，以第 264 位的成绩上榜；此外，还有金利金铅集团（第 323 位）、济源万洋冶炼集团（第 406 位）、明泰铝业（第 499 位）等。[②] 2023 年 10 月，"河南企业 100 强"名单公布，其中，伊电集团（第 13 位）、万基控股集团（第 15位）、豫联能源集团（第 16 位）、河南神火集团（第 17 位）、济源万洋冶炼集团（第 22 位）、明泰铝业（第 26 位）、中铝中州铝业（第 76 位）、焦作万方铝业（第 85 位）、开曼铝业（第 87 位）、龙鼎铝业（第 92 位）、新乡金龙铜管（第 97 位）成功入选。[③]

4. 先进合金材料产业链

河南作为全国镁合金材料、钛基新材料、铅锌新材料产业大省，依托鹤壁、洛阳、焦作、济源、三门峡等地大力发展镁合金、钛合金、铅锌合金等新型高性能的先进合金材料产业链。以镁合金为例，河南省镁粉、高洁净镁产量位居全国第一，镁合金及制品产量位居全国第三。河南在全国较早建立了从冶炼到镁合金精深加工的相对完整的产业链，形成了白云石—高洁净镁—高性能镁合金—镁合金压铸件—镁合金材—终端产品及镁渣的环保利用的产业链条。

5. 化工新材料产业链

化工新材料产业是河南的基础性和先导性产业，化工材料及制品大量应

[①] 国家统计局：《2022 年全国分省市铝材、氧化铝产量出炉》，新浪网站，https://finance.sina.com.cn/money/future/roll/2023-01-30/doc-imycyieq7069579.shtml，2023 年 1 月 30 日。

[②] 《2023 中国民营企业 500 强榜单公布 14 家豫企上榜》，《河南日报》2023 年 9 月 13 日。

[③] 《2023 河南企业 100 强名单出炉》，《河南商报》2023 年 10 月 27 日。

用于轨道交通、新能源汽车、轮胎等领域，有力支撑了全省优势产业的快速发展。近年来，通过不断的补链、延链，全省化工新材料产业链加快集聚，绿色化工产业园、石化合成新材料产业基地、化工产业集群等迅速发展，一大批省级重点实验室和技术中心等创新平台有力支撑了化工新材料产业链的发展。

6. 先进钢铁材料产业链、绿色建筑材料产业链和绿色建筑产业链

为引领钢铁工业全产业链提升，2023 年 3 月，河南省政府印发《河南省加快钢铁产业高质量发展实施方案（2023—2025 年）》，明确提出依托安钢集团组建河南钢铁集团。为助推全省绿色建筑材料产业链和绿色建筑产业链的创新发展，由中豫建投集团牵头，组建了河南省绿色低碳建材产业研究院，在技术、数据、人才、资金等关键要素供给方面加强了保障措施。

二　河南省新材料产业链发展的短板

虽然河南省新材料产业链已具备良好的发展基础，取得了明显的成效；但也要清醒地认识到，与 2025 年建设成为具有世界影响力的万亿级新型材料产业集群的目标还有不小的差距。河南省新材料产业链发展仍存在一些突出短板，主要表现在以下几方面。

（一）产业竞争力有待提高

近年来，河南省新材料产业链发展已初见成效，但与广东、上海等省份相比，产业竞争力仍有较大差距。究其原因，一是河南省新材料产业产量优势相对比较明显，但产值规模还不够大。以超硬材料产业为例，全国千亿级的超硬材料产值规模中，河南仅占有 40%左右的产值份额，大约 400 亿元；切磨钻削等制成品仅占国内市场份额的 20%。① 二是河南虽然拥有郑州三磨所、四方达等行业龙头企业，但全省新材料企业多以规模较小、产品和市场

---

① 《河南打造超硬材料千亿级支柱产业链》，《大河报》2023 年 3 月 23 日。

开发能力较弱的中小企业为主，这就造成部分中低端产品产能出现过剩的现象，而中高档产品竞争力却比较薄弱。因此，全省新材料产业链层次较低、高附加值的高端化产品不足，距离高质量发展的目标还有上升的空间，产业竞争力需要进一步提高。

（二）科技创新能力不足

当前，河南省大多数新材料企业仍存在科技创新能力不足、原创性成果较少、产品同质化严重等问题。究其原因，一是河南省新材料企业多是中小企业，研发投入和研发人才相对不足，导致新材料领域的研发和生产多集中于跟踪模仿，创新能力相对滞后；二是受地域、科教水平等多种因素的制约，河南科研机构目前还主要是以高等院校、科研院所为代表，数量也相对有限，造成科技成果供给相对不足，高性能材料研发速度较慢，部分新材料产品的关键核心技术仍受制于人，科技创新体系不够完善的局面还没有改变，导致河南新材料产业科技创新能力相对较弱。

（三）高层次人才相对短缺

产业发展和人才是相辅相成的，任何产业的长久持续发展都需要人才资源的有力支撑，新材料产业作为知识密集型产业也不例外。近年来，河南省在招才引智方面做出了很多的努力，尽管河南本地高校郑州大学、河南工业大学、中原工学院等为新材料行业培养和输送了大量专业高技术人才，但从整体来看，河南新材料产业链培育所需相关人才无论是存量还是流量都有待提高，新材料企业面临着人才结构不合理、高层次人才短缺的制约。一是河南高校和科研机构在新材料领域的科研人才、高职称专业人才相对比较匮乏，尤其是产业高层次领军人才、行业技术人才以及一线技术操作人员严重匮乏。二是由于新材料产业对技术要求比较高的特点，新材料产业高端人才的培养就需要投入更多的资金，尤其是领军人才培养周期相对较长，这在一定程度上导致了河南省新材料产业链发展需要的高端人才供给还存在总量、结构不均衡的问题。三是对标江浙等新材料产业高水平发展地区，河南省新

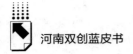

材料产业的发展和薪资待遇等方面还有一定的改进空间，造成部分高层次人员流失问题，在一定程度上削弱了全省新材料产业链发展的动力。

（四）协同联动的产业链生态尚未形成

当前，河南大部分新材料产业上中下游企业间仍缺乏紧密的、有效的产业链协同融合和联动发展机制。一是部分新材料企业往往独立经营，缺乏共赢的合作意识，在研发、生产和销售等环节没有形成良好的协同联动生态，产业集聚发展受到制约，在一定程度上限制了河南省新材料产业链的发展潜力；同时，部分骨干龙头企业的引领辐射和示范带动作用也没有真正发挥出来。二是河南在用地、融资、能源和配套设施建设等方面，还存在着金融体系、风险投资、税收优惠政策等尚未有效地向新材料企业传导，新材料企业在开展研发、技术创新、项目建设等方面的要素保障服务体系还不够完善。

三 推动河南省新材料产业链发展的对策建议

河南新材料产业链的发展，需要依托现有的产业基础，锻长板、补短板，强基础，多措并举推动全省新材料产业链的发展，以助力河南新材料强省建设和先进制造业强省建设。

（一）完善顶层设计

一是科学做好河南新材料产业链发展的顶层设计，制定好产业链发展规划和布局；重点围绕超硬材料、尼龙材料等传统优势产业和特色新材料产业做大做强，培育和推动在国内国际市场上处于领先地位的新材料企业发展壮大，进一步提高市场产值规模。二是依托全省现有的"先进制造业集群""特色产业集群""战略性新兴产业集群"等新材料产业集群体系，加快引进和培育科技含量高、配套能力强的关联性企业，延伸完善新材料产业集群和产业链条，充分发挥郑州、许昌、平顶山、南阳等地区产业集群作用，统筹协调区域新材料产业链发展工作,壮大新材料产业集群规模。三是新材料中小企业要以客户需求为出发点,不断加强开发满足市场需求的中高档产品,由中低端产品为主向高附加值产品为主转变,从而进一步提高企业的市场地位和产业竞争力。

(二)提升企业自主创新能力

一是强化河南新材料企业的创新主体地位,创造良好的科研环境,不断加大对基础研究的投入力度,加强新材料的自主创新,不断优化新材料的性能,进而推动产品开发向高附加值产品转变。二是围绕超硬材料、尼龙新材料等河南优势产业,完善新材料产业的自主创新体系,企业通过集中人才、资金等资源加强关键领域的核心技术攻关,为全省新材料产业链发展注入强劲动能。三是瞄准具备产业化基础的前沿材料和较好创新基础的关键材料,加大科技研发投入力度,实现规上企业全产业链技术研发全覆盖,形成一批具有自主知识产权的新材料和新技术;建立新材料领域关键技术重点项目库,争取在关键技术和高端材料上取得突破性进展,进而推动新材料产业链的创新发展。

(三)持续加大人才引培力度

一是政府通过出台相关支持政策,借助河南招才引智创新发展大会等平台,深入落实"招才引智"人才行动计划,加大高层次人才和团队的引进。二是建立健全与国际接轨的新材料科技人才评价体系和服务保障机制,促进优秀高端人才投入先进新材料的研发领域,为河南新材料产业发展提供坚实的人才支撑和智力支持。三是鼓励和支持河南高校、职业院校不断优化调整和联合设置相关学科专业与课程,以新材料产业需求为导向,开展新材料产业人才"订单式"培养模式,提高人才培养的实效性;加强校企合作和推进产教融合,培养一批新材料产业急需的专业技术人才和高层次人才。

(四)营造良好的产业链群协同生态

一是积极培育"链主"企业,支持龙头知名企业不断优化产品结构,

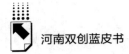

稳定对外出口的规模，大力拓展国内市场；巩固郑州三磨所、四方达等在国内的产业优势，不断提升超硬材料及制品的供给能力，打造具有国际竞争力的超硬材料产业链。二是充分发挥重点骨干企业在新材料应用方面的示范引领作用，提升龙头企业的行业整合能力，鼓励和引导中小企业与龙头企业加强合作，建立共同的产业链管理、合作研发管理、质量管理等，建立稳定的产供销协作配套体系；加强材料协会与产业联盟、协会与协会之间的合作互动，着力形成多方联动、合力推进的新材料产业链群融合协同发展机制，助力全省新材料产业高质量发展。三是在现有的基础上加大政府和市场对新材料产业的扶持力度，从科技研发、用地、能源用量、税收等多方面加大政策的优惠力度，鼓励企业加强技术创新和研发投入、加强金融精准支撑、健全完善多元化的投融资体制、减免企业所得税等，不断加强基础要素保障和降低企业的成本，以推动全省新材料产业链的发展。

参考文献

李耀峰、赵苗苗、刘晟源：《推动河南省新材料产业高质量发展对策及建议》，《河南科技》2023 年第 15 期。

王中亚：《河南省新材料产业高质量发展研究》，《合作经济与科技》2021 年第 9 期。

张晶：《面向中国式现代化：新材料产业高质量发展路径研究》，《塑料科技》2023 年第 5 期。

曾昆、李晓芃、沈紫云、廖凡、肖劲松、黄庆礼：《我国新材料产业集群发展战略研究》，《中国科学院院刊》2022 年第 2 期。

盛之林、杨少林、卢辉、吴建栋、王东新、安百俊：《宁夏新材料产业高质量发展对策建议》，《中阿科技论坛》2023 年第 2 期。

王溪：《提升河南省产业链供应链韧性的协商策略》，《中国航务周刊》2023 年第 6 期。

河南省新能源汽车产业链发展研究

宋 瑜*

摘　要： 新能源汽车采用清洁技术，具有低能耗、低排放的特点，可以同步提升经济效益和社会效益。在"双碳"目标下，新能源汽车产业链得到更快的发展。作为河南重点打造的万亿级产业链集群之一，河南省新能源汽车产业链在上游原材料和电池研发生产、中游整车制造以及下游配套设施和服务等方面取得了明显的成绩。但河南省新能源汽车产业链仍在产业规模、研发投入、高端人才、产业生态等方面存在不足，本文提出河南省新能源汽车产业链发展壮大需要进一步提升产业规模、调整产业结构，增加研发投入，大力引进和培育高端技术人才，优化产业生态等策略建议，以期为河南省新能源汽车产业链更好更快发展提供一些参考。

关键词： 河南省　新能源汽车　产业链

一　河南省新能源汽车产业链发展背景

随着经济的发展、人们生活水平的提高，我国汽车保有量越来越高，随之而来的就是大量汽车尾气排放造成气候和环境问题日益严峻，加之化石能源的日益枯竭，控制大气污染和寻找化石能源的替代品成为人类面临的重大课题。新能源汽车作为更清洁的动力工具在这个背景下应运而生，得到各国政府的普遍重视，研发投入不断加大、产业布局不断完善，发展十分迅速，

---

* 宋瑜，河南中原创新发展研究院高级经济师，研究方向为区域经济、区域金融。

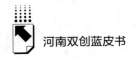

已经成为全球汽车产业转型发展的主要方向。

新能源汽车产业链融合新材料、新能源、新技术、大数据、人工智能等最新的发展潮流和趋势，通过技术对汽车产业进行网络化和智能化的改造升级。推动能源结构转型、消费结构优化，对我国科技强国和绿色创新发展都有重要的推动作用。我国作为新能源汽车产销世界第一大国，近年来也对新能源汽车发展投入大量人力物力。我国坚持纯电驱动战略取向，新能源汽车产业发展取得了巨大成就，成为世界汽车产业发展转型的重要力量之一。

（一）国内新能源汽车产业链发展迅速

《中国新能源汽车行业发展白皮书（2023 年）》指出，2022 年全球范围内的新能源汽车销量达到 1082.4 万辆，其中 63.6%的销量来自中国，中国继续保持了新能源汽车销量第一的地位，销量为 688.7 万辆。中国汽车工业协会最新数据显示，2023 年 1～11 月，全国汽车累计销量为 2693.8 万辆，同比增长 10.8%。新能源汽车 11 月销量也再创新高，达到 102.6 万辆，同比增长 30%，市场占有率达到 34.5%。同时，新能源汽车产销持续保持双增长，2023 年 1～10 月，新能源汽车产销同比分别增长 33.9%和 37.8%。从新能源汽车品种上看，三种主要品种如纯电动汽车、插电式混合动力汽车、燃料电池汽车产销量均有不同幅度的上涨（见表 1）。

表 1　2023 年 1～10 月我国新能源汽车产销情况

单位：万辆，%

汽车品种	累计产量	同比增长	累计销量	同比增长
纯电动	516.7	20.9	516	25.2
插电式混合动力	218.1	79.6	211.6	82.6
燃料电池	0.4	39.8	0.4	54

资料来源：中国汽车工业协会。

新能源汽车市场占有率持续超过 30%，对燃油车的冲击越来越大，这对整个汽车产业链，尤其是新能源汽车产业链都提出新的要求，新能源汽车产业链从零配件制造、基础研发到充电桩布局都将加速重塑。

在技术层面，我国新能源汽车在电池、电机等核心技术上都有很大突破。新能源汽车的续航里程一直是掣肘其发展的重要因素，所以各大车企也争相在电池技术上增加大量研发投入，固态电池、换电技术、无线充电等技术不断完善，电池的能量密度和充电速度不断提升，中国新能源汽车的续航里程和安全性越来越有竞争力，新能源汽车产业链越来越完善。

（二）国家层面对新能源汽车产业链发展政策支持力度加大

新能源汽车产业的发展意义不同于一般产业，它具有很强的历史使命。我国的新能源汽车产业发展依然处于较为初级的阶段，存在着诸多问题，单靠市场调节很难满足新能源汽车快速发展的需求，政府一方面通过必要的资金扶持和风险共担机制激励企业进行技术创新，另一方面通过完善市场竞争规则，为企业竞争力的提升提供必要的公共支持和政策扶持。针对新能源汽车产业发展我国政府采取了一系列措施，包括制定相应的法律法规和产业发展规划、资金扶持政策、税收减免政策、技术研发和创新政策等（见表2）。例如，财政部、工信部等联合印发了三十二批免征车辆购置税的新能源汽车车型目录，对新能源汽车行业进行扶持。这在很大程度上推动了我国新能源汽车产业链的完善。

表2 中央政府出台的部分新能源汽车产业链支持措施

时间	发布部门	政策名称	主旨内容
2015年11月	交通运输部、财政部、工信部	《关于印发〈新能源公交车推广应用考核办法（试行）〉的通知》	规定具体考核标准
2015年11月	国家发改委、国家能源局等	《电动汽车充电基础设施发展指南（2015–2020年）》	科学引导电动汽车充电基础设施建设
2017年1月	工业和信息化部	《新能源汽车生产企业及产品准入管理规定》	制定新能源汽车生产企业及产品准入标准
2018年5月	财政部、税务总局等	《关于免征新能源汽车车辆购置税的公告》	对购置的新能源汽车免征车辆购置税

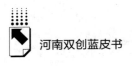

续表

时间	发布部门	政策名称	主旨内容
2019 年 9 月	工业和信息化部	《新能源汽车动力蓄电池回收服务网点建设和运营指南(征求意见稿)》	推动新能源汽车动力蓄电池回收利用,引导和规范动力蓄电池回收服务网点建设运营
2020 年 11 月	国务院	《新能源汽车产业发展规划(2021~2035 年)》	推动新能源汽车产业高质量发展,加快建设汽车强国
2021 年 8 月	工信部、科技部等	《关于印发〈新能源汽车动力蓄电池梯次利用管理办法〉的通知》	加强新能源汽车动力蓄电池梯次利用管理,保障梯次利用电池产品的质量
2022 年 1 月	国家发展改革委、国家能源局等	《关于进一步提升电动汽车充电基础设施服务保障能力的实施意见》	加快相关技术、模式与机制创新,进一步提升充电服务保障能力
2023 年 5 月	国家发展改革委、国家能源局	《关于加快推进充电基础设施建设 更好支持新能源汽车下乡和乡村振兴的实施意见》	适度超前建设充电基础设施,优化新能源汽车购买使用环境,推动新能源汽车下乡

资料来源:根据中国汽车工业协会、国家发改委等网站资料整理。

二 新能源汽车产业链构成

一辆普通汽车由数万个零件组成,所以汽车产业链涉及的行业非常复杂,传统汽车产业链主要包括:产品技术、零部件采购、整车制造以及销售和服务四个大的领域。新能源汽车产业链在传统汽车产业链的基础上有进一步的延伸,增加了电池、电机、电控系统等组件,所以新能源汽车产业链需要在传统汽车产业链基础上增加电池相关的全行业系统,包括:上游的资源开采、技术研发,中游的电池电机制造、整车电控系统,下游的充电站等配套服务。

新能源汽车产业链围绕最为核心的电池业务展开,并延伸至电池原料的开采(锂、稀土等)、电池技术的研发、充电桩的装配、电池回收等环节(见图 1)。相对于传统汽车产业链来说,电池是新能源汽车产业链中最关键、最核心的一环(见图 2),在纯电动汽车的总成本中,电池占比虽然在不断下降,但是仍占到 10%~40%。

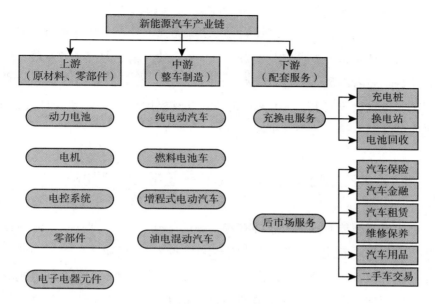

图 1　新能源汽车产业链示意

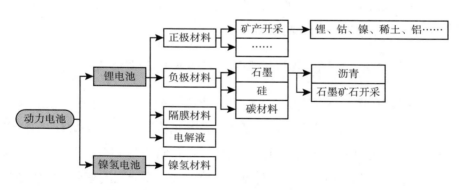

图 2　新能源汽车产业链动力电池部分细分示意

　　新能源汽车产业链上游电池原材料供应主要涉及一些资源企业，如钢铁企业有宝钢、鞍钢和武钢等，金属等矿产企业则有中金岭南、西藏矿业、驰宏锌锗和西部矿业等企业。电池生产企业主要有宁德时代、比亚迪等，2023年上半年动力电池全球装机量前十名的企业中有 6 家来自我国，宁德时代和比亚迪合计占比超50%。[①] 新能源汽车产业链中游整车制造环节，代表性企业主要有比亚迪、吉利、北汽等国内传统车企，以及将科技创新与资本市场深度融合的造车新势力理想、小鹏、蔚来等企业。新能源汽车产业链下游是直接服务消费者的环节，涉及的代表性企业主要有提供充换电服务的特来电、国家电网（e充电）、万城万充等，以及提供后市场服务的首汽租车、各类车险公司、银行等金融机构。

三 河南新能源汽车产业链发展情况

河南发展新能源汽车产业链有着良好的基础，早在1980年，河南就研制出了我国第一辆电动汽车，河南宇通在1999年研发出我国第一辆纯电动客车。新能源汽车产业链是河南构筑制造核心竞争优势的重点产业链集群之一，新能源汽车产业也是河南省重点扶持的五个万亿级优势产业之一。目前，河南已经拥有了从上游原材料到电池等核心零部件制造，再到中游整车制造以及下游配套设施和服务的完整产业链条。近年来，河南新能源汽车产业链发展迅速，取得了明显的成绩。

（一）政策支持河南省新能源汽车产业链快速发展

2023年10月，河南省政府出台了新能源汽车等28个重点产业链行动方案，对于新能源汽车产业链优势延伸以及补短板提供了战略指导。河南省政府建立省级先进制造业集群重点产业链群链长制和盟会长制，由省长和副省长亲自统筹谋划、协调工作，可见省政府对包括新能源汽车在内的先进制造业产业链的重视。新能源汽车产业是新兴战略产业，对于河南省产业转型和绿色发展有着重要的意义。近年来，河南省政府在国务院《新能源汽车产业发展规划（2021-2035年）》的指导下，相继出台了一系列政策措施，对河南新能源汽车产业链全链融合发展提供了政策指引和资金支持。

---

① 资料来源：中国汽车工业协会。

表3　近年来河南省出台的部分新能源汽车产业链支持政策

时间	发布部门	政策名称	主旨内容
2020年4月	河南省工信厅、河南省发改委等	《河南省氢燃料电池汽车产业发展行动方案》	推广氢燃料电池汽车、开展示范应用
2021年11月	河南省人民政府	《河南省加快新能源汽车产业发展实施方案》	扩大产业规模、突破关键技术、公共交通率先覆盖、加大基础设施保障力度
2022年5月	河南省人民政府	《关于进一步加快新能源汽车产业发展的指导意见》	重点发展整车制造、做强配套产业、做优增值服务
2023年4月	河南省人民政府	《河南省加快构建现代化产业体系着力培育重点产业链工作推进方案（2023—2025年）》	构建包括新能源汽车产业链在内的重点先进制造业集群
2023年8月	河南省人民政府	《河南省电动汽车充电基础设施建设三年行动方案（2023—2025年）》	加快布局、建设覆盖全省的智能充电网络
2023年10月	河南省人民政府	《河南省培育壮大尼龙新材料等27个重点产业链行动方案》	对全省重点产业链集群进行战略性重塑，推进延链补链强链
2023年11月	郑州市人民政府、中国人民银行河南省分行等	《关于金融支持新能源汽车产业链高质量发展的意见》	加大金融支持新能源汽车产业链全面发展，助力郑州成为新能源汽车产业高地

资料来源：根据河南省人民政府、河南省工信厅等网站资料整理。

（二）河南省新能源汽车产业链中游整车制造优势持续增强

河南位于祖国中原腹地，区位优势和劳动力优势明显，可以说是新能源汽车全价值链成本最优的制造基地，因此河南的新能源汽车产业链发展有着自身的优势。目前，河南全省拥有新能源汽车整车生产企业17家，以宇通公司、中航工业集团郑飞电动汽车公司、河南少林汽车股份公司、郑州海马等为代表的企业在新能源汽车产业链中游的整车制造环节占有重要的地位。2022年，河南省新能源汽车产量达8.7万辆，同比增长32.2%。在河南省郑州市经开区，宇通、上汽、东风日产、一汽解放、海马等头部车企齐聚于此，这里平均每小时就有50多台整车被制造出来，其中新能源汽车占比约为1/7。郑州是上汽集团整车制造布局最多、最完整的城市；宇通目前已经掌握了纯电动、混合动力、氢燃料电池三大新能源汽车核心技术，产销规模全球领先；2023年底，比亚迪第600万辆新能源汽车在郑州航空港区下线，这些无不彰显了河南新能源汽车产业链中的整车制造实力。

河南的新能源汽车产量从2017年的3.11万辆，增长到2022年的8.70万辆（见图3）；2023年1~9月，河南省新能源汽车整车产量达到6.8万辆，同比增长20.7%。河南的新能源汽车产量占全国新能源汽车产量的比重，2017年为3.92%，2019年为5.58%，2022年仅为1.24%，在全国新能源汽车快速发展的背景下，河南新能源汽车的发展空间还十分巨大。根据《河南省加快新能源汽车产业发展实施方案》，河南新能源汽车2025年产量将超过30万辆，力争达到50万辆，河南新能源汽车大有可为。

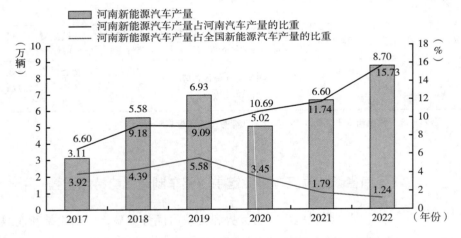

图3　2017~2022年河南省新能源汽车产量及其占比情况

资料来源：中国汽车工业协会、河南省统计局、河南省工信厅。

值得一提的是，河南新能源汽车整车制造企业主要集中在省会郑州，但是，河南其他城市也在积极布局新能源汽车企业，如奇瑞新能源二期在开封布局；位于许昌的宏瑞汽车致力于打通从上游研发到中游整车制造再到下游销售的新能源汽车全产业链，目前已经开始生产总装新能源汽车。郑州市新能源汽车产量占河南省新能源汽车产量比重有所降低，到2022年占比为80.23%（见图4）。

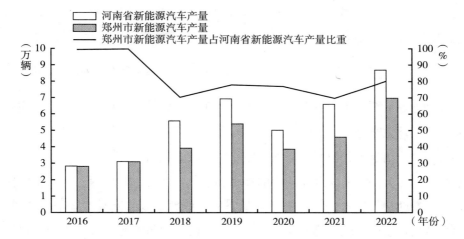

图4　2016~2022年郑州市新能源汽车产量占河南省新能源汽车产量比重

资料来源：中国汽车工业协会、河南省统计局、河南省工信厅。

（三）河南省新能源汽车产业链上游原材料、电池生产布局不断完善

河南省现有规上整车生产企业和汽车零部件生产企业约600家，产业整体规模近3000亿元。其中整车布局以郑州为主、开封为辅，零部件生产企业布局较为分散，郑州、开封、焦作、洛阳、商丘、新乡等地都有分布。例如，河南的新能源汽车电子电器零件生产主要集中在鹤壁、郑州两地。随着比亚迪郑州公司正式投产，河南新能源汽车产业链实力进一步增强，比亚迪郑州生产基地的建设，相当于为河南引进了一整条新能源汽车产业链，这里除了整车制造之外，还配套生产电池、电机等新能源汽车上游关键零部件。2023年3月，智行盒子总部从北京转移到郑州，其67%的零部件将由河南本地产业链提供；2023年10月，位于河南平顶山市的平煤神马集团开启年产60GWh的大型储能及动力电池项目；富士康新能源汽车、吉利集团等与郑州航空港汽车城深度合作；焦作多氟多自主研发的六氟磷酸锂（新能源汽车电池电解液的核心成分）连续八年产销量世界第一。这些都为河南新

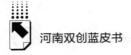

能源汽车产业链上游零部件生产的壮大再添新动能，也更有利于河南打通新能源汽车全产业链。

（四）河南新能源汽车产业链下游配套、增值服务趋于优化

河南新能源汽车产业链发展以中游整车制造为核心，同时加强上游原材料、零部件生产建设，也要做优下游配套增值服务。下游增值服务主要包括新能源汽车销售和其他配套服务。在新能源汽车销售方面，河南利用自身的区位优势，大力发展建设枢纽型的销售和进出口集散地。同时，优化新能源汽车消费政策，提升新能源汽车金融服务，推进新能源汽车下乡推广应用，多方位培育新能源汽车消费动能。近年来，河南省新能源汽车销售量取得较大提升。在2023年8月全国新能源汽车销量排行前100的城市里，河南郑州以16774辆的销量，排名第七；河南商丘、洛阳分别以3694辆、3667辆的销量居于第46、47位。另外，河南还有新乡、驻马店等共11个城市上榜。

新能源汽车渗透率用于表示一定时期内，汽车销售总量中的新能源汽车销量占比。我国新能源汽车渗透率已在2023年底突破40%。2023年第三季度，全球新能源汽车渗透率约为16%，我国各个省份的水平差距较大，其中河南省渗透率为39.41%，排在各省份的第四位，这主要得益于河南较为完整的新能源汽车产业链体系（见图5）。

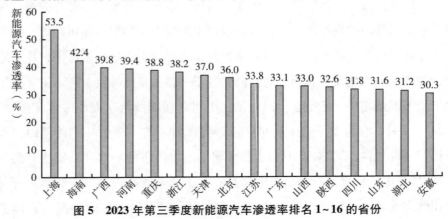

图5　2023年第三季度新能源汽车渗透率排名1~16的省份

资料来源：中国汽车工业协会、国家发改委。

在其他配套服务方面，河南不断整合市场资源，加快发展新能源汽车售后服务、二手车交易、汽车保险、汽车租赁、电池回收等汽车服务业。尤其是充电站的布局发展迅速，根据河南省的规划，计划到 2025 年建成各类充电桩超 15 万个。据河南省交通运输厅的数据，截至 2023 年 10 月，河南省内高速服务区充电桩覆盖率已接近 80%，并将快速实现全覆盖。中国充电联盟发布的 2023 年前 10 个月的充电设施建设情况显示，河南在全国各省份公共充电桩建设数量中排名第八，共建设公共充电桩 105490 个。

四　河南省新能源汽车产业链发展存在的问题

近年来河南省新能源汽车产业链发展迅速，但是与广东、上海等领先省市差距还较大。河南省新能源汽车产业链发展前景广阔，但在产业链整体布局、研发投入、高端人才培养、产业生态环境等方面仍存在一定的问题。

（一）产业链整体规模和布局结构仍需进一步提升调整

河南新能源汽车产业链以整车制造为主，但是整车制造的整体规模仍需进一步扩大，占全国的比重仍然比较小，2022 年河南新能源汽车产量仅占全国新能源汽车总产量的 1.24%，整车制造对全产业链的带动作用还不够强劲。在新能源汽车整车制造中，河南省的乘用车比重相对于全国 90% 以上的比例来说仍然偏低，河南新能源汽车产品的结构仍需进一步优化。

河南充电站、充电桩等配套设施建设水平仍然不足。2023 年 1~10 月，河南省建设公共充电桩数量增长很快，但是数量也不足排名第一的广东省的 1/5，对推动河南新能源汽车产业链整体发展的动力不足。

（二）研发投入仍需进一步加大

新能源汽车产业链各环节都有较高的技术含量，从电池、电机的研发，到整车制造的研发，都需要大量的资金投入，河南要全面发展新能源汽车产业链，就要在研发上下功夫。目前，河南对新能源汽车电池、电机、电控等核心技术的掌握还不足,在芯片等前沿技术上的研发力度与国际先进水平相比还有较大差距,河南新能源汽车的制造成本仍有较大下降空间。技术研发需要大量资金投入,目前河南新能源汽车技术研发的资金筹措渠道不够宽阔,不能满足产业链快速发展的需要。同时,河南的高水平研发机构和平台不多,很大程度上限制了新能源汽车产业链的强化和延伸发展。

(三)新型复合人才缺乏

新能源汽车产业链的全面融合发展,需要大量的专业人才作为基础支撑,河南虽然是人口大省,但是高端专业人才仍然不足。一个国家或地区的科技人才数量和科研投入一般是成正比的,2022年河南全省R&D投入居全国第10位,为1018.8亿元。但是R&D投入强度仅为1.73%,居全国第17位。[①]"双一流"高校只有2家;中科院在全国共有114家直属机构,河南省还是空白。河南省两院院士仅占全国的1%,国家杰出青年人才仅占全国的0.3%。新能源汽车的智能化和网联化是大趋势,河南仍缺乏大量的信息、网络技术人才,特别是汽车、IT、通信的高层次复合人才尤为稀缺。同时,电池、电机、电控等技术研发人才也严重不足。高端科技人才不足,是制约当前河南新能源汽车产业链发展的重要因素之一。

(四)产业生态仍需进一步优化

新能源汽车产业链包含众多环节,涉及很多主体及产业门类,纷繁复杂、包罗万象。从产业生态主体上讲,主要包括:各级政府、各类企业、科研机构、金融机构、社会公众等。河南的新能源汽车产业链的高质量发展需要良好的产业生态环境。河南新能源汽车产业链要发展成为万亿级产业集群,缩小与先进省份的差距,仍然需要更多更大力度的政策扶持。企业方面,对行业龙头企业的引进初显成效,但是企业数量和质量仍不能满足河南新能源汽车产业链做大做强的需求。科研机构方面,河南的科研机构数量和

---

① 数据来源:河南省统计局。

科研能力仍需进一步提升。金融支持方面，河南仍缺少足够的针对新能源汽车企业和消费的金融支持政策。消费者培育方面，受到新能源汽车续航里程、安全性等问题的制约，河南消费者对新能源汽车的消费偏好仍需进一步提升。

五　河南省新能源汽车产业链发展的策略建议

河南是为数不多的具备从新能源汽车技术研发到整车制造再到配套设施和服务全产业链的省份之一，这本身就是非常难得的。虽然河南新能源汽车产业链仍存在一些问题，但是产业链做大做强不是一蹴而就的，需要在前进的道路中不断完善和升级。针对河南新能源汽车产业链发展中的问题，仍需在产业链规模和结构、研发投入、人才培养和引进、产业生态环境等方面加快步伐。

（一）扩大产业链规模，调整产业链布局结构

河南新能源汽车产业链无论从整车产销规模还是从原材料、电池产量上看，都与上海、广东、浙江等国内先进省份有较大差距，在河南省政府对新能源汽车产业链整体规划的指导下，产业链整体规模需要进一步提升，产业链布局结构需要进一步调整优化。继续扩大整车生产规模，提升在全国总产量中的占比。继续提升整车制造中新能源乘用车的比重，加大力度、放宽政策引进新能源乘用车生产企业，提升现有企业产能，充分利用全国新能源乘用车发展的优势环境，扩大河南新能源汽车生产规模、优化河南新能源汽车产业结构。

继续推进高速公路服务区充电设施的建设，覆盖率达到100%以后，继续提升新能源汽车充电桩数量和停车位比重。鼓励各机关事业单位在内部停车场配备新能源汽车充电桩，并予以一定补贴奖励。加快加氢基础设施建设，为氢气的大规模、长距离、低成本储运创造条件。进一步发展电池回收产业，提升电池回收再利用水平。建设高水平省级新能源汽车综合服务平台，将新能源汽车纳入信息化管理。

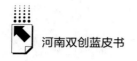

（二）继续加大研发投入

新能源汽车技术研发，具有"高投入、高风险、投资回报周期长"的特点，解决河南新能源汽车研发资金问题，需要政府政策的支持和金融机构产品的创新。在政府政策的引导下，鼓励银行等各类金融机构，对河南新能源汽车企业及研发机构实施更加宽松的贷款政策，对符合一定条件的高新技术企业尤其是初创期的中小型科技企业减少或者减免对抵押物品的要求。创新科技资金的投入方式，也是加大投入的重要途径。充分发挥政府引导基金的作用，通过创设子基金等方式，支持河南新能源汽车企业发展，引导金融机构和民间资本向新能源汽车企业聚集。充分发挥政府信用的优势，建立系统的担保政策，为新能源汽车产业链相关企业提供担保，为其融资提供便利。政府对市场多重主体、多种资源进行整合、链接，通过税费补贴、风险担保、贷款贴息等方式拓宽河南新能源汽车科技资金的投入范围。

（三）持续培养、引进新型复合人才

新能源汽车作为战略性新兴产业，尤其需要高层次、多学科的人才作为基础支撑。要实现新能源汽车产业链的高质量发展，河南要进一步加大高层次专业人才培养和引进力度，不断创新人才培养和引进的体制机制，创建多元化的新能源汽车人才和服务需求体系，搭建综合性人才交流互通的专业平台，更加高效地实现人才资源配置。河南政府牵头，整合企业、高校、科研机构等相关主体和资源平台。高校优化课程体系，更加侧重对学生进行市场运作能力的培养；汽车企业加强对员工的职业培训，建立激励机制，提升员工的职业素养和技术水平；共同培养更符合市场需求的新能源汽车专业人才。

同时，河南还应该加大外来人才的引进力度，把人才建设提到更加重要的位置。积极与国内外顶尖人才团队对接，以重大项目为依托，引进高层次创新团队。立足河南省情，出台相应政策，适当放宽各类专业人才的落户和买房条件，为新能源汽车专业人才的落户、买房、子女入学等提供实实在在

的优惠。对于高端新能源汽车专业人才可以采取"一人一策"的方式，最大限度地为人才在河南的落地提供便利，真正做到"引得来，留得住"。

（四）进一步优化产业生态

河南新能源汽车产业链做大做强需要从政府、企业、公众等多个层面优化产业生态。政府层面，提供政策支持，增加对新能源汽车产业链相关资源的有效供给，改善河南新能源汽车产业链政策环境，制定更加完善、更加具体的符合河南新能源汽车产业链发展特点的配套政策措施。政府充分发挥统筹、引导、协调、示范的作用，为企业、研发机构、金融机构、公众等市场主体搭建高效沟通的桥梁和平台，鼓励各主体创新发展模式，鼓励社会资本积极参与新能源汽车产业链发展。企业层面，进一步优化营商环境，吸引更多的新能源汽车产业链各环节优秀企业扎根河南。同时，还要加快培育和扶持本土新能源汽车产业链相关企业。企业要承担起环境保护的社会责任，通过技术创新、绿色发展，生产更加符合市场需求和环境保护需要的绿色产品、提供绿色服务。企业还要加强规章制度建设，加强员工技术、知识培训，在企业内部普及绿色生产的理念，用绿色发展思想指导企业的发展方向。公众层面，作为消费行为的主要承担者，公众对于汽车产品的选择将决定河南新能源汽车未来的发展方向。政府等相关部门应加强宣传，深化节能降碳教育，营造绿色发展的浓厚社会氛围，让绿色发展、节能降碳理念深入人心，并深植于人们的生活实践中，转化为全体人民的自觉行动。同时，增加消费者对新能源汽车的消费效用和污染补偿，对新能源汽车采取更大力度的补贴或减税措施，促使社会公众转化消费理念，增加对新能源汽车的需求。

参考文献

河南省人民政府：《关于进一步加快新能源汽车产业发展的指导意见》（豫政办

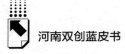
2022〔45〕号），2022 年 5 月 19 日。

河南省人民政府：《河南省电动汽车充电基础设施建设三年行动方案（2023—2025年）》（豫政办 2023〔40〕号），2023 年 8 月 15 日。

宁太宇、欧阳鸿武、陈家一、欧阳新宇：《新能源汽车产业发展现状和问题》，《现代交通与冶金材料》2023 年第 7 期。

宋盛楠：《安徽省新能源汽车产业链协同升级路径研究》，《安徽科技》2023 年第 5 期。

孔春花、赵梓含：《新能源汽车实现"双碳"战略目标的产业链协同发展路径》，《汽车与新动力》2023 年第 6 期。

杨桂芳：《作为新能源汽车生产、需求大省，河南亟待提升产业整体效能》，《河南商报》2022 年 1 月 6 日。

B.12
河南省纺织服装产业链发展研究

崔明娟*

摘　要： 立足新发展阶段，河南纺织服装产业的高质量发展与河南富强、中原振兴、人民幸福同频共振，在促经济、保民生、稳就业等方面发挥着关键作用。这些年来，河南虽然在从"纺织大省"迈向"纺织强省"的道路上开展了一系列实践探索，但同时也存在着品牌竞争力不强、产业人才支撑不够、数字化转型步伐偏慢、产业协同作用不明显等现实困境。因此，本文从打造优质区域品牌、优化人才培养机制、加快数字化转型升级、促进产业协同发展等方面提出了相关政策建议，助力提升河南省纺织服装产业链的核心竞争力，这对于谱写现代化建设河南美好篇章具有积极意义。

关键词： 河南　纺织服装　产业链

2023年10月20日，河南省委省政府召开了新型工业化暨重点产业链培育推进大会，对推进新型工业化、做强重点产业链工作做出安排部署。如今，河南省培育壮大28个重点产业链行动方案已经发布，7大先进制造业集群及产业联盟稳步推进，打造具有全球竞争力的现代化纺织服装产业链，得到了省委省政府的高度重视。

2023年9月，河南省委、省政府印发《河南省培育壮大纺织服装产业链行动方案（2023—2025年）》，以推动纺织服装产业高质量发展为主线，着力培育壮大全省纺织服装产业链。同时，省政府还配套出台了《支持重

---

* 崔明娟，中国（河南）创新发展研究院讲师，研究方向为创新创业发展、企业管理。

点产业链高端化智能化绿色化全链式改造提升若干政策措施》和《河南省重点产业链培育工作推进实施方案》，这些都将成为当前和今后一个时期河南省发展壮大纺织服装产业的行动纲领和工作指南。

立足新型工业化历史背景，在全面建设社会主义现代化强省的康庄大道上，独具优势的纺织服装产业，已经站在千亿级产业规模的高起点上，理应在时代发展的浪潮中跑在前、勇担当。因此，大力推进河南省纺织服装产业链转型升级，做大做强河南纺织服装产业，助力河南实现从"纺织服装大省"向"纺织服装强省"的完美蝶变，是谱写现代化建设河南美好篇章的迫切需要和必然选择。

一 河南省纺织服装产业链发展概况

伴随着新中国的成立与发展，河南纺织服装业历经 70 年的传承和创新，已成为河南经济发展中最具活力的组成部分。如今，纺织服装产业链作为河南省重点谋划的千亿级产业链之一，产业链培育壮大各项工作正有序推进，正向实现"万亿级产业"梦想坚定前行，为实现中原崛起发挥了重要的支撑作用。

（一）产业基础深厚

河南地处中原，在历史上是棉、麻、毛、丝等纺织原料的重要产地，为纺织服装产业发展提供了较为充足的原材料保障。

截至 2021 年，河南省拥有纱锭约 2000 万锭，居全国第一位；纱线产量 323 万吨，居全国第四位；纯棉纱 299 万吨，居全国第一位；布产量 13 亿米，居全国第九位；化纤产量 55.8 万吨，居全国第十位；规模以上棉纺织企业有 1519 家，以新野纺织、舞钢银龙、焦作海华、通泰纺织、南阳纺织、夏邑恒天永安等龙头企业形成的庞大产能在全国占据重要地位，占领全国棉纺织高地。① 截

---

① 《河南如何打造世界服装工厂，实现万亿服装产业?》，河南省服装行业协会公众号，https：//mp. weixin. qq. com/s/h-z7ceppiorybGnyFcgXQA，2023 年 2 月 5 日。

至 2022 年，河南省服装生产总量达到了 35 亿件，年产值 4000 亿元，女裤行业生产量占我国的 60%，总量位居全国第六、中部六省第一，已经形成了区域性的大规模服装产业价值链。可以说，河南的纺织服装产业在全国有一定的地位，产业基础较为雄厚。

（二）劳动力资源丰富

纵观中国纺织服装业发展历程，纺织服装产业曾为沿海地区"先富起来"做出巨大贡献。如今，随着经济社会的快速发展，沿海地区土地、劳动力、资源环境等生产要素成本上升，东南沿海大量的劳动密集型产业急需向经济发展相对落后、人力成本较低的中西部地区转移。纺织服装产业作为典型的劳动密集型产业，向河南这样的人力大省转移，是不可阻挡的发展趋势。众所周知，河南是人口大省，常住人口 9937 万人，占全国人口的 7.04%，位居全国第三，庞大的人力资源基础是河南发展纺织服装产业的最大底气。从存量人力资源来看，河南省有近 30 个 100 万以上的人口大县，有约 600 万农村留守妇女这一闲置的劳动力资源"富矿"，有近 2000 万外出务工人员。近年来，河南纺织服装产业采取"产能下沉、工厂进村"模式，把"中心工厂"建在县镇，把"卫星工厂"搬进村，已在全省 157 个县建成 7000 多个"巧媳妇"工厂，涵盖了服装服饰、手工制品、特色种植养殖、乡村旅游、电商等众多领域，帮助 100 余万名农村妇女实现了居家灵活就业，其中建档立卡贫困妇女 12 万余人，使一大批贫困户成功就业脱贫，并在西平、新密、商水、淮滨等县域快速建成了一批用工近万人、产能数十亿的服装特色园区和集群，早已成为助力脱贫攻坚、乡村振兴最为生动的行业实践。

（三）产业链体系完善

目前，河南省纺织服装产业不断发展壮大，进入发展快车道，已经形成较为完整的纺织工业产业链体系，比如纺纱、化纤、织布、染整服装、家纺、纺织机械制造等，安阳婴幼儿针织童装、郑州女裤、光山羽绒、镇平毛衫、长垣职业装、长垣卫材、太康棉纱、太康长丝织造、舞钢紧密纺纱等特色产业集群应运而生并展现出勃勃生机。以夏邑县为例，过去十余年，该县纺织服装产业坚持聚焦"延链、补链、强链"，促进主导产业链纵向延伸和横向配套，建立了纺纱、织布、印染、服装加工（家纺）四个产业链，构建了以棉纺、化纤纺、织布、染整、印花、服装加工、家纺、箱包、制鞋、帽子、袜子、检验检测、市场销售为一体的全产业链格局，呈现"井喷式"爆发成长。[①] 截至2022年3月，夏邑高新技术产业开发区入驻"四上"企业198家，其中规模以上工业企业116家，从业人员6.5万人；实现主营业务收入同比增长9.3%；完成工业增加值同比增长9.8%。目前，全县企业纺纱总规模达到280万锭，织布能力17万吨，服装加工能力1.7亿件，纺纱总量位居全省第一，被确定为"河南省纺织服装质量提升示范区"。

（四）产业集群效应凸显

根据2023全国纺织产业集群工作会议上公布的中国纺织行业年工业总产值超千亿及超百亿产业集群地区名单，河南省周口市太康县、商丘市夏邑县、河南省安阳市、河南省新密市、信阳市淮滨县、河南省新野县、河南省固始县等8个超千亿集群榜上有名。据统计，河南目前有将近50个县域在重点发展纺织服装产业，并将其列为主导产业，已经形成了郑州女裤、商丘睢阳童装、睢县休闲运动鞋、新乡长垣职业装、周口项城医护服、周口鹿邑羊毛衫、濮阳台前羽绒服等特色纺织服装产业集群，产业集群效应逐步凸显。比如，太康县立足人力资源优势和纺织产业基础，以"中国新兴纺织产业基地县""中国棉纺织名城"为依托，引导集群向规模化、品牌化发展，催生出了一大批纺织服装企业，同时也吸引了大量外地客商来这里发展。[②] 据统计，截至2022年底，太康县纺织服装产业集群已入驻企业83家，

---

① 雷蕾：《夏邑县：打造千亿级产业集群，向价值链高端攀升》，《纺织服装周刊》2022年第18期。

② 杨子佩：《河南太康纺织服装业打响智造牌》，《经济日报》2021年11月23日。

投产及在建纺织规模达到 176 万锭，喷气、喷水、圆盘织布机规模达到 1 万台，服装年加工能力达 6 亿件，先后荣获中纺联"中国新兴纺织产业基地县""纺织产业扶贫先进单位"，中棉协"中国棉纺织名城"，中国长丝织造行业协会"中国长丝织造产业基地""棉纺织产业集群创新发展示范地区"等称号。

二 河南省纺织服装产业链发展存在的现实困境

近年来，河南纺织服装产业按照规模化、集约化、可持续发展要求，着力打造中国棉纺、特色化纤、品质服装三大产业高地，全面提升河南省纺织服装产业链的现代化水平。但是，在快速发展过程中，河南纺织服装产业也存在一些现实困境，如品牌竞争力不强、产业人才支撑不够、数字化转型步伐偏慢、产业协同作用不明显等。

（一）品牌竞争力不强

伴随着"中国新兴纺织产业基地县"夏邑、"中国棉纺织名城"太康、"中国女裤名城"郑州、"中国针织服装名城"安阳等区域品牌发展壮大，河南纺织服装产业集群发展初见成效，但与广东、福建、江浙省份相比，品牌竞争力仍有较大差距。根据中国纺织工业联合会发布的"2022 年中国纺织服装品牌竞争力优势企业"榜单，全国共有 80 家品牌价值超过 50 亿元的企业入选，山东 11 家，浙江 12 家，广东 6 家，而河南仅有新野纺织股份有限公司、新乡化纤股份有限公司两家企业入选，数量较少，暴露了河南纺织服装行业"缺少有竞争力的品牌"的隐忧。究其原因，一方面产品开发创新投入少，没有形成自己的研发机制，产品开发创新能力不足，许多纺织服装企业仍未摆脱以中低档产品、低附加值为主的格局；另一方面纺织服装品牌对于本土优秀文化资源的传承与转化不够，多数产品尚未形成鲜明的特色和文化定位，创意设计水平不高，自主品牌的独特性、文化和风格识别性较差。

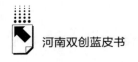

（二）产业人才支撑不够

任何产业的大发展，都离不开人才的支撑，纺织服装产业同样如此。进入"十四五"时期，河南省把实施创新驱动、科教兴省、人才强省战略列为"十大战略"之首，把"人人持证、技能河南"建设作为重要抓手，旨在为建设现代化河南提供坚强保障和强大动力支撑。对于河南来说，纺织服装产业是担当国民经济建设重任的"顶梁柱"，能在科技创新、生产制造、创意设计等不同领域提供层次多样的就业机会，但是由于行业进入门槛低、工资水平不高、劳动强度大、社会对纺织工人的认可度不高等原因，很多年轻人不愿意长期从事纺织服装工作，转行率较高，产业的人才缺口较大且呈逐年上升趋势。"宁送外卖，不去工厂""招人难，留人难"这样的现象，在纺织服装行业很典型，尤其对于中小纺织服装企业来说，"设计师""熟练工""管理者"等人才成为了"稀缺资源"，复合型人才和跨界人才更是凤毛麟角，整体上从业人员学历层次较低，年龄偏大。优秀人才的短缺，导致整个行业的产品设计和技术创新能力受到限制；难以满足客户对于纺织服装产品高端化、品质化、个性化、多样化的需求，很难具备市场竞争优势，成了困扰大多数纺织服装企业转型升级的难题。除此之外，对于从事纺织服装教育的学校来说，校企合作不够深入，职业教育标准不明确，人才供给数量和质量跟不上新业态、新工艺的需求，相关专业毕业生就业率也一直处于较低水平。立足新发展阶段，河南省如何将产业链、人才链精准对接、高效贯通、深度融合起来，把自身的人力资源优势充分转化为产业发展优势，是当前亟待解决的关键问题。

（三）数字化转型步伐偏慢

当前，数字经济成为主要经济形态，日新月异的数字化、智能化、自动化技术应用，为河南省纺织服装产业高质量发展带来了更广阔的发展机遇。近年来，河南虽然有不少纺织服装龙头企业在数字化转型的道路上开展了实践探索，取得了一定的成效，但多数中小企业对数字化转型仍处于起步阶段，数字化转型意识薄弱、转型能力不足的现象仍普遍存在。在纺织服装产业链中，上游是面辅料工厂，中游是成衣制造商，下游则是品牌端和销售端，无论是产业链的哪个环节，都存在着数字化应用层级较低、数字化技术供给不足、数字化应用场景较少的问题，用得上、用得起、用得好的系统解决方案不多，在技术管理基础方面存在较多制约。同时，由于缺乏高端技术人才、管理人才和资金的保障，平台凝聚和政策引导功能不强，许多中小微纺织服装企业对数字化应用带来的结果缺乏准确的、可预期的判断，导致企业对推动数字化转型缺乏动力和信心，企业"不想转、不敢转、不会转"问题仍然是痛点。

（四）产业协同作用不明显

纺织服装产业链条长、环节多，上下游之间关系紧密，充分发挥产业协同作用，从"产地一根纱"到"手中一件衣"全链条整合资源，是新时期河南培育壮大纺织服装产业链的必经之路。就目前来看，河南纺织服装产业链上中下游各环节企业基本上是各自为政，彼此之间关联度较低，各创新平台之间也存在着技术壁垒，很难实现全产业链、全流程协同发展。比如，河南是国内有名的棉纺织大省，一直存在着"前大后小中间缺"的现象，即棉纺织初级产品大，服装终端产品小，中间缺印染。就目前来看，河南省太康县、夏邑县、新野县等纺织大县虽然都在努力锻造棉纺长板、补齐印染短板，打造集"研发—纺纱—织布—染整—面料—服装"于一体的全产业链，但上规模的印染企业数量依然较少，印染水平也不高。当前，河南生产的棉纱、棉布产品仍然是大部分销往广东、江苏、浙江等东南沿海的印染或服装企业，最后再返销中原，形成了河南纺织产品"南北大游行"的尴尬局面。

三　河南省纺织服装产业链发展的重大机遇

面对世界百年变局，新一轮科技革命和产业变革已经来临，全球产业链

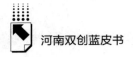

格局悄然发生变化，新消费观念不断升级，产业转移成为大势所趋，河南纺织服装产业迎来了前所未有的历史机遇。

（一）数字经济重构新生态

伴随着新一轮科技革命和产业变革的来临，数字化、信息化、智能化技术与纺织行业加速融合，掀起了一场前所未有的智造革命，纺织装备行业的智能化属性日益突出，这毋庸置疑为纺织服装产业链提质增效带来全新的发展空间。进入数字经济时代，纺织服装整个行业从传统的劳动密集型向资金密集型和技术密集型加速转变，借助物联网、人工智能等数字技术，实现产业链的转型升级，是时代必然、也是大势所趋。生产车间里，一台台自动化设备忙碌运转，"数字大脑"有条不紊地指挥着所有生产环节，许多智能化机器开始取代人工，"网红"线上直播带货替代了传统的店面销售，这样的场景如今已是司空见惯。以郑州女裤为例，娅丽达、云顶等众多本土龙头企业积极把握数字化发展新机遇，强化数字理念引领和数字化技术应用，构建了女裤产业级互联网+服务平台，将数据要素转化为客户价值、市场价值，实现90%以上产品线上销售，推动郑州市纺织服装行业完美蝶变升级。郑州作为全国最大的女裤产业基地，"中国女裤看郑州"的口号自2003年就开始享誉全国，如今借助抖音电商平台，抢抓网红经济风口，促进直播电商发展，郑州女裤产业再次"花式"出圈，焕发出了勃勃生机。销售额6200万元，是娅丽达2023年"双11"的亮眼成绩单，远远超出预定销售目标600万元，这得益于智能化的生产线制造、投入产出的精准控制、资源的高效利用和线上线下相融合的交互式体验。

（二）双碳战略指明新方向

2020年9月，国家明确提出2030年"碳达峰"与2060年"碳中和"目标，加快降低碳排放步伐，引导绿色技术创新，提高产业和经济的全球竞争力，减少碳排放已成为全国乃至全球的共识。党的二十大报告提出，"积极稳妥推进碳达峰碳中和"，强调"实现碳达峰碳中和是一场广泛而深刻的经济社会系统性变革"。2023年7月，习近平在全国生态环境保护大会上的讲话中强调，推进碳达峰碳中和是党中央经过深思熟虑做出的重大战略决策，是我们对国际社会的庄严承诺，也是推动经济结构转型升级、形成绿色低碳产业竞争优势，实现高质量发展的内在要求。根据国际能源署（IEA）发布的数据，纺织服装行业碳排放量占全球总排放量的10%，是仅次于石油的第二大污染源。中国作为全球最大的纺织服装生产国和出口国，在全球纺织服装出口中占据了30%~40%的比重，碳排放问题也越来越突出。作为纺织大省，河南纺织服装行业的碳足迹也同样不容忽视。双碳背景下，河南必须积极应对全球趋势，勇敢承担起推进碳达峰、碳中和的历史重任，坚持走绿色低碳的可持续发展之路，全面助力实现中国国家自主减排目标，探索可持续生产与消费的模式与经验，有力推动全球时尚产业绿色变革。

（三）产业转移带来新红利

2022年，工业和信息化部、国家发展改革委等10部门联合发布的《关于促进制造业有序转移的指导意见》明确提出，推进产业国内梯度转移，引导劳动密集型产业重点向中西部劳动力丰富、区位交通便利地区转移。《河南省"十四五"招商引资和承接产业转移规划》也提出，周口、商丘、驻马店、漯河等传统农区依托消费市场和劳动力资源优势，积极承接浙江、广东、上海等地食品、制鞋、纺织服装等劳动密集型企业，加快引进加工贸易、研发设计及配套产业。河南省作为中部大省，棉纺织资源丰富、劳动力要素成本低、地理位置便利、市场潜力大等优势明显，积极承接沿海发达地区产业转移，对于加速新型工业化和城镇化进程、促进区域协调发展意义重大。因此，纺织服装产业作为典型的传统劳动密集型制造业，必须紧急抓住此次产业转移的契机，深化区域间的合作，推进产业结构调整，加快经济发展方式转变，在承接产业转移的风潮中大展作为。

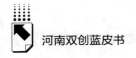

（四）消费升级孕育新机会

随着 90 后、95 后、00 后等年轻群体成为消费主力军，中国消费市场已经走向多元化、个性化、品质化的时代，他们的消费观念不断升级，消费需求更趋理性化，纺织服装产品对他们来说，不再仅仅是生活必需品，更多的是对生活态度、自我个性或情感方式的展现与表达，这为新时代纺织服装产业孕育出了许多新机会。以新一代母婴消费群体为例，他们在关注婴幼童服装颜值的同时，还对面料有更高层次的要求，婴幼童面料市场迎来新的契机。比如，在全棉纤维中混纺竹纤维等原料，能够增加抗菌、芳香、驱蚊等功效，天然纤维的纯净安全、环保健康也颇受消费者青睐。另外，近年来，越来越多年轻群体爱上了国潮风，传统服装"汉服"成为大街小巷年轻人的时尚新宠，还有不少大学生在校园里穿起了军大衣、花棉袄，兴起一股消费热潮，这些现象都反映了新一代年轻人的消费趋势和价值取向，呈现出更加多元化的时尚生态。

四 河南省纺织服装产业链发展的对策建议

当前，河南正处在由制造大省向制造强省迈进的关键时期。省委、省政府鲜明提出"以新型工业化支撑中国式现代化建设河南实践"，将全省制造业的发展重点聚焦到提升产业链现代化水平上来，着力培育壮大 28 个重点产业链、聚力打造 7 大先进制造业集群。纺织服装产业链作为全省 28 个重点产业链之一，必须推进"大落实"、夺取"大突破"、实现"大跃升"，全方位延链补链、建链升链，加快补短板、锻长板，大力提升河南省纺织服装产业的核心竞争力和国际影响力。

（一）打造优质区域品牌，助力纺织服装产业链高端化发展

一是不断提升创意设计水平。引导纺织服装企业加大设计投入力度，坚持"以消费者为中心"，增强自主品牌建设和原创设计能力，推动优秀传统

文化与现代时尚深度融合，加强汉服、旗袍等国风服饰产品设计，实现创意形式、内容的突破创新，打造具有河南文化特色的品牌和产品。二是加强自主品牌建设。深入实施"三品"行动，培育纺织服装消费品牌、制造品牌、区域品牌，引导纺织服装企业加强品牌战略管理，优化品牌发展理念，打造富有内涵与特色的品牌形象，推动品牌文化与民族文化、区域文化的融会贯通，研发高品质、高附加值、具有自主知识产权和市场竞争力的知名品牌产品，支持培育和发展国际知名品牌。三是重视品牌宣传推广。发挥大型骨干企业示范引领作用，大力实施精准招商，推进品牌与网络新媒体、新平台、新零售的结合与渠道传播，完善线上线下品牌推广体系，组织开展时装周、设计大赛、品牌建设、时尚节、"纺织非遗"推广等活动，讲好品牌故事，引领时尚趋势，促进企业交流合作，提升河南省纺织服装品牌知名度和影响力。

（二）优化人才培养机制，推动纺织服装产业链提质增效

一是强化高端人才引育。制定纺织服装产业高端人才和紧缺人才清单，依托河南招才引智创新发展大会等平台，推动更多高质量人才合作项目和创新创业项目签约落地。持续开展中国工艺美术大师、大国工匠推荐活动，大力培育引进一批具备世界一流水平、行业顶尖技能的"大国工匠""纺织大工匠""创新人物"，以特殊技能人才带动提升企业专精特新发展水平。二是优化高校人才培养模式。鼓励河南工程学院、中原工学院等高校在传承纺织服装专业优势的同时，聚焦纺织智能制造、服装设计、大数据、营销管理等人才培养方向，面向不同类型企业、不同细分需求设计专业人才培养方案，进一步加强相关学科专业建设，提升人才培养能力，培养更多跨专业、高素质、复合型人才。推进优质纺织服装企业与高校交流合作，引导促进高校毕业生在相关产业领域就业创业。三是加强高素质技能人才培养。鼓励纺织服装领域企业与职业院校建立人才培育创新基地，通过联合办班、定向培养、共建实训基地等方式满足企业人才需求，推进职业教育、技能教育、继续教育融合发展。开展"人人持证，技能河南"建设，鼓励有条件的企业

组织人员开展纺织服装领域的职业技能竞赛、职业技能培训、职业技能等级认定等活动。鼓励技工院校与企业深化校企合作，支持有条件的企业举办职业院校、产业学院。

（三）加快数字化转型升级，重塑纺织服装产业链竞争优势

一是推动企业高端化智能化绿色化转型。统筹推进智能化工厂数字化车间建设，打造一批智能化纺丝、纺纱、服装、家纺车间，推动设计、制造、管理、仓储、物流全流程数字化系统的集成应用。构建从原料、生产、营销、消费到回收利用的纺织循环体系，提高废旧纺织品在土木建筑、汽车内饰、服装等领域的再利用水平，推动纺织服装企业清洁循环式生产，进一步减少废弃物产生及排放。二是加大数字技术应用的覆盖面。围绕规模化、多元化产业应用端需求，支持鼓励大企业或数字化服务商通过技术、平台、生态、供应链等多渠道赋能，向产业链上下游的中小企业开放技术、资金、人才、服务等资源，助力中小企业推进线上营销、生产管控、在线设计、产能共享等场景应用，深入实施"云上企业"行动和软件产业创新能力提升行动，破解中小企业数字化建设所面临的技术和资金壁垒。三是推动工业互联网在纺织服装产业集群的落地应用。支持建设纺织服装行业工业互联网平台体系，采用数字化的手段集聚产业集群内外的优质产业资源，提升产业集群的数字化管理和企业数字化应用的水平，通过工业互联网平台建立生产订单中心、面料集采平台、数字云仓平台、供应链金融平台等创新服务，打造出线上"一张网"和线下"全链条"相结合的产业生态圈。

（四）促进产业协同发展，打造纺织服装产业链生态圈

一是支持行业协会搭建纺织产业发展共享平台。整合产业链上下游力量，多举办"线下"产业合作对接活动，加强协作沟通交流，持续优化创新生态，推进形成利益共享机制，促进各区域纺织产业合作互助协调发展。二是建设先进纺织装备技术协同创新中心。链接国内外科技力量，依托产业研究院、企业、高校、科研中心等机构，融合省内创新资源，加强先进功能

纤维、先进印染技术等国家制造业创新中心服务能力建设，推进产业用纺织品等领域省级制造业创新中心建设。支持有关机构建设和完善纤维新材料、产业用纺织品、智能制造、高端装备、时尚产业、大健康等领域创新联盟，打造"基础研究—技术攻关—技术应用—成果产业化"协同创新全链条机制。三是支持建立行业龙头企业牵头，高校、科研机构等共同参与的创新联合体。发挥好承接产业转移示范区的典型示范和辐射带动作用，运用市场机制集聚创新资源，承担国家和省重大科研任务，开展关键核心技术研发和产业化应用。

参考文献

河南省人民政府：《河南省培育壮大纺织服装产业链行动方案（2023—2025 年）》，2023 年 9 月 1 日。

中国纺织工业联合会：《纺织行业数字化转型三年行动计划（2022–2024 年）》，2022 年 6 月 20 日。

陈述明：《河南推进服装产业高质量发展》，《中国工业报》2021 年 5 月 18 日。

刘瑾：《缝纫机上的工业互联网，传统纺织服装业数字化改造提速》，《中国中小企业》2022 年第 7 期。

杨润凯：《河南省纺纱产业发展的当下与未来》，《中国纺织》2022 年第 Z4 期。

翟燕驹：《以工业互联网促纺织行业转型升级》，《中国经贸导刊》2020 年第 15 期。

B.13
河南省冷链食品产业链发展研究

杨 柳[*]

摘 要： 在政策的不断支持下，河南冷链食品产业得到了快速发展。本文对河南冷链食品产业链环节中冷链食品加工和冷链物流发展现状进行分析，发现目前河南省冷链食品产业链发展中存在冷链食品产业链条较长、协同能力不足，缺乏技术和产品创新、行业高学历人才匮乏，冷链物流的发展不足、效率低下，行业政策不完善、监管不到位等问题。从推动冷链产业升级、加强产业间的协同合作，改进冷链物流管理、提高产业链效率，创新冷链技术、培育高端人才，强化冷链食品安全监管、完善行业标准等方面提出建议，助推河南省冷链食品产业链发展。

关键词： 河南省 冷链食品 冷链物流 产业链

河南是中国的粮食大省、粮食主产区、重要农产品加工基地。国家统计局数据显示，2012 年至 2022 年河南省粮食种植面积常年稳定在 1400 万公顷以上，总产量超过 1300 亿斤，接近全国产量的 1/10，其中小麦产量占全国 1/4，肉类、果蔬和面粉加工能力在全国处于领先地位，高居第一。河南万亿级的食品产业集群在端牢中国人的饭碗上具有举足轻重的影响力，在发展食品深加工业方面也有着得天独厚的优势。随着冷链技术及冷链物流的发展，河南省的冷链食品产业链逐渐完善。多年来，河南食品企业产品门类齐备，产业基础雄厚，食品工业规模位居全国前列，且保持增长态势。河南在

---

* 杨柳，黄河科技学院讲师，中级经济师，研究方向为区域经济。

冷冻食品、休闲食品、方便食品、肉制品等领域拥有众多一线品牌，具有产业基础优势。与此同时，为满足市场需求，近年来河南省内预制菜企业和食品企业建设中央厨房成为冷链食品产业发展的新方向。

一 冷链食品产业链组成

冷链食品是指农产品、海产品、乳制品、果蔬或者经过加工的食品，从采摘、收获或者加工之后到销售，整个过程都采用冷藏或冷冻技术进行保存和运输，在低温条件下或者适宜的温度下完成加工、储存、运输和销售等一系列环节的食品。常见的冷链食品包括冷冻肉类、各种米面制品、水果、蔬菜、乳制品以及各类配制食品。冷链食品的特点是其运输和储存过程需要保持低温环境。低温环境可以有效地延缓食品的衰败和腐败速度，保持食品的新鲜度和营养成分。

冷链物流是指运用先进的冷链技术和设备，如压差预冷和真空预冷等工艺，冷库、冷藏车、冰柜等设备，确保冷链食品在运输、储藏、销售等环节中保持规定的低温条件，以延长食品的保质期并保障食品安全的专业物流方式。例如，一定参数的静磁场、交变磁场和脉冲磁场可以有效地保持水果的口感，并延长其储存期限。冷链技术的不断改进是提高冷链食品质量和货架期的关键。

冷链食品产业链是指从冷链食品的生产、加工、包装、运输到销售等环节的一系列行为和活动。冷链食品的生产从原材料采购、加工制作、品质检验等方面开始。这些环节需要优质的冷藏设备和先进的生产工艺，以确保食品的新鲜度和安全性。在运输环节，冷链食品需要采用冷藏车辆或航空运输来保持适宜的温度。运输过程中的温度控制和监测非常重要，以确保食品的品质和安全。冷链食品在销售环节面临着一系列挑战，包括冷链配送网络的构建、冷链产品的宣传和销售渠道的开拓，需要合理规划和管理，以提升冷链食品的市场竞争力。冷链食品产业链具体环节如图1所示。

通过冷链食品和冷链物流的应用，可以有效地保持食品的新鲜度和营养

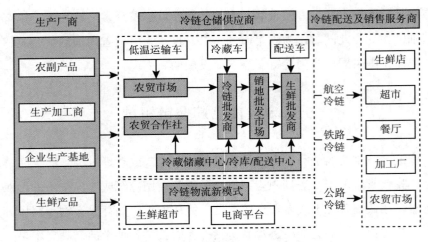

图1　冷链食品产业链示意

成分，延长其货架寿命，减少食品浪费和损失，并确保消费者享用到高质量的食品。同时，冷链食品和冷链物流也为食品行业提供了更多的机遇和挑战，促进了产业链的升级和创新。

二　河南冷链食品产业链发展现状

（一）相关支持政策密集出台

近年来，河南政府不断出台一系列相关政策，以促进河南省五大主导产业之一的食品加工业发展。2023年河南省加大了对预制菜产业的政策支持力度，政府积极推动冷链食品、休闲食品和特色功能食品的发展，并大力发展预制菜，将冷链食品产业链作为培育的重点产业链，支持牧原、双汇等龙头企业实现规模化和强大化，努力建设万亿级现代食品产业，这对于河南省的新型工业化推进和制造业发展具有重要意义。《河南省培育壮大冷链食品产业链行动方案（2023—2025）》进一步明确了河南冷链食品产业链发展的目标。通过加强政策引导、完善产业生态，将河南打造成为全国重要的冷链食品原料生产基地、冷链食品设备设施制造大省、冷链食品加工大省，形成冷链食品精深加工、冷链仓储、冷链物流等一体化与全链条发展格局，推动冷链食品产业高质量发展。到 2025 年，河南省冷链食品产业链产值将达到 4000 亿元。

从 2020 年开始，河南省密集发布与食品加工业和冷链物流业相关的支持政策，助推河南冷链食品产业链的发展，具体政策如表 1 所示。

表 1　2020~2023 年河南发布支持冷链食品产业发展相关政策

颁布时间	文件名称
2020 年 8 月	《河南省推动制造业高质量发展实施方案》
2021 年 12 月	《"十四五"冷链物流发展规划》
2022 年	《河南省绿色食品集群培育行动计划》 《河南省加快预制菜产业发展行动方案(2022—2025 年)》 《关于加快现代物流强省建设的若干意见》 《支持现代物流强省建设若干政策》
2023 年 3 月	《关于培育传统优势食品产区和地方特色食品产业的指导意见》
2023 年 11 月	《河南省培育壮大冷链食品产业链行动方案(2023—2025)》

资料来源：河南省人民政府、河南省工信厅。

（二）冷链食品加工产业体系不断完善

冷链食品产业的发展重点在于中部地区，尤其是以河南为核心。冷链食品产业作为河南传统优势产业，经过近年来的迅速发展，已经初步形成了完善的产业体系和具有特色的产业集群。河南的优势特色农业不断发展壮大，其产值占比达到了 57.8%。规模以上的农产品加工企业有 5109 家，年营业收入同比增长了 6.4%。其中有 20 家食品企业的 26 个产品被授予了"中国名牌"荣誉称号。涉及速冻食品领域的三全和思念品牌，在全国市场的占有率已经超过 50%。[①] 同时，双汇集团和牧原食品也成为全国范围内具有较

---

① 资料来源：河南省统计局。

大影响力的食品企业。河南预制菜产业异军突起，其中酸辣粉占全国市场份额 80% 以上。河南省食品产业的增加值占规模以上工业增加值的比重达到了 13.4%，位居省内五大主导产业之首。在整个食品产业板块中，河南省已经建成全国重要的优质小麦生产加工基地和优质畜产品生产加工基地，形成了全国最大的肉类、面粉及面制品、速冻食品、调味品、休闲特色食品产业集群。

2022 年，全省冷链食品加工产业规模接近 1600 亿元，冷链食品流通规模位居全国前列。蔬菜、肉类、乳制品、水果等主要冷链产品的产量为9742.27 万吨，速冻食品、鲜肉及肉制品分别占全国 70% 和 10%。在河南省，已有超过两万家食品加工企业，其中包括众多冷链食品企业，如三全、双汇、思念、白象、想念、千味央厨、锅圈食汇、天冰、花花牛、牧原、正大等知名品牌。其中以三全、思念、四季胖哥为代表的速冻食品企业，占据了我国冷冻食品 60% 以上市场份额。

（三）冷链物流市场主体不断壮大

河南省物流与采购联合会公布，2022 年河南省冷链物流规模达到 1800亿元，冷库总容量超过 1400 万立方米。重点行业的冷链物流总额达到 2266亿元，增长 10%；冷链物流货运量达到 7056 万吨，增长 12%。全省的鲜冷藏肉和乳制品的产量分别增长了 20.6% 和 11.5%。全省相关市场主体达58.8 万家，其中规模以上企业 1687 家，冷链物流企业 853 家；全省冷库总容量超过 1000 万立方米，冷藏车保有量突破 2.3 万辆。郑州、商丘、新乡和漯河 4 个地区被选为国家级骨干冷链物流基地。冷链物流是保障食品质量安全的关键通路，在国家产业政策的支持下，取得较快发展。依据中冷联盟重点联系企业采集数据统计，2022 年河南拥有重点联系企业 69 家，其库容量 4312964 吨，自有冷链车辆 3771 辆，仅次于山东（6448350 吨、3936辆）、广东（4703889 吨、5910 辆）、上海（4400029 吨、6728 辆），冷库库容量首次排名全国第四（见表 2）。河南省的冷链物流产业发展不断加速，成为冷链食品产业不可或缺的重要环节。

表2 2018~2022年河南省重点联系企业冷库库容量和冷链车数据

单位：万吨，辆

类别	2022年	2021年	2020年	2019年	2018年
冷库库容量	431.30	353.18	285.65	269.28	252.16
冷链物流企业自有车辆数	3771	3683	4741	4257	6326
冷库库容量全国排名	4	5	5	5	5

资料来源：中冷联盟重点联系企业采集数据。

河南不仅在冷冻食品生产能力方面占据了全国六成以上的比例，拥有绝对优势，而且成功建设了多家优秀物流园区及多家全国大型的商贸物流平台。其中有部分物流园区被评选为2022年河南十佳冷链产业园区，具体见表3。

表3 2022年河南十佳冷链产业园区

河南中原四季水产物流港	杞县大蒜冷链物流园
河南万邦国际农产品物流园区	河南新开元供应链冷链园区
漯河双汇物流产业园	河南藏金源仓储园区
原阳县产业集聚区（中央厨房园区）	郑北农副产品冷链物流港
民权高新技术开发区	南阳东森医药物流园

资料来源：河南省物流协会。

国内最大的综合批发商场百荣世贸商城、亚洲最大的冻品市场中原四季水产物流港、亚洲最大的调味品市场信基调味食品城以及全国最大的农产品批发市场万邦集团都坐落于河南省省会郑州市。这些大型物流园区和物流贸易平台极大地推动了冷链食品产业的市场化发展。随着人们对食品安全和品质要求的提高，冷链物流将发挥越来越重要的作用，为保证产品的品质和安全提供可靠的保障。

三 河南冷链食品产业链发展存在的问题

目前，河南食品工业与农业资源的丰富程度相比，规模效益存在较大的

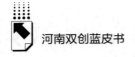

差距。资源与产业之间存在差异，并且缺乏领先企业和特色产业集群。同时，产业集中度不高，龙头企业转型升级力度不足，产品附加值较低，优势品牌转型速度较慢，还存在食品安全等多个问题。

（一）冷链食品产业链条较长，协同能力不足

在过去几年里，河南充分利用其作为粮食生产核心区的优势，以食品全产业链发展为主导，将食品工业发展成为保障民生的基础和国民经济的支柱。如今，河南已成为全国重要的食品生产和加工基地。食品产业是河南省的五大主导产业之一，食品产业集群也是河南两大万亿级产业集群之一。然而，河南的冷链食品企业供应链管控相对较弱，上下游厂商之间缺乏实时协同机制，这影响了产品质量和交货期。食品行业在生产协同方面遇到了困难，采购、制造、质检、仓储和物流之间的协同联动还需加强。目前，河南的冷链食品行业存在着规模庞大、同质化服务严重、技术和装备水平参差不齐的问题，生产模式比较粗放，工艺复杂且随意性较强。同时，产品质量也存在一定隐患，质量追溯能力不足。河南省内冷冻食品、冷藏食品生产80%以上集中在省会城市郑州，其余区域发展严重滞后，生产企业众多却未能完成整合。

（二）缺乏技术、产品创新，行业高学历人才匮乏

河南省内仅有郑州大学和河南大学两所"211高校"，开设食品科学与工程专业硕士点的高校仅有五所，开设博士点的仅有河南工业大学一所高校；开设交通运输工程的高校也仅三所，且部分高学历人才流失到京津冀、长三角、珠三角、成渝经济圈等冷链行业发达区域，造成河南冷链高学历人才匮乏的现状。教育资源的匮乏使得河南冷链食品行业发展乏力。同时，由于高技能人才、技术人员和熟练技工的短缺，行业的支撑能力相对较弱，这成为行业发展的制约因素。河南冷链食品产业的技术尚未达到全面成熟，与数字化和智能化之间的差距还比较大。在冷链设备设施的应用和运营过程中，绿色低碳和科技创新的表现还不够充分，急需升级。然而，随着消费者

个性化和多样化需求的出现，现有的冷链食品不能很好地满足市场需求，迫使冷链食品加工企业不断追求产品创新和质量提升，以提供更加灵活、多元化的供应链解决方案。

（三）冷链物流发展不足，效率低下

河南跨季节和跨区域调节农产品供需的能力不足，导致农产品供应和需求之间存在巨大的断层。此外，农产品产后损失和食品流通环节中的浪费问题也比较严重。冷链物流企业面临着用地困难、融资困难和车辆通行困难等突出问题。冷链物流监管制度不够完善，有效监管不足，全链条监管体系有待进一步完善。从行业链条的角度来看，产地的预冷、冷藏和配套分拣加工等设施建设滞后。冷链运输设施设备和作业专业化水平有待提升，新能源冷藏车发展相对滞后。城市冷链物流体系不健全，传统农产品批发市场的冷链设施存在明显不足。从运输体系的角度来看，虽然省内已有四座城市被认定为国家级骨干冷链物流基地，但是目前全省各地区还没有完善的冷链物流枢纽设施，使得现有资源的整合和利用率不高。此外，行业的运营网络和组织化程度也还不够，还没有形成覆盖全国地区的骨干冷链物流网络。同时，冷链物流与现代物流的"通道+枢纽+网络"还没有充分融合在一起。

从基础发展角度来看，冷链物流企业的专业化、规模化和网络化程度较低，竞争力不强。信息化和自动化技术的应用范围还不够广泛。冷链物流的标准体系有待改善，强制性标准较少，推荐性标准较多，标准之间的衔接不够紧密，部分领域的标准缺失，需要增强标准的统筹协调和实施力度。

（四）行业政策不完善，监管不到位

目前，河南省缺乏完善的冷链行业政策规范体系。虽然近年来出台了大量政策来促进冷链食品、冷链物流及整个行业链的发展，但仍然不足以全面实现对行业的监管和规划。冷链产业政策和标准的实施速度较慢，且存在一些实施困难，行业规范的程度也不高，导致行业中劣质企业远多于优质企业的现象。在政策环境方面，缺乏统筹规划导致各级地市和城乡之间的冷链物

流基础设施分布不均，缺乏合理规划统筹，导致某些地区冷链基础设施供过于求，同时也存在结构性失衡问题。由于个别环节缺乏合理的监管，冷链食品质量安全存在监管信息不透明、效率低下的问题，这需要相应的监管部门完善政策内容，加强冷链环节的管理监督和执法，以保障冷链食品产业中采购、加工、运输、销售各环节都能严格符合食品质量安全标准，以保障消费者的健康和权益。

四　优化河南冷链食品产业链的对策

河南省具备农业和制造业的规模优势，并且也是我国食品制造业的主要省份。食品行业的领先企业都集中在河南省，这为推动食品行业的新发展提供了优势条件。在培育壮大冷链食品产业链方面，河南需要集中精力解决重点任务，高质量推进冷链食品产业链的建设，以打造创新链前瞻引领、产业链完整融合、供应链协同集聚的冷链食品产业生态。

（一）推动冷链产业升级，加强产业间的协同合作

一是搭建涵盖广泛的冷链食品产业链公共服务信息平台，促进全省冷链食品全产业链的高质量发展。2023 年推出的河南食品云平台是河南食品行业线上贸易、信息交流和技术对接的数字平台，是河南省食品产业和上下游产业融合发展的出色平台，为河南省食品行业的数字化进程提供了有力支持。冷链食品产业需要加快数字化和智能化发展，构建完整的产业链条，包括原料供应、生产加工、产品储存、运输、配送和销售及消费。针对冷链食品产业，可以构建相应的服务平台，从冷链设备采购、冷链食品生产、冷链物流到冷链食品销售环节，将各环节信息进行全面对接，使冷链食品产业链的上中下游企业对接更加便捷高效。同时，还要深入推进冷链食品行业的数字化转型，打造高质量的增长极。二是积极支持冷链食品生产企业与电商之间的合作对接，在各大电商平台建立冷冻食品、预制菜产品的销售专区，充分利用社区平台和电商平台的销售渠道，进行深度融合。积极推进互联网、

大数据、人工智能、区块链、5G 等新一代信息技术与冷链食品产业链的深度融合，通过数据驱动提升产业效率。推进冷链食品生产与下游企业之间的协同采购和协同物流，实现以产业链为抓手，带动众多企业协同发展。三是加快冷链行业的全球化布局，促进冷链食品走向国际市场。利用"一带一路"政策和 RCEP 等政策不断深化，以及郑州中国（河南）自由贸易试验区和中欧班列的地理及区位优势，加快开展冷链食品出口贸易，推动国内外冷链双循环格局构成，在国内国际双循环发展格局中不断完善食品产业链。

（二）改进冷链物流管理，以提高产业链效率

一是大力发展河南冷链终端末梢布网，以扩大鲜活农产品、中高端食品、冷冻食品和预制菜的规模化生产以及市场覆盖范围，真正实现连接产地"最先一公里"和城市"最后一公里"。二是积极支持河南的农民和农企利用现代工业化思维，以推动更多优质产品实现全面品牌化。加强产业链提升，致力于发展壮大速冻肉制品产业集群、优化发展速冻米面制品产业集群、扶持发展特冷链果蔬产业集群、壮大冷链乳制品产业集群、打造精良冷链预制菜产业集群。三是在稳固供应链方面，加强速冻肉制品、米面制品原材料供应基地的建设，推进冷链设备设施的升级，加强冷链物流基地的建设，加快冷链物流网络布局，促进冷链食品产业集聚发展。在筑牢保障链方面，重点加强基础要素、金融服务、市场监管和公共服务的保障。

（三）创新冷链技术，培育高端人才

河南省需要将食品制造和冷链服务有机地结合起来，形成一个强有力的整体。在冷链物流领域，需要建立监控治理体系，确保冷链物流商的标准化服务。同时，也需要鼓励冷链行业企业加强技术升级，加快实现数字化和智能化的发展，这已经迫在眉睫。一是通过提升服务水平来增加冷链行业的新活力。目前，预制菜、半成品菜、生鲜电商、社区团购、生鲜直播带货等业态正蓬勃发展。冷链企业在应对这些变革模式创新的同时，不能忽视提供高质量服务的基本能力。因此，应该从提升作业标准、提高员工能力、改善软

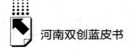

硬件条件等方面巩固冷链企业的基础，增强竞争力。二是利用数字化技术推动冷链行业提质增效。在增强创新链方面，企业应加大力度致力于攻关冷链食品产业链的关键技术装备，并建设产业研发平台，培养和引入高技能实用人才和高层次人才。同时，加大物联网、大数据、人工智能等先进智能化技术的应用，实现供需信息的实时对接，实现全过程智能监测产品、调控设备和运输过程，提高冷链体系的质量、效率、透明度和精准度。绿色低碳化对于冷链行业的高质量发展具有重要意义，政府、企业应从冷链运输、冷链园区建设、装备制造和运营管理等方面着手，力争在节能减排、低碳零碳和降本增效方面取得突破，发展新能源冷藏车辆、低碳冷库和零碳园区等领域。三是加快新产品开发。预制菜可以降低成本，提高效率，方便食用，市场前景广阔。政府应当加强对预制菜产品开发、预制菜生产企业和中央厨房建设的政策及资金扶持力度，鼓励发展预制菜生产。要充分发挥河南在速冻米面制品方面的优势，并积极开发具有高附加值的冷链食品，这对于河南冷链食品产业的发展至关重要。四是完善冷链食品产业人才培养体系，借助高校、科研院所等资源，培养产业发展急需的专业人才。结合冷链食品生产、运输流程特点，开展继续教育和职业培训，形成具有丰富实践经验的高素质技能型人才队伍。鼓励企业与高校联合开展企业家研修培训，培育具备研发设计、生产制造、市场营销等多方面能力的现代企业管理人才。

（四）强化冷链食品安全监管，完善行业标准

冷链食品从生产完成到下游销售端全程都要持续保冷，一旦温度环境发生改变或者冷藏、冷冻环境被污染，冷链食品安全便无法保障。一是应当建设全程冷链运输监控管理和信用评价平台，在河南省冷链食品追溯系统（豫冷链）平台基础之上，建立全面覆盖所有冷链食品的追溯系统，保证冷链食品从生产、运输、销售直至消费者的全过程均可实时追溯、实时监控，来源可查、去向可追，以确保冷链食品的安全。二是建议各省市政府部门出台更多相关行业法规政策，完善监管流程、职责和细节，更好地落实海关部门、交通运输部门、卫生健康部门、地方人民政府、相关生产经营单位等部

门之间的职责和协作。三是健全冷链物流标准和服务规范体系，组织起草冷链物流地方标准，如冷藏保温车辆分类及技术要求、冷藏保温车辆标识、道路冷链运输服务规则等。支持行业标准化建设。强化冷链行业监管体系，加强信息化体系建设。利用网站、平台、App 等多种方式，提高信息透明度、设施利用率和物品流通效率。

参考文献

柴占阳：《河南省政协副主席霍金花在郑州市调研冷链食品产业链工作》，《食品安全导刊》2023 年第 24 期。

赵雨涵：《加快冷链物流发展促进河南农业经济发展研究》，《农场经济管理》2023 年第 9 期。

张璇：《郑州市冷链物流与速冻食品产业联动发展研究》，《今日财富》2023 年第 20 期。

《国务院办公厅关于印发"十四五"冷链物流发展规划的通知》，《中华人民共和国国务院公报》2022 年 1 月 10 日。

王丹：《高标准推进冷链物流设施建设》，《河南日报》2022 年 6 月 8 日。

《河南省人民政府办公厅关于印发河南省绿色食品集群培育行动计划的通知》，《河南省人民政府公报》2022 年 11 月 25 日。

区域篇

B.14
郑州都市圈产业链和创新链融合发展的思考与建议

李 斌*

摘 要： 本研究围绕郑州都市圈产业链和创新链融合发展问题，从产业发展基础、创新要素水平、科创企业群体、创新生态体系等方面，分析了郑州都市圈产业链和创新链融合的进展成效，并从产业能级、融合主体、融合程度、人才保障、服务体系等方面，对新形势下郑州都市圈产业链和创新链融合存在的问题短板进行了分析，在对国内典型省市"双链"融合经验借鉴的基础上，结合郑州都市圈双链融合实际，提出了以重塑省实验室体系为重点，打造国家战略科技力量，夯实双链融合创新之基；以实施一流课题、揭榜挂帅关键核心技术攻关为重点，提升产业创新发展科技支撑能力；以推动规上工业企业研发活动全覆盖为重点，激发企业促进双链融合的动力活力；以引育高层次人才团队为重点，打造创新人才集聚高地，强化双链融合人才要素保障；以促进创新要素流动为重点，激发郑州都市圈双链融合发展新动能等对策建议。

---

* 李斌，博士，河南省社会科学院副研究员，研究方向为区域经济。

关键词： 双链融合　郑州都市圈　产业链　创新链

习近平总书记强调，"要围绕产业链部署创新链、围绕创新链布局产业链，推动经济高质量发展迈出更大步伐"。随着郑州都市圈正式成为全国第10个国家级都市圈，对都市圈科技创新聚势赋能、产业体系分工协作，加速推进产业链创新链深度融合提出了新的更高的要求。在此背景下，进一步推动郑州都市圈产业链创新链"双链"融合，既是提高产业链韧性和提升产业链供应链现代化水平的重要举措，也是增强创新动力和推动创新发展的必然路径，更是郑州都市圈融入新发展格局和促进经济高质量发展的重要支撑，对于提升郑州国家中心城市发展能级、助力河南打造国家创新高地和制造业强省具有重要的现实意义。

一　郑州都市圈"双链"融合的发展现状

近年来，郑州都市圈围绕产业链布局创新链，产业创新实力显著增强，创新资源要素加速集聚，科创企业群体逐步壮大，创新生态环境持续优化，为进一步推动产业链创新链融合积蓄了动能、奠定了基础。

（一）产业创新动力强劲，为双链融合奠定了坚实基础

郑州都市圈产业基础较好、发展潜力较大，产业集聚和协同效应初步显现，装备制造、电子信息、现代食品产业集群在国内处于优势地位。其中，装备制造业增加值位居全国前列；新能源及智能网联汽车等新兴和未来产业发展迅速，新能源客车全球市场占有率连续八年保持第一；建有国内最大盾构研发制造基地；超硬材料等产品的技术水平位居全国前列；研发制造了世界最大的自由锻造油压机、自磨机和球磨机等一批重大标志性产品；食品制造产业规模长期稳居全国第二位。其中，郑州市涌现出了宇通、上汽、郑煤机等 14 家百亿级龙头企业，形成了电子信息、新能源汽

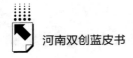
车、装备制造、新材料、现代食品、铝及铝精深加工 6 个千亿级产业集群。

（二）创新资源加速集聚，为双链融合提供了强劲动力

郑州都市圈是河南省的创新策源地、技术发源地、成果转化地，郑州都市圈集聚了郑州大学、河南大学等"双一流"高等院校，中原科技城、河南省科学院、河南省医学科学院等科研机构、国家技术转移郑州中心等技术转移机构，都市圈高新技术企业、上市企业、创新人才和科技成果在全省长期占据第一方阵；高能级国家重大创新平台加速聚集，拥有国家超级计算（郑州）中心等创新载体，全省培育建设 13 家全国重点实验室，其中 11 家位于郑州都市圈；成立嵩山、黄河、神农种业等 16 家省实验室以及 3 家产业技术研究院、15 家省实验室基地、36 家省中试基地，国家级创新平台数量位居中部前列；部分产业链和企业创新水平居行业领先地位，盾构机、氢能源客车、煤矿液压支架等研发能力居全国前列，规上工业企业研发活动覆盖率高于全省平均水平。

（三）科创企业群体壮大，为双链融合注入了强大活力

郑州都市圈拥有智能电力装备制造、智能仪器仪表生物医药等国家级创新型产业集群，依托产业集聚，培育了一批高成长性科创企业群体，高新技术企业数量达到 6000 余家，国家科技型中小企业数量突破 1 万家，高新技术企业占全省的 60%，国家科技型中小企业占全省的 48%，国家级"专精特新"小巨人企业占全省近 8 成，已成为全省产业创新发展龙头。郑州都市圈依托众多科创企业群体，积极推动产业链创新链深度融合，规上工业企业研发活动覆盖率达到 41%，覆盖制造业全产业链，拥有巨大的创新潜力。

（四）创新生态不断优化，为双链融合提供了坚实保障

近年来，郑州都市圈产业链创新链深度融合制度体系加速构建，一流创

新生态加速形成。一方面，围绕产业链布局创新链，锚定国家创新高地建设，推动创新体系不断完善，以中原科技城、中原医学科学城、中原农谷为支柱平台的"三足鼎立"科技创新大格局逐步形成，高端装备、新一代信息产业、新能源及智能网联汽车、生物医药、新材料、绿色食品等领域一批具有国际竞争力的万亿级、五千亿级先进制造业集群加快培育。另一方面，积极引育一流创新人才，灵活运用揭榜挂帅、乡情引才等方式吸引高层次人才来豫发展，鼓励中原科技城人才创新创业试验区先行先试，加快"智慧岛"双创平台复制推广，打造创新创业生态小气候，营造"热带雨林式"人才生态环境。不断优化的创新生态和产业生态，为持续推进郑州都市圈产业链创新链深度融合提供了坚实保障。

二 郑州都市圈"双链"融合的问题短板

当前，与发达地区相比，郑州都市圈产业链创新链深度融合仍存在一些深层次矛盾和问题，具体表现在产业能级、融合主体、融合程度、人才支撑、服务体系等方面，需要深入分析加以破解。

（一）从产业能级看，产业链创新发展能力不足

当前，与国内先发地区相比，郑州都市圈产业附加值偏低，产品竞争力不强，协同创新度不够，创新发展后劲有待提升。一方面，产业多处在价值链中低端水平，价值链中研发设计、品牌牵引和供应链管理等高端环节短板凸显，服务增值环节薄弱，产业低端化、同质化突出，产品附加值不高，规模以上制造业研发经费内部支出占主营业务收入比重、每亿元主营业务收入有效发明专利数、制造业质量竞争力指数与国内先进地区相比还有较大差距。另一方面，作为引领城市的郑州自身实力有限，对开封、新乡、许昌等周边地区产业辐射带动作用有限，"郑州研发设计+周边地市制造"的产业协同创新发展格局尚未形成，难以形成集群效应。

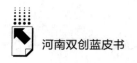

（二）从融合主体看，创新引领型企业能级不高

企业在科技创新中占据主体地位，是推动产业链创新链融合的生力军。目前，郑州都市圈尽管拥有全省领先的创新型企业，但与国内先进都市圈相比，仍存在差距，2022年郑州市全市主营业务收入超百亿元的企业13家，入围中国500强的企业1家；在主板上市企业30家，与杭州市（136家）、成都市（79家）、武汉市（58家）等相比差距较大。同时，创新引领型企业能级不高、实力不强，缺乏对创新链具有整合能力的"链主"企业，企业自身没有足够的研发投入，难以承担从小试、中试到量产等一系列成本高、风险大的技术转化任务，更难以在双链融合中发挥主导作用。

（三）从融合程度看，产业链创新链协调性不强

高校、科研院所与企业技术需求脱节，是郑州都市圈产业链创新链协调性不够的突出表现。与先进地区相比，郑州都市圈产业链创新链"两张皮"现象突出，"孤岛效应"更为严重，高校、科研院所与企业的价值取向、评价体系、考核机制等均不相同，高校、科研院所更重视论文发表、课题结项和学术成就，横向课题认可度较低，而企业更重视新产品开发及商业化实现，降低了产学研用合作积极性，导致技术供需难以有效匹配。在产学研合作中存在着企业与高校、科研机构价值导向不同造成合作项目效果不理想的情况，降低了企业参与产学研用合作的积极性，进而影响产业链创新链融合的效率。

（四）从人才支撑看，双链融合高素质人才不够

高质量高水平的人才供给是支撑产业链创新链融合的重要保障，当前郑州都市圈创新型人才不足已成为制约产业链创新链深度融合的突出短板。一方面郑州都市圈高端人才不足，具有国际先进水平的领军团队和顶尖人才较少，高层次、高技能人才不足，不能满足先进制造业创新发展的客观要求。另一方面，引进人才难度大，与先进省份相比，郑州都市圈在薪酬福利、人

居环境、生活配套等方面存在差距，对高层次人才的吸引力有限。同时，留住人才难度大，由于郑州都市圈知名高校和高端科研机构较少，知名企业总部、大型高新技术企业、研发中心等相对匮乏，人才发展平台和机会有限，难以有效留住高端人才。

（五）从服务体系看，双链融合的服务体系不优

产业链创新链融合中每个环节都需要专业化的中介服务、多元化的要素配置、高效率的金融服务等，但郑州都市圈科技服务业发展水平不高，《2022中国科技服务业发展年度报告》数据显示，2021年我国科技服务业主要集聚在三大城市群，广东、北京、江苏、上海、浙江等合计占全国比重超过52%，而河南仅占全国的3.3%，与同年河南省生产总值全国占比5.1%相比明显偏低。同时，郑州都市圈科技服务机构专业化程度不高，高端科技服务业态较少，科技金融服务支撑不足，科技服务复合型人才缺乏，从事技术转移、成果转化的专业机构和人员偏少，尤其是由于尚未建立技术经纪人职称评审与评价制度，技术经纪人培养不足，不利于推进科技成果转移转化。总体上看，郑州都市圈"基础研究+技术攻关+成果产业化+科技金融+人才支撑"的全链条服务体系尚不健全，没有形成互通共享格局，是制约其产业链创新链深度融合的主要因素之一。

三 国内典型省市"双链"融合的经验借鉴

近年来，随着新一轮科技和产业变革迭代加速，国内外先发地区在构建现代化产业协作创新体系，推动产学研用深度协作，强化企业科技创新地位，加速产业链创新链深度融合方面呈现出新趋势、探索出新经验，对郑州都市圈具有较强的参考借鉴价值。

（一）更加注重以头部企业引领产业链创新链融合

"链主"企业在产业链创新链深度融合中具有绝对优势，能够高效组织

利用各类创新资源。国内北京、上海、西安等多地自 2022 年开始，推进以龙头企业为主导的创新联合体建设试点工作，其中长三角地区对创新联合体的探索走在全国前列。2022 年 8 月，创新联合体在长三角地区正式上升为跨区域战略，三省一市联合发布了《共建长三角科技创新共同体行动方案（2022~2025 年）》，首次明确要"跨区域组建创新联合体"并在 2023 年发布具体实施办法。

（二）更加注重战略科技力量的布局建设

国家实验室等高水平、前瞻性战略科技力量建设是聚合一流创新要素，增强产学研用链条中科研原发动力，输出高能级创新成果，促进产业链创新链融合的关键所在。近年来各地争创国家级创新平台，提高自身创新定位，如创建综合性国家科学中心、国家级科创中心、国家制造业创新中心等。北京怀柔、上海张江、安徽合肥、广东深圳四地已获批建设综合性国家科学中心，南京、武汉、杭州、青岛、济南、西安等地正在争占"第五城"席位；北京、上海、粤港澳大湾区、武汉、成渝已成为新确认的国家级与区域性的科创中心。2023 年 8 月，长沙提出全力建设全球研发中心城市，实施研发企业（中心）集聚工程等七大工程，并予以真金白银支持与细化政策保障。

（三）更加注重高品质融合创新载体建设

科创载体包括但不限于各种科技园区、科技城、产业研究院，形式多样，种类丰富，被各地视作融汇各类主体、资源，实践推动产业链创新链深度融合的重要抓手。近年来，以市场化改革为方向的新型研发机构在促进产业链创新链深度融合过程中发挥了重要作用，例如，中科院深圳先进技术研究院、深圳清华大学研究院等新型研发机构建设成效明显。其中中科院深圳先进技术研究院首创的"沿途下蛋、就地转化"模式成为推动科技成果高效转化的全国样板，两公里范围内布局"科研—转化—产业"的全链条企业培育模式，"楼上+楼下"创新创业综合体实现科研人员与企业产业人员

"零距离"接触，缩短了原始创新到成果转化再到产业化的时间周期，有力促进了双链融合进程。

（四）更加注重以场景牵引产业链创新链深度融合

产学研用中"用"是最终目的也是创新价值实现的最终环节，应用场景是比产品更靠近前端的"最后一公里"。近年来，许多地方以应用场景为牵引，推动产学研用合作，加速产业链创新链融合进程。截至 2023 年 10 月，全国已有 20 多个城市启动各具特色的场景创新工作。例如，2022 年合肥组建全国首个城市"场景创新促进中心"，2023 年 4 月发布第一批场景清单，通过场景清单，在场景提供与技术供给中培育形成政界、科技界、产业界协同合作的场景创新生态，被吸纳进场景生态中的企业，在资金、技术、人才、产品落地等方面享有便利，能够和清华合肥研究院等一批研究机构开展深入合作，孵化出无限可能应用的"小场景"，最终以应用场景推动创新要素协同，让技术成果在真实的场景应用中快速突破与迭代。2023 中国（合肥）场景创新峰会暨独角兽发展论坛在合肥举办，进一步助力合肥打造全域场景创新第一城。

四　郑州都市圈"双链"融合的对策建议

（一）以重塑省实验室体系为重点，打造国家战略科技力量，夯实双链融合创新之基

以提升郑州都市圈原始创新能力为目标，以服务国家重大战略科技需求为使命，支持嵩山、神农、黄河等省实验室加快发展，建设高能级创新平台，积极融入国家战略性科学体系，聚焦战略性、基础性前沿项目，着力服务打造国家战略科技力量，夯实郑州都市圈双链融合创新之基。一是加快推进郑州都市圈国家区域科技创新中心建设。对标全球一流，聚焦农业安全、黄河安澜、信息技术等国家战略科技需求，争创国家实验室、着力培育国家重点实验室，高起点谋划建设国家区域科技创新中心，以高水平原始创

新成果，提升郑州都市圈服务国家大局的能力。二是积极参与国家战略性科学工程和科学计划。按照"重点储备、梯次培育"思路，围绕激光、育种、量子计算、网络安全等领域，实施一批科学工程和计划，争取纳入国家布局。三是前瞻布局战略性和基础性前沿项目。瞄准信息科学、材料科学、生命科学、农业科技等领域关键科学问题和前沿技术问题，优化科技资助机制，促进基础研究、应用基础研究与产业化对接融通，实现"从 0 到 1，从 1 到 N"的原创性突破和产业化。

（二）以实施一流课题、揭榜挂帅关键核心技术攻关为重点，提升产业创新发展科技支撑能力

立足郑州都市圈创新资源要素基础，聚焦战略性新兴产业和未来产业，凝练一流创新课题，着力构建"基础研究+技术攻关+成果产业化+科技金融+人才支撑"全过程创新生态链，加速都市圈区域创新体系系统性重构。一是建立关键核心技术攻关机制。改革重大科技项目立项和组织管理方式，实行"揭榜挂帅"项目遴选制度、"赛马式"资助制度、"项目经理人技术顾问"管理制度、"里程碑式"考核制度、"柔性引才"制度，为关键核心技术攻关聚力赋能。二是构建基础研究持续稳定投入机制，强化高水平创新成果供给，增强双链融合创新动力。借鉴发达地区经验，以法定形式明确政府投入基础研究和应用基础研究的资金比例，引导支持企业及其他社会力量加大对基础研究和应用基础研究的投入力度，为全面提升创新能力强基固本。三是探索科技成果应用转化新机制。着力构建"研究开发—检测检验—成果转化"产业创新服务链、"实验室—众创空间—加速器"创业孵化服务链、"股权投资—信贷—上市"科技金融服务链，推动郑州都市圈基础研究和应用基础研究成果"沿途下蛋"、就地转化。

（三）以推动规上工业企业研发活动全覆盖为重点，激发企业促进双链融合的动力活力

强化企业技术创新主体地位，引导各类创新要素向企业集聚，推动规上工业企业研发活动全覆盖，实现一批高新技术企业进入产业链的中高端、关键环节。一是加快培育创新型企业集群。实施创新型企业树标引领行动、高新技术企业倍增计划、科技型中小企业"春笋"计划，完善"微成长、小升规、高变强"的梯次培育机制，逐步造就独角兽企业、领军企业、头部企业顶天立地，形成创新型企业集群发展体系。二是推动规模以上工业企业研发活动全覆盖。优化高新技术企业申报程序，减少审核环节。落实高新技术企业奖补和企业研发费用补贴等财政奖补政策，在郑州都市圈率先实现规模以上工业企业研发活动全覆盖。三是优化提升以市场化为导向的创新体系效能。推动国家技术转移郑州中心高水平运营，发挥知识产权保护、交易和转化的重要作用。以行业龙头企业为牵引，建设一批聚焦细分领域的技术创新中心、创新联合体、中试基地，加快技术成果市场化应用。以龙子湖智慧岛为引领和示范，加快在郑州都市圈复制推广，为企业提供"空间+孵化+基金+服务+生态"的双创全链条服务。

（四）以引育高层次人才团队为重点，打造创新人才集聚高地，强化双链融合人才要素保障

围绕郑州都市圈重点产业领域创新人才需求，创新高水平人才和团队的引进培育机制，构建一流人才发展环境，努力打造人才汇聚新高地、人才创业优选地、人才活力迸发地，为促进双链融合提供坚实的人才支撑。一是加快集聚高端创新人才和创新团队。创新人才引进机制，加大柔性用才、项目引才力度，对全职引进的顶尖人才及团队采取"一事一议"，建立高端人才举荐制度，着力引进海外创新领军人才、创业领军人才和青年拔尖人才。二是构建一流人才发展环境。着力以产业、项目、平台集聚人才，构建以创新价值、能力、贡献为导向的科技人才评价体系，探索采用年薪工资、协议工资、项目工资等方式聘任高层次科技人才。开展科研项目经费使用"包干制"改革试点，落实好职务科技成果现金奖励和科研经费绩效支出纳入绩效工资管理有关政策，允许国有企业与发明人事先约定科技成果分配方式和数额。三是优化人才工作生活保障。完善"全生命周期"人才服务体系，建立联系服

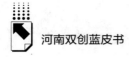
务专家制度，鼓励重点用人单位设立人才服务专员，为各类人才妥善解决住房、医疗、子女入学等问题。落实外籍高层次人才出入境、停居留便利政策。

（五）以促进创新要素流动为重点，激发郑州都市圈双链融合发展新动能

着力促进人才、资本、信息、技术等创新要素跨境、跨区域融通，构建高效协同、多元化利用的创新平台。一是探索实施"协同创新券"通存通兑。按照"协同推进、分步实施、制度保障、服务先行"的原则，研究制定相关政策措施，协同推进省、市创新券改革，在现有创新券主要用来支持大型仪器设备共享的基础上，进一步拓展使用和适用范围，创新支付手段，采用信用基础、电子支付的方式，增加横向科研开发、技术成果转移转化，以及涉及创新的金融、法律服务等内容，从而有效促进创新资源的跨区域协同、流动，提升现有创新资源效能。协同创新券首先在郑洛新自创区内探索实施，并及时总结经验，完善举措，待形成成熟经验做法后，有序向郑州都市圈复制推广。二是大力发展新型研发机构。通过与中央科研院所、知名高校及世界500强企业交流合作，引进一批新型研发机构。支持高校、科研院所、创新龙头企业等创新主体与都市圈地方政府联合共建新型研发机构，争创国家示范类新型研发机构，聚集高水平人才和创新资源。三是加快组建高水平创新联合体。加快构建龙头企业牵头、高校院所支撑、各创新主体相互协同的创新联合体，以解决制约产业发展的关键核心技术问题为目标，以共同利益为纽带，以市场机制为保障，发展高效强大的共性技术供给体系，提高科技成果转移转化成效，支持高校开展跨学校、跨学科、跨领域、跨国界的协同创新。加强大学科技园、双创基地、众创空间等创新创业载体建设，支持更多高校创建国家级创新创业平台。

参考文献

李玥、邓倩玉、王卓：《战略性新兴产业创新链与服务链融合因素及作用机制研

究》，《科研管理》2023 年第 11 期。

刘大响：《制造业"双链"融合面临的挑战与对策》，《企业管理》2023 年第 5 期。

张燕、刘旭阳、王文平：《江苏省"双链"融合下科技资源配置效率评价》，《科技管理研究》2023 年第 8 期。

程开华：《扬州市创新链与产业链融合发展现状及对策研究》，《产业与科技论坛》2022 年第 23 期。

B.15
洛阳制造业补链延链强链研究

郭军峰*

摘　要： 洛阳作为全国闻名的产业基础雄厚的工业城市，制造业一直都被寄予"厚望"。在副中心城市建设的战略安排中，河南省委省政府明确将洛阳定位于"全国先进制造业基地"。尽管这几年洛阳通过全力抢占风口产业新赛道、实施高水平"三大改造"等举措，制造业呈现出初步构建起多层次的企业梯度培育体系，国有企业主导、民营企业发展加速，"风口"产业全面起势，科技创新引领产业不断升级，产业基金助力强群优链等特点；但重工业比重过大、民营企业发展滞后、企业研发投入强度仍需提高、产业链联动不畅等深层次问题依然制约制造业发展。因此洛阳还需通过立足优势产业链尽快争取省级层面支持、推动与周边城市构建合理的产业分工体系、政府加大扶持力度、注重优质中小企业培育、通过资本手段推动科创资源转化为生产力等方式在制造业补链延链强链上有更大作为。

关键词： 洛阳　制造业　补链延链强链

洛阳，历史文化名城，河南经济第二大城市，是国家区域性中心城市、中原城市群副中心城市、"一带一路"重要节点城市；同时，也是一座全国闻名的产业基础雄厚的工业城市。新中国成立后众多"中国第一"在洛阳诞生，奠定了洛阳在中国工业版图中举足轻重的地位。长期以来洛阳制造业占规上工业比重达 80% 以上，近年来洛阳以制造业高质量发展为主攻方向，

---

* 郭军峰，河南中原创新发展研究院教授，研究方向为产业发展、国际贸易。

强化创新引领，抢抓风口产业，培育壮大新兴产业，前瞻布局未来产业，加快制造业转型升级，推动现代化洛阳建设迈出坚实步伐。

一　现阶段洛阳制造业发展的特点

近年来，洛阳以制造业强市建设为目标，抢抓新一轮产业变革带来的机遇，在深入分析产业基础、准确把握产业发展趋势的基础上，谋划确定了重点发展的新型材料、新能源汽车、电子信息、先进装备制造、现代医药五大先进制造业集群及17条优势产业链，大力发展成长性好、竞争力强、市场前景广的风口产业，不断以改革、创新推动制造业高质量发展。以发展优势产业链为核心抓手，持续推进制造业"三大改造"，加快推动工业企业工艺创新、产品创新、业态创新，推动传统产业与"风口"关联、向"风口"转型。以推动产业集群主导企业延链补链强链、做大做优做强为重点，实施"一产一策"，加快构建现代化产业体系，着力在推动产业转型升级、塑造区域竞争优势上抢占先机。

（一）初步构建起多层次的企业梯度培育体系

近年来，洛阳以提高企业核心竞争力为落脚点，围绕新能源汽车、化工新材料、光电元器件等重点产业链建设，坚持质效优先、分类施策、分层推进，初步构建起龙头企业"顶天立地"、高成长性企业"铺天盖地"的多层次企业梯度培育体系。2022年洛阳100强企业中，制造业企业71家，营业收入4892.18亿元，占100强企业总营收的80.07%，[1] 服务产业7家，其他行业22家，制造业企业仍占据绝对优势（见表1），展示出了洛阳重工业发达的城市属性。截至2023年10月，洛阳高新技术企业1068家、国家科技型中小企业备案2498家、"瞪羚"企业50家、科技型中小企业数量突破

---

[1]《重磅！2022洛阳企业100强榜单发布》，腾讯网，https://new.qq.com/rain/a/20221230A01VKE00.html，2022年12月30日。

3000 家、创新型中小企业 1018 家、省级以上专精特新中小企业 261 家（国家级 44 家）、专精特新"小巨人"企业 52 家、"隐形冠军"企业 25 家，涵盖了装备制造、先进金属材料、节能环保、人工智能、生物疫苗等重点领域，基本形成多层次的梯度培育格局。这些企业创新能力强，成长性高，对洛阳五大先进制造业集群的链式支撑作用不断显现。

表 1　2022 年洛阳 100 强企业行业结构

单位：家

行业	数量
制造业	71
服务业	7
其　他	22
合　计	100

资料来源：《重磅！2022 洛阳企业 100 强榜单发布》，腾讯网，https://new.qq.com/rain/a/20221230A01VKE00.html，2022 年 12 月 30 日。

（二）国有企业主导，民营企业发展加速

作为新中国成立之初凭借"十大厂矿"一度跻身全国五大工业城市之列的洛阳，国有企业在其经济社会发展中发挥着举足轻重的作用。随着市场化改革的深入，洛阳制造业呈现出国有企业支柱作用依然明显、民营企业发展加速的特点。国有企业在纳税和就业安排方面贡献明显，是洛阳制造业强市建设的重要力量。2022 洛阳企业 100 强中，国有企业纳税总额占 100 强企业纳税总额的 54.71%，国有企业从业人数占 100 强企业从业人员总数的 57.93%；同时，民营企业的营收和资产总额在 100 强榜单中占比均已超过半壁江山。2023 年河南省制造业头雁企业及重点培育头雁企业名单中，洛阳分别有 15 家、10 家企业上榜，入选数量分别位居全省第一、第二，其中六家民营企业上榜制造业头雁企业，七家民营企业入选重点培育头雁企业名单，占比 70%。这些创新能力强、具有较大带动能力和较好成长性的企业，必将为洛阳制造业高质量发展提供强有力的支撑。

（三）"风口"产业全面起势

2022 年以来，洛阳市精准把握产业新风口，聚焦风口产业发展趋势，系统谋划新能源电池、电子化工材料、光电元器件等十大产业集群，通过实施差异化、个性化、多样化的政策"组合拳"和大力引育优质配套企业，持续为风口产业发展增势赋能。对基础较好的光电元器件等 5 个优势产业集群，支持其龙头企业开展投资并购、资源整合，提升企业本地化配套率；对通过抢抓机遇、招大引强能够实现跨越式发展的新能源电池等 4 个"风口"产业集群，通过持续深化与头部企业合作、落地龙头产业项目、构建产业生态体系，加快形成集群集聚效应；对具有细分领域优势的生物疫苗产业集群依托 P3 实验室等重大科研平台，带动关联企业集聚发展。2022 年洛阳十大产业集群规模达 2400 亿元，智能装备入选全省战略性新兴产业集群，光电元器件产业规模全省第一；航空航天器及设备业增加值增长 74.0%、"风口"产品锂离子电池制造增加值增长 81.1%、电子元件及电子专用材料增加值增长 27.8%。2023 年上半年洛阳战略性新兴产业投资增速为 15.2%，超过河南平均水平 2.3 个百分点。

（四）科技创新引领产业不断升级

以创新引领为抓手作为现代化洛阳建设的战略抉择，为产业发展转型升级提供了有力支撑，全市科技创新成绩突出，企业创新能力后劲十足。2022 年洛阳市研发经费投入强度 2.96%，超过全国平均水平（2.54%）和河南平均水平（1.86%），连续 5 年领跑全省；技术合同成交额 113 亿元，稳居全省第一方阵；创新平台 2956 个，其中 103 个进入"国家队"；全市规上工业企业研究与试验发展（R&D）经费 113.96 亿元，投入强度为 2.2%，其中，高技术制造业研究与试验发展（R&D）经费 26.54 亿元，投入强度为 15.2%。[1]

---

[1] 《2022 年洛阳市研究与试验发展（R&D）经费投入统计公报》，洛阳市统计局网站，http://lytjj.ly.gov.cn/sitesources/，2023 年 9 月 21 日。

2023 年上半年，洛阳市专精特新企业研发费用投入 13.2 亿元，研发费用占比 5.2%，研发设备购入、研发技术购置费用分别同比增长 87.2%、14.1%。① 截至 2023 年 11 月，洛阳市专精特新企业建立各类研发平台 549 个；洛阳市国家级专精特新"小巨人"企业拥有发明专利 975 个，平均每户拥有发明专利 22 个，高于国家平均值 29.4%；省级专精特新中小企业拥有发明专利 1048 个，平均每户拥有发明专利 4.8 个。

（五）产业基金助力强群优链

产业是城市发展的决定性因素，而资金是支撑产业发展的最重要因素。2020 年 9 月，洛阳制造业基金设立，三年来遵循"政府引导、市场运作"原则，打造"政府+产业+资本+机构"的生态，初步构建了以洛阳制造业基金为核心，以主攻新兴未来产业的前海科创基金、主攻传统产业的制造业转型升级基金为支撑，纵向覆盖企业全生命周期、横向覆盖重点产业方向的"1+2+N"基金矩阵。截至 2023 年 9 月，洛阳制造业基金先后设立子基金 12 只，母子基金共计投资项目 43 个、总投资 28.09 亿元。与此同时，洛阳市先后通过"财政政策+金融工具"设立了洛阳市高端轴承产业研发联合基金、河洛英才创新创业投资基金、周山高创科技成果转化创业投资基金、国浩新兴产业投资发展基金等，聚焦十大优势产业和五大先进制造业集群、17 条优势产业链，打造洛阳市基金"丛林"，为洛阳产业发展贡献基金力量。

二 洛阳制造业发展存在的问题

凭借着制造业的优势和底气，洛阳对自己的认知与定位曾经是"一座可以和省会城市比拼的地级市""中西部非省会第一城"，但是在近些年的发展中洛阳制造业的优势日渐削弱，经济增长乏力，不断被其他城市反超。

---

① 《全省占比 14.05%！洛阳已认定专精特新"小巨人"企业 52 家》，河南省人民政府网站，https：//www.henan.gov.cn/2023/11-21/2851310.html，2023 年 11 月 21 日。

2020~2022 年，洛阳地区生产总值（GDP）增速分别为 3%、4.8%、3.5%，在中西部城市中并不突出。2023 年前三季度，洛阳 GDP 同比增长 3.0%，增速远低于全国平均水平（5.2%）。即使是在河南省内对比，洛阳制造业的表现也很低迷。2022 年，在增加值增速方面，洛阳的规上工业低于全省 0.6 个百分点，采矿业低于全省 3.4 个百分点，制造业低于全省 1.6 个百分点，高技术制造业高于全省 7.8 个百分点（见表 2）。尽管这几年洛阳全力抢占风口产业新赛道，培育壮大新兴产业，但深层次问题依然制约其制造业发展。

表 2　2022 年河南省洛阳市工业细分领域增加值增速同比情况

单位：%

地区	规上工业	采矿业	制造业	高技术制造业
洛阳市	4.5	4.5	3.1	20.1
河南省	5.1	7.9	4.7	12.3

资料来源：松影融雪，《河南工业困境中的洛阳"蝶变"》，《洛阳》2023 年第 6 期。

（一）重工业比重过大

制造业是洛阳的"当家产业"，也是最重要的"名片"。洛阳虽然拥有装备制造、能源化工、新材料等多个重点领域，也有一批具有国际竞争力的企业，如洛阳钼业、中信重工、中国一拖等，但是制造业中重工业比重过大制约着现代化洛阳建设。洛阳制造业长期以重工业为主，优势产业集群集中在装备制造、金属冶炼等领域，这些产业能耗高，产能过剩严重，受市场周期性影响大，抵御市场风险能力弱。近些年洛阳大力推进传统产业转型升级、实施"三大改造"、淘汰落后产能、布局风口产业，但在全球经济增长放缓、国内竞争加剧、产业科技变革加速的背景下，效果并不明显，战略性新兴产业、未来产业等占比仍然较低。2021 年洛阳重工业企业在规模以上企业主营业务收入中的占比高达 89.45%。[1] 2022 年洛阳市高技术制造业增加值占规模

---

[1]《洛阳：痛失"中西部非省会第一城"之后》，中国新闻网，https：//www.chinanews.com/gn/2023/07-21/10047328.shtml，2023 年 7 月 21 日。

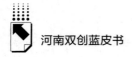

以上工业增加值比重 4.4%，工业战略性新兴产业增加值占规模以上工业增加值比重 13.0%，均低于河南省平均水平。2023 年前三季度洛阳第二产业增加值增长 0.3%，低于第一产业增加值增速（0.9%）和第三产业增加值增速（5.4%）；规模以上工业增加值同比下降 1.9%，其中，化工原料和化工制品制造业、黑色金属冶炼和压延加工业等主导产业增加值均出现负增长。

（二）民营企业发展滞后

市场经济条件下民营企业在推动发展、促进创新、增加就业等方面发挥了不可替代的作用，民营企业存量与区域经济发展水平具有强相关性，经济发达地区民营企业存量更多。在洛阳城市发展中，国有大中型重工业企业曾经孕育出一大批为其提供配套服务的中小民营企业，但随着市场经济转型，国有企业经历生存危机，这些生产配套的民营企业纷纷倒闭。目前洛阳民企存量和增量均处于低位，影响经济活力，也制约制造业高质量发展。企查查大数据研究院发布的《2023 年中国民营经济百强城市活力榜》显示，河南有 9 个城市进入榜单，洛阳民营企业存量处于第 67 位，落后于郑州、南阳，而在企查查公布的 2018 年至 2023 年上半年民营企业净流入量 TOP50 城市排名中洛阳仅排在第 36 位，落后于安阳、新乡、南阳、商丘等省内城市。但同时洛阳制造业国有及控股企业的比重高于全国和全省平均水平，而其盈利能力、运行效率却明显落后。

（三）企业研发投入强度仍需提高

企业的研发投入是推动企业创新和发展的关键要素之一，是提升产品品质和技术水平的必要条件，是企业实现高质量发展的重要途径。有资料显示，只有研发经费投入强度在 3% 以上的企业才具有市场竞争力。企业、政府所属研究机构和高等学校是我国研发活动的三大执行主体，洛阳政府所属研究机构较多，研发经费投入高部分掩盖了企业研发经费投入不足的问题。2022 年全市规上工业企业研究与试验发展（R&D）经费投入强度为 2.2%，制造业研发经费投入强度 2.31%，低于 2022 年洛阳市总体研发经费投入强度 2.96%。

洛阳主营业务收入排名前十的制造业企业，R&D 投入强度大多低于全国平均水平。2022 年洛阳各类企业研究与试验发展（R&D）经费 124.96 亿元，比 2021 年增长 1.0%，其经费支出占全市 R&D 经费比重为 74.3%；而同期我国企业 R&D 经费支出比 2021 年增长 11.0%，占全国 R&D 经费的比重为 77.6%。2023 洛阳 100 强企业中 65 家填报研发投入数据的企业，其平均研发强度为 1.48%，低于 2023 河南 100 强企业的 1.6%。企业是科技创新的主体，要想实现《洛阳市"十四五"制造业高质量发展规划》确立的"2025 年制造强市建设取得跨越式发展"的目标，洛阳制造业企业的创新主体地位还需强化，企业研发经费的投入强度仍需进一步提高。

（四）产业链联动不畅

洛阳在农机、轴承、新材料、光电等重点领域龙头企业不少，具有较强的竞争力，但龙头企业对产业链带动作用不明显，产业链上下游联动不畅、协同不足。如光电产业链是河南省委省政府确定重点发展的 28 个重点产业链之一，具有与国际水平差距相对较小、国产替代前景广阔的特点，也是洛阳确定重点发展的十大产业集群之一，技术积淀雄厚，产业链配套能力强，拥有上下游相关企业 30 余家，目前已形成以中航光电为龙头，麦斯克电子、昊华气体等专精特新企业共同发展的格局。但由于本地配套企业产品加工精度及生产管理水平偏低、外地供应商与中航光电从研发阶段就已经开展深度合作具有先发优势等原因，中航光电对本地配套企业的带动严重不足。因此加快产业链上下游企业联动，加强上下游企业在产品研发生产过程中的深度合作，形成利益共同体，对洛阳打造先进制造业集群意义重大。

三　加快洛阳制造业补链延链强链的建议

洛阳制造业一直以来都被寄予"厚望"。在副中心城市建设的战略安排中，河南省委省政府明确将洛阳制造业定位于"全国先进制造业基地"。洛阳市政府 2022 年发布的《洛阳市生产力布局与发展规划》，明确提出 2025

年"经济总量突破一万亿元""实现从制造业大市到制造业强市的转型升级"。这些定位目标的实现依赖制造业高质量发展。因此,洛阳应在提升产业链韧性与安全水平、推动制造业产业链自主可控(补链),深化智改数转、推动制造业产业链增值升级(延链),提升产业能级、推动制造业产业链做大做强(强链)方面有更大作为。

(一)立足优势产业链尽快争取省级层面支持

2023 年以来,河南省委、省政府正在以"链"谋变、以"链"图强,聚力打造 7 大先进制造业集群,培育壮大 28 个重点产业链。洛阳要尽快深入梳理研究本市制造业产业链,立足五大先进制造业集群、17 条优势产业链,对标省级 28 个重点产业链,谋划一批需要省里重点支持的事项,在更大范围内集聚资金、技术、人才等资源谋划本市优势制造业产业链发展。尽快组织光电、化工新材料、先进农机装备等产业链的龙头企业及上下游企业全面梳理需要省级协调解决的重点问题,从操作层面提出关于关键技术、前沿性技术的解决及产业化、重点企业纳入全省制造链供应链体系、推动本市优势企业与省内外企业建立战略合作关系等方面的意见建议。

(二)推动与周边城市构建合理的产业分工体系

专家预测,今后经济发展分化极化态势仍将延续,未来我国区域经济 70%以上的新动能都将出现在都市圈和城市群内。洛阳作为中西部地区的区域性中心城市,在地区分化极化的大趋势下,面临着资源持续外流、发展被边缘化的风险。2022 年 4 月西安都市圈、2023 年 10 月郑州都市圈先后获批,洛阳制造业是否能与郑州、西安构建合理的产业分工体系,不仅关系洛阳融入都市圈、实现跨越式发展,还涉及《黄河流域生态保护和高质量发展规划纲要》关于建设"郑洛西高质量发展合作带"国家战略落地及成效。因此,洛阳要找准自身在区域产业分工中的定位,立足本市重点发展产业,与郑州、西安都市圈之间构建起优势互补、产业错位的分工体系,做好与两地高端装备制造、新能源汽车、航空制造与维修、光电子集成电路等产业集群的配套衔接，充分利用两地科教资源丰富、创新平台集聚的优势，实现自身经济快速增长。

（三）政府加大扶持力度

洛阳作为地级市和非一线城市，对人才、资本、技术的吸引力有限。因此政府要与企业携手，双向发力，除了鼓励和支持企业大力开拓市场外，还要积极作为，促进创新要素的双向流动。一是积极搭建交流合作平台。要聚焦重点产业链、产业集群和龙头企业举办衔接对接活动，引进配套企业和项目落地，推荐优势产品和企业"走出去"。要支持龙头企业、专精特新企业承办国家级的产业高峰论坛、峰会，提高本市企业的行业影响力和知名度。要立足本市的产业需求，积极与具备产业发展优势学科的高校、技术研究基础深厚的科研院所签订战略合作协议，推动校企、研企深度合作，加快技术、人才向本市集聚。二是研究出台有含金量的政策。产业链是经济活动的核心，决定着一个产业综合实力和竞争力，而"链主"企业则是产业链的核心。近年来，各地对"链主"企业的争夺日益激烈，纷纷出台有分量的引进支持政策，因此洛阳也要根据产业发展趋势和阶段特征，出台有含金量的政策。要制定针对不同产业的专项支持政策，强化要素保障，切实做好"服务"；鼓励企业大胆创新，先行先试，对"补链""延链"的项目给予一次性资金奖励；出台关于高层次人才聘任、收入退税、子女教育等政策，帮助企业解决"留不住人"的问题。让企业腾出更多精力抓研发、抓生产、抓市场，提升企业的政策获得感。

（四）注重优质中小企业培育

推动制造业产业链做大做优做强需要上下游企业协同配合，优质大中小企业共同发力。洛阳近些年初步构建起多层次企业梯度培育体系，专精特新企业数量不断增多，但总体上中小企业技术、管理水平较低，发展的规范性不足，对产业链稳定性的支撑度不够。因此要为民营经济营造最宽松的发展环境，拓宽民营企业发展空间。支持龙头企业、"链主"企业延伸产业链

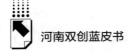

条，优化产品结构，招引上下游企业。加强对中小企业运行检测分析，建立优质中小企业储备库，引导推动优质中小企业升级为专精特新企业、隐形冠军企业。加大财政资金向优质中小企业倾斜力度，帮助中小企业拓宽融资渠道，加大金融对高成长性高新技术企业的支持力度。不定期举办产业链供应链管理体系宣讲，帮助中小企业了解产业发展趋势及要求，认清差距。加强对中小企业质量管理和技术培训力度，通过补贴等形式深入推动优质中小企业实施"三大改造"和质量管理体系认证，引导企业提升配套能力，增强产业链整体竞争力。

（五）通过资本手段推动科创资源转化为生产力

依托"十大厂矿"以及军工企业的科研院所、重点实验室是洛阳的优势，也是洛阳"重振辉煌"的底气。这些院所对于前沿技术及发展趋势有着深刻的认识和把握，也有着丰富的研究成果。这些研究成果落地为创业项目，转化为新质生产力，对洛阳现代化产业体系建设至关重要，这个过程需要科技金融助力。为此，政府在找准产业方向、尊重产业发展规律的基础上要通过国有资本撬动社会资本进入，着力解决科技金融领域"惜投、慎投"等现象，共同推动科创资源的转化。政府应和产业内企业共同成立市场化运作的产业基金，沿着产业链的方向选择投资项目，一方面支持该产业领域创新成果孵化，另一方面支持成熟的项目落地，通过投资手段引育产业，进而带动相关产业集聚。学习借鉴其他地区成功经验，引导支持产业内部创新团队领投、基金跟投，实现创新成果有效转化。同时，产业投资项目不以短期利益为目标，实施适时退出机制，待国有资本实现保值增值后果断退出，投向下一个目标产业，由此实现良性循环。

参考文献

洛阳市统计局、国家统计局洛阳调查队：《洛阳统计年鉴 2022》，中国统计出版社，2023。

《几乎零增长，洛阳的"风口"在哪里?》，腾讯网，https：//new. qq. com/rain/a/20231110A0AWJB00，2023 年 11 月 11 日。

李迎博：《这十年 到"十四五"末，洛阳将建成规模超万亿级的全国重要先进制造业基地》，《洛阳日报》2022 年 9 月 30 日，第 3 版。

严娟、扈孟德：《智能化时代洛阳制造业高质量发展的对策分析》，《河南科技》2023 年第 11 期。

B.16
新乡加快重点产业链提质
增效的对策研究

常建霞*

摘 要： 培育和发展重点产业链，构建现代化产业体系，是加快新型工业化、推进中国式现代化建设的关键支撑。新乡市作为制造业强市，其重点产业链面临着提质增效的迫切任务。本文通过梳理新乡市重点产业链的概况和发展现状，提出重点产业链发展的关键任务，从产业集群化、数字化改革、企业创新联合体、生态链、创新链和链式协同创新等方面提出重点产业链提质增效的路径，打破产业链痛点，畅通堵点，以期为重点产业链的提质增效提供参考。

关键词： 重点产业链 新乡市 提质增效 产业集群

党的二十大报告提出"着力提升产业链供应链韧性和安全水平"，对于推动经济高质量发展、加快建设现代化经济体系、维护国家产业安全、促进产业链提质增效具有重要指导意义。2023年中央经济工作会议上，习近平总书记提出以科技创新引领现代化产业体系建设，实施制造业重点产业链高质量发展行动。当前国家之间的竞争越来越体现在产业链的竞争上，产业发展也由传统制造业逐步向高新技术产业转移，推动产业链优化升级是我国经济高质量发展的重要组成部分，也是实现中国式现代化的必然选择。因此，我国多个省份提出发展重点产业链，以期

---

* 常建霞，博士，河南大学讲师，研究方向为区域经济。

提升高技术密集型产品的供应率，避免陷入关键核心技术被"卡脖子"的困境。

推进重点产业链发展，是深入贯彻落实习近平总书记关于制造强国重要论述的具体措施，是落实河南省委、省政府全面实施重点产业链行动方案的重要举措。新乡的重点产业链发展处于起步阶段，制造业产业结构升级慢，整体重点产业链发展不健全、不稳定是需要攻克的难题。本文结合新乡市重点产业链发展概况和现状，分析其面临的机遇及障碍，提出推动重点产业链提质增效的有效路径，以期畅通重点产业链发展堵点，为区域重点产业链提质增效提供路径借鉴，为新乡经济高质量发展做出贡献。

一　新乡市重点产业链概况

目前，新乡市正加快装备制造、食品制造、轻纺、化工、建材等传统支柱产业高端化、智能化、绿色化和服务化改造步伐，同时布局新兴产业和抢滩未来产业。《新乡市建设制造强市三年行动计划（2023—2025 年）》提出新乡市拟培育 17 个重点产业链，到 2025 年，努力建成新型化工及新材料、新能源电池及储能产业链等 11 个百亿级重点产业链。

在重点产业区域布局方面，新乡打造以中心城区为核心增长极，以长垣市为副中心，平原示范区、原阳县为桥头堡，以县域中心和小城镇为重要节点的"一核一副多节点"体系。"一核"是以市区（包括红旗区、卫滨区、牧野区、凤泉区、高新区、经开区）为核心的先进制造业引领区，重点发展生物医药、电池及新能源、高端装备、电子信息、氢能与储能、基因工程等战略性新兴产业和未来产业；"一副"是以长垣市为主的新型工业化提升区，重点发展起重机械、医疗器械等产业；"多点"是支持其他县（市）改造提升传统产业，布局新兴产业，推动制造业高质量发展。各区域根据自身优势合理布局重点产业（见表 1）。

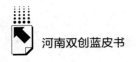

表1 新乡市重点发展产业区域布局

县(市、区)	重点发展产业	县(市、区)	重点发展产业
卫滨区	高端装备制造、钢材料深加工、现代商贸物流	长垣市	装备制造、医疗器械及医用材料
红旗区	光电信息、先进装备制造	新乡县	循环煤化工、现代纸业、装备制造
牧野区	电池及延伸产业、电子信息、高端装备制造	获嘉县	现代化工、装备制造和现代物流
凤泉区	新能源电池、高端装备制造、文旅康养	原阳县	食品制造、汽车零部件及装备制造、现代物流
辉县市	文旅康养、高端装备制造、绿色食品加工	延津县	食品加工、医药化工和节能环保
卫辉市	食品、新型建材	封丘县	食品加工、服装纺织、先进制造

资料来源：根据中商产业研究院数据库资料整理。

二 新乡市重点产业链发展现状

(一)重点产业链发展机遇

1.国家战略机遇叠加

从国际看，经济全球化是大势所趋，《区域全面经济伙伴关系协定》正式生效，国际经贸合作不断深化；新一轮科技革命和产业变革不断深化，新产业、新业态、新模式不断涌现，数字经济、绿色经济等加快发展，为新乡市突破传统产业固有格局带来新机遇。从国内看，消费市场规模持续扩大，高质量商品和服务需求不断升级，超大规模市场优势逐步显现。从河南省看，对重点产业链的谋划，为新乡市重点产业链发展指明了方向、明晰了路径。从新乡市看，交通区位、产业基础、科技创新、人力资源、综合配套等竞争优势不断凸显，有利于新乡市创新主体、创新资源、高端人才等各类要素加速集聚。

2. 政策规划文件密集出台

自南方多个城市开展重点产业链部署以来，河南省紧跟经济强省步伐，谋划 28 个重点产业链。2022 年，新乡市印发《重点产业细分领域支持政策》，围绕装备、食品、轻纺、化工、建材、生物与新医药等 11 大重点产业出台 50 条支持细则，全力支持重点产业链式、集群发展。2023 年，《新乡市建设制造强市三年行动计划（2023—2025 年）》提出着力构建以高能级群链为关键支撑的现代产业体系，拟培育 17 个重点产业链，其中包括 11 个百亿级重点产业链。至此，河南省谋划 28 个重点产业链，新乡市紧跟省重点产业链步伐，拟培育 17 个重点产业链，其重点产业链培育获得省级谋划助力，为提质增效提供发展基础。近期，新乡市又发布多项有关产业链发展的文件，为新乡市重点产业链的发展提供制度保障，有效激励相关企业的发展。

3. 技术创新与数字化转型契机

技术创新和数字化转型成为推动重点产业链高质量发展的关键。通过技术创新，企业能够不断引入新的科技成果，优化生产流程，提升产品质量和生产效率。同时，数字化转型赋予企业更强大的数据分析和运营能力，实现智能化管理和精细化运营，提高资源利用效率和供应链协同能力。技术创新与数字化转型能够为企业拓展新的商业模式和市场空间，带来持续创新和发展的动力，推动重点产业链在全球竞争中取得更加优越的地位。

（二）重点产业链发展面临瓶颈

1. 关键支撑要素经济效能转化弱

新乡市确定的 17 条重点产业链中包含多个需要高新技术创新促进发展的行业，化工材料、生物与新医药等重点领域更是以研发创新为生命线。与省内经济发展态势较好的市相比，就科技创新能力相关的指标而言，新乡市重点产业链提质增效存在着创新成果转化率低，高校、科研机构与市场需求、重点产业链联系不够密切，产业链整体升级转化慢的瓶颈。在河南省 18 个省辖市区域创新能力的评价和排名中，创新投入、创新产出、企业创

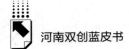
新、创新环境 4 个指标的省内排名，新乡市均居前 5 位，而创新绩效排名第 14 位。① 这表明新乡市支撑重点产业链的创新要素能力强，但经济转化效能弱。

2. 风险保障体系不健全

新乡市 17 条重点产业链建设相关政策条例出台，由市领导牵头的"双长制"带领相关行业发展，激发了一部分中小型、新型企业、行业以及高校团队的成果转化热情，但是重点产业链的发展离不开创新。创新与知识产权、专利权等法律保障息息相关，工业互联网领域的网络安全更是一项重点任务。与省内其他市及周边市区相比，新乡市为产业链提供法律支撑体系建设仍存在不足。例如，江苏省 2021 年 2 月开展了"产业链+法律服务"先行先试，对照先进制造业集群和产业链布局，组成十大产业链律师顾问团，为有后顾之忧的中小型企业提供支持。

3. 协同发展机制不完善

目前新乡市的研发、生产、营销等环节初步形成互联互通的闭环，但是在高校、市场、政府协同助力重点产业链发展方面存在机制僵化的问题。一是科技创新机制僵化，科技研发的主体地位尚未完全转移到企业，高校科研成果转化渠道不畅通，知识—技术—产业链条脱节情况较严重；二是融资体系不健全，新乡市以银行、保险公司为主的市场金融体系对科技型中小企业、民营企业有一定的限制，不能够支撑中小型科技创新企业的发展；三是科技成果的信息交流机制不健全，交易和运作效率低，缺乏具有综合背景的专业人才，领军企业之间各项技术的壁垒高，行业内部难以资源共享，这些都是重点产业链提质增效、协同发展的困境。

（三）重点产业链发展特征

1. 产业集群效应更明显

针对传统产业的产业链条相对较短、市场竞争力不强且布局散乱等问

---

① 喻新安、胡大白、杨雪梅：《河南创新创业发展报告（2023）》，社会科学文献出版社，2023。

题，新乡以"双长制"为抓手，按照"一群多链、聚链成群"原则，深入推进五链耦合，持续抓好退城入园，在全省率先建设高端装备、绿色纤维等12个工业高质量发展专业园区，推动产业集群集聚发展，全力打造转型升级主阵地。在生物医药产业集群方面，截至2023年9月底，新乡拥有生物医药产业领域相关企业564家，其中，高新技术企业44家，专精特新企业23家，"瞪羚"企业2家，专精特新"小巨人"企业2家，独角兽企业1家。新乡市的国产医疗器械企业上市总数为3133个，在全国所有城市中排第7名。①

2. 产业结构更优

针对新乡龙头企业数量不多、规模不大的问题，深入实施百亿企业培育、中小微企业成长工程，健全完善"个转企、小升规、规改股、股上市"梯次培育机制，新航、卫华、心连心3家企业营收超百亿元，白鹭、驼人、银金达等一批行业龙头企业加快发展。新乡深入推进"登顶太行"企业上市五年行动计划，全市上市企业达11家，新三板挂牌企业20家，四板挂牌企业711家，省定上市后备企业32家，市级上市后备企业60家。② 2022年，新乡市规模以上工业增加值同比增长7.6%，居全省第2位。其中，高技术产业增加值同比增长14.7%，战略性新兴产业增加值同比增长12.1%。③

3. 创新能力更强

针对传统产业基础型、原料型产品占比高，终端产品、高附加值产品较少等问题，新乡市加大科技投入、深化技术改造，加快推动传统产业迈上中高端。2022年末，新乡市共有省级以上企业技术中心177个（其中国家级8个），省级工程技术研究中心229个，重大新型研发机构3家，高新技术企业709家，科技型中小企业1210家，省技术创新中心2家，有效发明专利

---

① 药智产业研究院：《新乡市生物医药产业发展梳理》，2023年10月26日。
② 河南省人民政府官方网站，https：//www.henan.gov.cn/2023/04-10/2722332.html，2023年4月10日。
③ 国家统计局新乡调查队：《2022年新乡市国民经济和社会发展统计公报》，2023年4月11日。

4554 件；全年技术合同成交金额 53.71 亿元，较上年增长 49%①。新乡化纤通过技术改造，再生纤维素长丝产能世界第一；新航集团转向器产销量全国第一，多项产品填补了国内空白；特别是作为全国化肥行业领头羊的心连心集团，通过转型升级、拓展链条，向下游高附加值的精细化工、医药中间体延伸，综合竞争力明显提升。

三　新乡重点产业链提质增效的主要任务

新乡市正着力打造装备制造千亿级产业集群，以及食品制造、生物医药、轻纺、化工 4 个 500 亿级产业集群。针对五大产业集群，新乡市提出重点产业链提质增效的主要任务。

（一）加快传统装备制造转型智能"新装备"

装备制造业居新乡市主导产业之首，也是新乡市规模最大的工业行业。但随着新一轮科技革命与产业变革的兴起，新乡资源消耗大、智能化水平不高、龙头企业缺乏、品牌影响力不强等短板凸显，制约了装备制造业整体素质的提升，必须以创新引领装备制造业提质增效、转型发展。

以加快新一代信息技术与制造业深度融合为主线，以智能制造为主攻方向，依托新乡高新区创新创业板块和新乡经开区对外开放板块，新乡县、辉县市、长垣市、获嘉县、延津县、原阳县、封丘县、卫滨区等特色区域，大力引进世界 500 强、中国机械百强、央企等辐射带动性强的龙头项目，借助龙头企业的影响力推动二次招商、以商招商，吸引产业链上下游关联企业。推进高端装备产业培育和传统装备产业升级"双轮驱动"，做强起重机械、振动筛分机械、汽车及零部件 3 大优势装备制造业，做大过滤分离设备、农业机械 2 大特色装备制造业，培育数控机床、工业机器人、航空航天装备、

---

① 国家统计局新乡调查队：《2022 年新乡市国民经济和社会发展统计公报》，2023 年 4 月 11 日。

高端智能成套装备等 4 大高端装备制造业。

以各市区优势产业布局重点产业链，以新技术、新产品、新业态、新模式为突破口，培育新的增长点。依托新乡投资集团、国资集团等出资的政府投资基金，引导社会资本投入起重机械、汽车及零部件、振动机械、农业机械等产业重点延链、补链、强链项目，推动产业形成集聚发展态势。

（二）做强做优食品制造绿色"新品质"

为贯彻《河南省绿色食品集群培育行动计划》及《新乡市加快构建现代化产业体系着力培育重点产业链工作推进方案（2023—2025 年）》，新乡市发布绿色食品集群培育行动计划，提出到 2025 年，建成具有全国影响力的超 500 亿级绿色食品产业集群。

在战略任务上，落实食品工业"增品种、提品质、创品牌"三品战略专项行动，适应消费升级趋势，聚焦绿色安全、营养方便、质量效益。根据各县（市、区）资源禀赋和产业基础，分区域吸引优质产业有序转移，加快推动布局集中、用地集约、产业集聚和链条完整，做大做强面粉及面制品、速冻食品、休闲食品等优势产业，提升发展果蔬加工与饮料制造业、酒类等区域特色产业，着力打造全国最大的预制菜重点产业链。

在产业布局上，新乡市应围绕"中国第一麦"优势资源，持续吸引小麦精深加工国内外龙头企业在延津县布局，打造国内优质面粉及面制品加工生产基地。支持辉县市谋划建设食品产业园，充分利用太行山优势资源，融合旅游文化，大力发展山楂饮品、文创休闲食品。支持原阳、封丘、获嘉发展飞地经济，积极承接中高端食品制造产业，大力发展中央厨房，重点打造建设原阳县食品产业园、封丘县食品产业园、中国·中部牛羊肉加工产业园。

鼓励企业扩大品牌影响力，积极申报各级政府质量奖，注册国际商标、国家地理标志商标、国家地理标志保护产品。推进食品标准化认证和诚信体系建设。

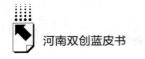

（三）打造轻纺工业现代时尚"新品牌"

在战略任务方面，重点围绕纺织服装、现代家居、造纸及纸制品3大优势领域，不断完善新乡市轻纺产业链，提升价值链、区域带动力和国内影响力。充分发挥行业龙头引领作用，带动上下游企业集聚，提升新乡轻纺产业链整体竞争水平；强力引进国内外知名轻纺品牌，不断推动产业结构调整升级，提升产业整体水平，增强行业发展后劲；强化环保和质量安全，发展循环经济、低碳经济，打造绿色轻纺；推广先进适用技术，大力促进5G、人工智能、大数据等新一代信息技术与产业发展深度融合，形成产业链完整、市场体系完善、布局合理的产业发展格局。

在产业布局方面，加快建设经开区绿色纤维专业园区和辉县吴村、延津王楼等两个棉纱产业集群区，大力发展高端棉纺、绿色纤维，积极拓展工业用布、装饰用布、特殊用布和专用服装。鼓励高新区等其他地区根据产业基础和资源条件，积极发展特色纺织服装产业，形成优势互补、错位发展、各具特色和富有市场竞争力的现代轻纺产业集群。

（四）加速化工产业延链高端"新材料"

在战略任务上，依托获嘉县、延津县、卫辉市、辉县市等区域的化工园区，以现代煤化工、化工新材料、高端精细化工为重点，以新产品、新技术、新工艺为突破口，加快产业链的完善、延伸、拓展。调整优化企业产品结构、行业组织结构、区域产业结构，实现高端化、精细化、绿色化、循环化发展，建设现代化工产业基地。现代煤化工加快推动下游产品深加工和产业链拓展延伸，依托合成氨、甲醇、氢气，发展甲醛、氨基树脂、二甲基甲酰胺等下游高附加值产品。化工新材料通过技术改造和科研创新，突破一批关键技术，发展生物可降解材料及制品。高端精细化工推进两糠产业链、树脂系列产品、甲酰胺系列产品等特色优势领域持续升级，发展针对特定应用领域用途和功能的定制精细化学品。

在产业布局上，支持新乡经济技术产业集聚区以心连心化工集团有限公司为主体打造现代煤化工产业链和产业基地，延津县产业集聚区打造精细化工、医药化工基地，获嘉县产业集聚区重点发展化学工业和以现代煤化工为基础原料的新型建材，获嘉县楼村精细化工专业园区培育精细化工、医药中间体产业集群，卫辉市铁西专业园区形成以新型煤化工、精细化工产业为主导的循环经济产业园，辉县市孟庄和洪州专业园区依托现有企业加快改造提升。

在保障措施中，需要在技术研发、产业链整合、市场拓展和可持续发展等方面进行综合考虑。加强技术创新，推动化工材料从传统材料向高端新材料升级转型。注重产业链的整合和优化，通过加强上下游企业之间的合作，构建完整的产业链，形成协同效应和优势互补。这可以通过建立联盟、合作平台和技术交流机制来实现，加强资源共享、信息共享和技术共享，提高整个产业链的协同创新能力和市场竞争力。

（五）加快生物医药强链集聚"新高地"

要实现生物与新医药产业强链集群发展目标，需要把握河南省支持郑新生物经济核心区建设机遇，加快原料药向高端化、特色化升级，卫材医疗器械向高值化、绿色化转型。

在战略任务上，立足生物技术药、医疗器械和卫材、化学原料药及制剂、现代中药四大主导产业，以龙头企业培育为主线，以"延链、补链、强链"为抓手，聚焦重点领域，突出生物制药，瞄准高端医疗器械，推动原料药转型升级，培育壮大现代中药，遍访龙头企业、行业协会联盟、领军研发团队、集群集聚发展高地等，搭建合作平台，畅通循环体系，全面提升全市生物与新医药产业高端化、规模化、集群化发展水平。

在产业布局上，立足现有生物与新医药产业布局优势，突出区域特色，整合要素资源，打造特色区域品牌，推进自主创新，利用龙头企业"虹吸"效应，围绕基础研究、研发中试、规模生产、商业流通等产业链环节，实施产业链招商，加强细分领域产业链延链、补链、强链，促进产业链上下游联动发展，重点打造定位清晰、特色鲜明、创新发展、绿色生态的生物与新医药产业空间布局。如平原新区积极打造生物与新医药产业专业园区；辉县市

225

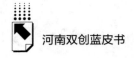

依托新乡市丰富的中药材资源，培育中药材深加工基地；长垣市加快医疗器械专业园区建设。

四 新乡重点产业链提质增效的路径与对策

在推动经济发展和产业升级的过程中，新乡市面临着如何实施产业集群化、创新链引领和重点产业生态链协调等一系列问题。结合上述重点产业链的发展机遇、障碍以及主要任务，新乡市应借助链长制推动产业链、数字化、创新链、供应链、制度链深度耦合，持续推动重点产业链上规模、提质量、增效益，着力构建以高能级群链为关键支撑的现代产业体系。

（一）补短板优长板，实施产业集群化

一是加快构建企业集聚、项目集合、创新集成的产业生态体系，推动链式发展，努力打造一批具有核心竞争力的链主企业，使其成为科技成果转化的主要力量。

二是打造产业集聚区和创新平台。规划和建设产业集聚区，引入科技孵化器、众创空间和科技园区等创新平台，形成产业集群效应，促进产业链的发展和成长。

三是补齐短板优化长板，通过政府的扶持和适当补贴，奋力突破发展瓶颈，发展新一代信息技术、电子信息、新能源等技术型产业。对原本做得好的产业，如装备制造、食品制造、轻纺、化工、建材等传统支柱产业等，延长产业链，在原基础上实现产业升级，结合新乡市产业链环节的特殊性寻找新的突破口，保证产业链水平提升。

（二）加强数字化改革，构建智能产业链

通过应用现代信息技术，如大数据、人工智能、物联网等，实现信息的高效收集、处理和传递，加强产业链和供应链的一体化建设，提升产业链的智能化水平，促进产业链的可持续发展。

一是将数字化改革贯彻到政府各领域各部门，重塑党政机关与社会企业的制度连接，在部门与产业链企业的对接上，从部门到乡镇各级要厘清链长制行政边界，解决社会交易成本偏高难题。

二是加快建设智能产业，实现原料及成品溯源，加大对生产环节的监管力度，促进各要素有序流动，借助数字化平台做好产业运行监管和风险防范工作；维护重点产业链互联网正常运行秩序，对相关企业核心数据的风险隐患进行分类分级管理，构建全面的预测、防护、抵御与恢复系统。

三是推动数据共享和整合。在重点产业链中，涉及大量的数据流动和信息交换。为了实现智能化管理和决策，需要建立数据共享和整合的机制。可以通过建设统一的数据平台或数据湖，将各个环节和参与方的数据整合起来，形成全链条的数据流动和共享，实现信息的高效传递和智能分析。同时，还需要明确数据的权益和隐私保护，确保数据共享的合规性和安全性。

四是利用数字化参与国际合作与竞争。数字化时代已经打破了地域限制，产业链之间的竞争和合作已经变得全球化。重点产业链应积极主动地参与国际合作，借鉴和吸收国际先进经验和技术，拓展市场和资源，提升国际竞争力。同时，也要加强国内产业链之间的竞争，鼓励企业进行创新和优化，不断提升产品质量和服务附加值。

（三）实施企业创新联合体，促进产业链贯通循环

采取揭榜攻关方法，自下而上推动高校、科研院所等创新链的上游主体，直接面对企业的创新需求，聚焦核心技术短板，全力突破"卡脖子"科技瓶颈。实施企业创新联合体能够推动产业链的贯通循环，实现资源的高效利用和价值共创，为产业链的创新升级和转型升级注入新的活力和动力。

一是建立重点产业链创新联合体。创新联合体共同参与研发、技术创新和市场开拓。通过联合体的组织形式，企业可以共享资源、共同承担风险，形成协同效应和创新动力。联合体可以由行业协会、政府机构或企业联盟等组织发起，通过签订合作协议、共享研发设施和知识产权等方式，促进产业

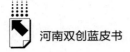

链内企业的合作与创新。

二是促进产业链内企业的技术创新和知识共享。重点产业链中的企业面临着技术创新的挑战和机遇。通过建立技术创新平台和共享机制，可以促进企业之间的技术交流和合作。企业可以共享技术研发成果、共同攻克关键技术难题，提高整个产业链的技术水平和竞争力。同时，还可以建立知识产权保护和共享机制，确保创新成果的合理使用和流转，避免重复研发和资源浪费。

三是推动产业链内外资源的共享与循环利用。在重点产业链中，存在着丰富的资源和能源。通过建立资源共享和循环利用的机制，可以最大限度地利用资源，减少浪费和环境影响。企业可以共同开展资源评估和利用规划，实现资源的有效配置和循环利用。例如，通过共享能源设施和废弃物处理设施，实现能源的共享和废弃物的资源化利用，降低生产成本和环境污染。

四是加强产业链内企业的人才培养和交流。人才是推动产业链创新和发展的重要驱动力。通过建立人才培养和交流机制，可以提高企业的创新能力和竞争力。企业可以共同组织培训和学习活动，分享最新的技术和管理经验，提高员工的综合素质和能力。同时，还可以建立人才流动和交流的机制，促进人才的跨企业交流和共享。这样可以实现人才的优势互补和创新思维的碰撞，推动产业链的跨界合作和创新发展。

（四）优化产业结构，建立产业生态链

要实现产业结构的优化，必须对产业进行深层次的调整，对产业布局进行合理的规划，保障产业链供应链有弹性有韧性有支撑，努力建立健全产业链供应链系统化体系。

一是不断深化垂直产业链和横向产业链的融合，避免过度强调区域产业发展而影响国家整体产业链发展，形成新乡市产业网状的链式结构。通过垂直整合，将产业链上游和下游的企业进行整合，实现生产要素的协同配合和增值环节的内部掌控。通过加强横向协同，可以实现产业链内企业之间的合

作和资源共享，形成产业链内企业的合力，提高整体效益和竞争力。

二是建立供应链体系，实现生产、供应和销售的高效衔接和协同运作。供应链体系包括供应商、生产企业、物流公司、分销商和终端用户等多个环节。通过建立供应链管理系统和信息平台，可以实现供应链各环节之间的信息共享和协同决策。同时，可以采用先进的物流技术和管理方法，提高供应链的运作效率和响应速度，降低物流成本和库存风险。

三是重点产业链应促进产业链之间的协同发展。不同的重点产业链之间存在相互依存和协同关系。重点产业链的企业应加强产业链之间的合作，实现资源的共享和优势互补。通过合作创新、技术交流和市场拓展，可以提高整个产业生态链的效益和竞争力。同时，政府应加强产业链之间的协调和沟通，破除行业壁垒和不合理竞争，促进资源的合理配置和产业链的协调发展。

四是优化产业链布局和空间分工。重点产业链中的企业往往分布在不同的地域，形成产业链的地域集聚效应。通过优化产业链布局和空间分工，可以实现资源的集约利用和优势互补，提高产业链的专业化水平和生产效率，促进技术创新和协同发展。

（五）坚持链长制，统筹产业链发展

坚持链长制，统筹产业链协调发展是实现重点产业链的可持续发展和提升整体效益的重要举措。链长制强调产业链各环节的协同发展和优化配置，以实现资源的高效利用、风险的共担和创新的推动。

一是必须理顺"链长"与"链主"关系，理清链长制的行政边界，减少对产业链及供应链的行政干预。

二是明确链长制的职责和权力，链长作为区域行政长官，要立足产业链、创新链、人才链、价值链的现状，制定和实施重点产业链的发展规划和政策，负责协调各个环节的利益关系，推动产业链内企业的合作与创新。

三是加强产业链的监管和服务，提供良好的政策环境和公共服务。制定产业链发展的支持政策和法规，为企业提供创新支持和市场准入便利。同时，要加强对产业链的监测和评估，提供金融支持和风险共担机制，降低企业的融资成本和经营风险。

（六）链式协同创新，推动产业链治理

产业链的本质是将企业连接，连接重在协同，以链式思维融入政府治理，推动跨部门、跨区域协同，加速产业链供应链治理能力现代化。

一是加强产业链内部的技术交流与合作。链式协同创新要求产业链内企业共同攻克技术难题、提升技术水平。建立技术合作机制，可以建立联合研发中心、技术创新平台等机制，共同研发和推广新技术、新产品，形成更加紧密的产业链生态系统，实现技术资源的优化配置和互补性发展。同时，通过组织技术研讨会、专题培训和技术交流活动等形式，促进企业之间的技术交流和经验分享。

二是推动产业链上下游企业的协同创新，以实现供应链和价值链的协同创新。协助领军企业或龙头企业建立起科学规范的利益分享和风险分担机制，协调上下游企业集中攻关，共同推动产业链的创新升级。例如，上游企业可以与下游企业共同开展产品设计、工艺改进和市场开拓等合作，实现资源共享和风险共担。

三是优化产业链的治理机制和监管体系。推动产业链的链式协同创新需要完善治理机制和监管体系，提高产业链的规范运行和风险控制。可以建立产业链协调机构或委托机构，负责产业链的协调和监督，推动各方共同参与协同创新。政府可以加强对产业链的监管和评估，及时发现和解决问题，提供政策指导和支持。同时，鼓励企业建立诚信合作和责任共担的机制，共同维护产业链的稳定和可持续发展。

四是政府在推动协调发展中发挥重要作用。政府可以加大对重点产业链的投入，支持创新和研发，提供财税等方面的优惠政策。同时，政府还应该加强对产业链的规划和管理，推动各个环节的合理布局和协调发展。政府可以通过建立链长制专班等机构，统筹协调各个环节的发展，推动产业链的优化和升级。

参考文献

河南省工业和信息化厅：《新乡：从"制造"到"智造"》，2023 年 3 月 14 日。

河南省人民政府：《河南出台 28 个重点产业链行动方案》，2023 年 10 月 21 日。

新乡市委、市政府：《中共新乡市委关于制定新乡市国民经济和社会发展第十四个五年规划和二〇三五年远景目标的建议》，2021 年 1 月 22 日。

朱宏任：《加快企业管理创新步伐　助力构建新发展格局》，《中国企业报》2020 年 11 月 3 日。

张闻、杜月娇：《创新笃行，打造中国供应链管理之路》，《科学中国人》2023 年 11 月 28 日。

刘军旗：《GDP 增速首次位居全省第一位》，《新乡日报》2023 年 1 月 30 日。

刘怀德：《推动产业链现代化闯出高质量发展新路子》，《湖南社会科学》2020 年第 6 期。

B.17
南阳加快推进先进制造业
高质量发展研究

夏晓华 韩江波 吴 鹏[*]

摘 要： 先进制造业是衡量一个国家、地区工业化程度的重要标志，更是强化科技创新功能的关键产业。本文通过对南阳市先进制造业高质量发展的现实基础进行分析，从产业链条不完善、创新研发不够强、招商引资政策力度不够、生产管理不先进等方面进一步研究了南阳市先进制造业高质量发展的现实瓶颈。建议南阳高效发挥政府引导作用、合作共赢增强区域联系、积极构建现代化产业体系、创新突破推动转型升级、凝聚合力培育产业集群、融合发展优化产业生态，以着力推进南阳先进制造业的高质量发展。

关键词： 南阳 先进制造业 产业集群 高质量发展

当前，以先进制造业为引领的新工业革命正在重塑全球制造业格局，推动产业链创新链深度调整。先进制造业是相对于传统制造业而言，是指制造业不断吸收电子信息、计算机、机械、材料以及现代管理技术等方面的高新技术成果，并将这些先进制造技术综合应用于制造业产品的研发设计、生产制造、在线检测、营销服务和管理的全过程，实现优质、高效、低耗、清洁、灵活生产，即实现信息化、自动化、智能化、柔性化、生态化生产，取

---

* 夏晓华，博士，中国人民大学南水北调高质量发展战略研究院研究员，研究方向为创新经济、产业经济；韩江波，博士，副教授，南阳师范学院粤港澳大湾区研究院执行院长，南阳发展战略研究院副院长，研究方向为产业经济；吴鹏，博士，中国人民大学南水北调高质量发展战略研究院研究员，研究方向为政府管理、公共治理。

得很好的经济收益和市场效果的制造业总称。习近平总书记强调，制造业高质量发展是我国经济高质量发展的重中之重，建设社会主义现代化强国、发展壮大实体经济，都离不开制造业。南阳市"十四五"规划、党代会和政府工作报告中提出，支持南阳建设河南省域副中心城市。南阳"三区一中心一高地"（高效生态经济引领区、全国枢纽经济先行区、市域社会治理现代化示范区，中医药文化传承发展中心，制造业创新发展新高地）的建设，需要以先进制造业高质量发展带动城市创新要素聚集，聚力提升副中心城市能级。

一　南阳先进制造业高质量发展的现实瓶颈

（一）产业链条不完善，产业结构有待优化

1. 部分产业规模较小，有效链条尚未成形

目前在南阳 21 个重点产业链中仅有汽车零部件、中医药、肉食品加工、数字光电、纺织服装、印刷包装新材料、特钢、粮油加工 8 个产业链群达到百亿级别，尚无千亿级产业集群。南阳先进制造业呈现出"门类齐全，规模薄弱"的特点，其中输变电、生物、农牧装备、碱化工、轴承等产业规模较小，产业内部缺乏大型龙头企业，辐射带动作用较差，难以形成有效的规模效应，无法充分发挥集群优势，急需形成有效链条。

2. 部分产业链条发展尚不成熟，产业协同配套能力较差

这主要表现为两个方面。一是企业关联度不高，同质化竞争严重。目前南阳仅电驱防爆、中医药和超硬材料等产业在上中下游均有重点布局，产业链条相对成熟，其他产业大多存在"以堆代链"的问题，产业内部存在大量相似企业扎堆，各企业之间的产业链条关系有限，不利于产业整体的协同发展。如汽车零部件产业中的大型企业大多集中于生产减震器、涡轮增压等优势产品，虽然具有较高的市场占有率，但彼此之间缺乏协作，甚至互有竞争，不利于产业链的稳定和高质量运行。二是产业本地配套能力不足，对外

依赖度较高。南阳输变电、纺织服装、电驱防爆等产业在上游原材料上存在对外依赖度高或产品结构较为单一的问题,本地配套能力不足,不利于产业链的安全稳定发展。如南阳防爆产业虽然产品占有市场份额高,人才优势明显、研发实力雄厚,但主要原材料供货商分布在青海、辽宁、湖南、江苏等地区,运输成本高,产业发展缺乏稳定性。

3. 产业发展结构不平衡

一方面,部分产业布局主要集中在产业链的前端,价值链的低端,在消费服务领域或高端产品市场延伸不足,影响产业整体的盈利能力。一部分产业如电驱防爆、超硬材料和碳酸钙微粉等,虽然拥有较为完善的产业链条,但上中下游发展不平衡,产品附加值低。一部分产业如数字光电、粮油加工、绿色冶铸等,产业链条尚不完善,主要集中在上游生产或中游粗加工环节,下游附加值较高的产业尚未重点布局,产品以代工为主,经济效益较低。另一方面,从整体上来看,战略性新兴产业占比较小。"十三五"时期,南阳战略性新兴产业工业增加值从 2016 年的 560 亿元增长到 2020 年的 820 亿元,增幅约 46.43%,年均增速高达 10.1%,但仍低于全省平均水平。2021 年南阳战略性新兴产业增加值占规模以上工业增加值的比重约为 22.7%,劳动密集型的传统产业仍然是南阳的主导产业,占据南阳整体产业规模的七成以上。

(二)创新研发不够强,聚才机制要健全

南阳工业产业的整体创新动力不足,发展缓慢,且研发能力的不足也影响了产业整体盈利能力,大多数产业如输变电、生物、农牧装备、轴承和碳酸钙微粉产业等,主要产品科技含量较低,附加值小,缺乏核心竞争力,与郑州、洛阳、开封相比,南阳市科技成果转化率较低,原始创新和关键核心技术攻关能力不强。造成这种现象的原因主要在于以下两个方面。

1. 创新环境不够完善

一是研发投入不足,研发强度较低。南阳规上工业企业 R&D 支出占 GDP 的比重约为 1.01%,政府科技财政支出占 GDP 的比重约为 0.29%,在河南省内均排第 8 位,且都低于河南省平均水平,无论是企业层面还是政府

层面，创新研发投入都有待增加。2020 年，南阳研发投入经费约 45.15 亿元，仅占全省总投入的 5%左右，研发投入强度约为 1.15%，低于全省平均水平（1.64%）。财政科技支出约为 14.14 亿元，仅占河南省财政科技总支出的 5.56%。二是创新研发平台和载体偏少，创新动力不足。"十三五"期间，南阳规上工业企业科技机构数量与 GDP 的比值约为 4.37，该指标在全省地级市中仅排第 11 位。2020 年，南阳市各类研发平台总数 989 家，其中国家级创新研发平台（载体）20 余家，与郑州、洛阳相比仍有较大差距。高新技术企业数量 264 个，仅占河南省总量的 0.37%左右，尽管南阳高新技术产业增加值占规模以上工业增加值的比重高达 50%，但在绝对量上与其他城市相比仍有不足，高新技术产业增加值占全省的比重约为 7.9%，南阳整体的创新环境仍需进一步优化改善。

2. 人才吸引力不强，技术研发人才较少

2020 年，南阳全市高技术人才总量约为 19.1 万人，占全省总量的 8.43%；专业技术人才总量约为 28.1 万人，仅占全省总量的 5.27%。目前南阳市中光学集团、二机石油装备集团、乐凯华光等大型企业都面临着招揽人才尤其是高端人才的问题，而造成这一问题的主要原因是周边发达城市的虹吸效应。南阳地处内陆地区，目前在交通条件、资源保障、薪酬待遇、发展前景等方面与发达城市相比都存在着一定差距。一方面导致本地人才"留不住"，以二机石油为例，本地人才在培养成熟持证后，大多选择前往薪酬待遇更好的发达城市，留在公司内部继续工作的较少；另一方面导致外地人才"引不来"，以乐凯华光为例，尽管公司采取了股权激励、额外提成等激励措施，但由于户口、发展前景等因素的影响，在高端人才引进上并不理想。高端研发人才的不足是南阳市科技成果转化率较低的重要原因，南阳规上工业企业新产品产值与 R&D 支出的比值约为 9.78，位于全省第 6，且低于全省 12.87 的平均水平；有效专利数量与 R&D 支出的比值约为 48.29 项/亿元，位于全省第 9。2020 年南阳市技术合同交易额约为 27.9 亿元，虽然与 2015 年相比增长了近 50 倍，但科技成果转化为现实生产力的能力仍然较弱。

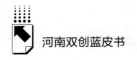
（三）招商引资政策力度不够，招商环境不优

1. 招商优惠政策力度不够、尺度有限

南阳深处内陆地区，发展外资外贸与沿海和经济发达地区相比不占优势，南阳招商引资的主要优势在于土地和劳动力等要素成本的低廉，但近年来随着土地和人力资源等要素成本的不断提高，南阳的招商引资吸引力有所下降。目前南阳经济技术开发区吸引外资和省外资金、招引外部企业，主要依靠乡情、亲情等人际关系支撑，吸引沿海和发达地区产业转移的能力有待进一步加强。

2. 公共服务不完善，物流、供水、供电等基础设施不发达

2020 年，南阳整体公共服务能力在河南省 17 个地级市中排名不高，其中，人均道路面积与医疗卫生服务水平、公共服务水平指标在全省处于落后水平，基础设施建设不健全是制约南阳招商引资水平提高的重要原因。

3. 政府效率不够高

南阳政府效率指数与河南省内其他主要城市相比水平较低，在河南省 17 个地级市中位列第 8。尽管南阳如今在政府服务效率上有所进步，但整体来看仍有进一步改善的空间，如南阳经开区今年进行的"三化三制改革"存在落实不到位的问题，园区运行机制不灵活，审批权限不充分，要素保障不到位，服务效果不太好，增加了项目落地的困难程度，从一定程度上影响了南阳招商引资能力的提高。

（四）生产管理不先进，数字建设要提高

南阳数字经济和信息化建设水平与郑州、洛阳等市相比仍有较大差距，数字经济总量占 GDP 的比重约为 20.73%，与河南省平均水平相差约 9 个百分点；两化融合贯标企业与上云企业分别为 118 家和 2510 家，分别占全省总量的 4.55% 和 1.79%，与河南省平均水平仍有较大差距，表明南阳市数字经济和信息化建设与推广渗透仍需进一步发展。此外，南阳仍有部分产业生产管理的数字化、信息化建设不到位，如输变电装备、生物医药、数字光电、印

刷包装新材料、绿色冶铸等，生产方式大多以手工加机械操作为主，生产设备自动化、现代化水平不高，生产工艺较为传统，南阳先进制造业的数字化建设水平仍需进一步提高。数字化和信息化建设相对薄弱导致南阳部分产业生产管理水平不高，降低了企业生产效率以及产品的高端化、智能化水平，从而影响了南阳先进制造业的发展速度和经济效益，不利于实现高质量发展。

总体上，产业链、创新环境、招商引资、人才吸引、生产管理等方面出现的现实瓶颈是导致南阳先进制造业高质量发展问题的深层原因。其中，产业链条延伸不足，产业集群内部的协同配套能力不强，不利于产业集聚效应的发挥以及产业整体的安全稳定，产业发展结构的不平衡，也会影响产业向高端市场的延伸发展以及未来竞争优势的获取；创新研发环境差不仅会使经济发展缺乏增长动力，也会导致产品技术含量不高，经济效益低下；营商环境不优会导致资本引进不足、大型龙头企业缺失，从而不利于产业集聚以及增长动力的激发；生产管理不先进不仅会阻碍生产效率的提高，也不利于传统产业的升级改造。这些因素共同制约南阳先进制造业高质量发展。

二　南阳先进制造业高质量发展的政策建议

（一）发挥政府作用引导先进制造业发展

1.先进制造业集群的规划制定和实施

先进制造业集群都是通过企业的衍生与扎堆等方式逐步形成的，对于自发形成的产业集群雏形，政府要尽早识别，并以产业集群的方式予以培育。特别是地理位置相邻近的地区，产业雏形或产业合作尚未达到一定程度，例如南阳与襄阳市毗邻，政府应带头促合作，要制定科学的、因地制宜的先进制造业集群发展规划，明确集群主导产业，出台促进集群和企业发展的政策措施，强化政府的跟踪和协调服务工作，为南阳市先进制造业集群发展提供政策保障。

2.制定差异化动态发展政策

南阳市对不同主导产业类型和处于不同发展阶段的先进制造集群实施不

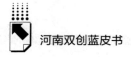

同的发展政策，以引导集群顺利进入下一发展阶段为政策宗旨，而不是以一贯标准统一实施。例如，南阳氢能及新型储能产业目前还处于产业集群发展初期，政策向建立产学官研合作机制和良好的企业发展环境方面倾斜，例如出台吸引和培养专业人才的政策、建立企业和科研机构合作机制。集群成长期，如在官庄工业区布局建设氢能产业园，引进一批配置储能的系统友好型新能源电站项目，以支持创新活动和成果转化为主要目标，此时产业成果转化已趋于稳定，政策主要起到支持企业创新、优化集群内部产业组织结构、增强营销控制能力等作用。集群发展成熟期，政策重心向提高集群核心竞争力、促进区域发展环境建设、促进企业协同发展、促进产业升级等方面倾斜。

3. 合理评价制度提振先进制造业发展

南阳市政府在制定合理的先进制造业集群评价制度时需要系统监测和搜集集群发展的重要指标，目前仍然缺乏较为完善的评估体系，特别是评估重点企业和项目实施状况与发展前景、评估现有政策对先进制造业集群发展产生的整体效应、评估集群发展政策调整的结果等。邀请三方团队综合评测先进制造业发展水平，通过科学的评估，及时调整集群发展目标，避免产业链的重叠以及无效率培育，规范集群发展路径，调整促进集群发展的政策措施，制订出更加精准的发展计划。

（二）合作共赢增强区域联系

1. 精准对接京津冀、长三角和粤港澳地区，重点承接产业转移

在京宛合作战略框架协议下，积极拓展合作领域，由生态合作向产业合作方向深化。研究北京产业转移重点，积极组织参加专项投资推介会，吸引智能装备、电子信息、新材料等产业链条整体转移和关联产业协同转移至南阳。积极引进长三角和粤港澳地区的先进经验、管理团队，鼓励发展"飞地"园区，共建"区中园"，探索跨区域园区合作的成本分担机制、税收利益分享机制、利益争端处理机制，建立区域间产业转移统筹协调机制和重大承接项目服务机制。

2. 依托交通等基础设施互联互通，完善区域协同发展的支撑保障

推进唐河、白河巷道建设，联通长江水道，打通高铁通道，加密城市间航线航班数量等，完善交通路网，提升互联互通水平。统筹推进跨区域基础设施建设，打通与长三角、襄阳、郑州等地的交通物流大通道，增强区域协同发展的支撑保障，方便产业和人口沟通协作，打造汉江生态带南北联动的纵向轴线。

3. 加强科技合作和人才交流，推动科技成果应用转化落地

对接京津冀、粤港澳大湾区、长三角地区的优质科创资源，重点围绕智能装备、电子信息、生物医药、绿色食品等方面，加快技术协作转化，共建科技创新服务平台和成果转化平台，推动科技成果在南阳落地孵化。积极开展人才技术引进、科研攻关、学术交流等方面合作，引进一批高水平的科技领军人才、学科带头人、高素质企业家队伍，共建产业研究院、重点实验室、院士专家工作站等。

4. 加强与周边城市产业协作，打造省际合作示范平台

积极对接周边武汉、郑州、襄阳等区域中心城市，推动南阳跨境电商综试区、南阳卧龙综合保税区等建设，申建中国（河南）自由贸易试验区南阳开放创新联动区。建设郑洛新国家自主创新示范区辐射区，复制推广自创区先行先试优惠政策。与襄阳合作共建汽车产业园，加强在汽车零部件及整车上的联动协作，打造具有区域影响力的汽车产业走廊。在省际合作上探索创新管理体系和运行机制，合作开展园区管理和投资。

（三）积极构建现代化产业体系

1. 先进制造业数字化转型，发展智能制造

一是深度实施制造业智能化改造。深化互联网、大数据、云计算、人工智能等新一代信息技术和制造业融合发展，分产业、分阶段"量身"制定与产业发展实际相匹配的智能化改造推进行动。在重点行业或重点企业实施"机器换人、设备换芯、生产换线、企业上云"计划，引导制造业产业链提升智能化水平和生产效率。二是布局智能化试点示范园区建设。积极推动南

阳新能源经济技术开发区、淅川县先进制造业开发区申报智能化示范园区试点。开展智能制造示范试点建设，重点围绕生物能源、信息材料、纺织服装、食品加工等流程制造领域，依托运营商的物联网、专网覆盖能力和大数据、云计算、边缘计算新兴技术集成能力，开展智能工厂试点示范建设，全面提升企业的资源配置、生产管理和智能决策水平。

2. 推动制造业与服务业深度融合

以南阳市建设"全国重要交通枢纽城市"为契机，建设服务业配套设施。重点发展智慧物流，打造区域综合物流中心；加快数字化发展，大力发展科技金融、电子商务、软件和信息服务等数字经济新业态，着力打造千亿级大宗农产品交易平台和 200 亿级京东城市数字科技电商基地。

3. 提高能源利用效率，促进先进制造业绿色发展

一是坚持新发展理念，发展低碳循环经济。完善循环经济产业链，形成"资源—产品—废弃物—再生资源"的循环利用模式。落实绿色产业指导目录，推广节能环保新技术、新工艺、新设备应用，宣传推介绿色循环利用典型做法、典型经验。二是坚持绿色发展，打好污染防治攻坚战。搭建南阳高新区智慧环境监测平台，集成监测预警、视频监控、水质分析、应急指挥等功能，实现水体智慧管理全覆盖。保障土壤环境安全，建立健全土壤污染调查机制，加强对重金属污染物、医疗废水等监管防控。三是找准生态标杆，打造绿色生态园区。加快建筑绿化、景观绿化、工业区绿化、居住区绿化，推进独山大道、两相路、信臣路等道路的绿化建设工程，构建点、带、面结合的绿色景观系统。

（四）创新突破推动转型升级

1. 全面提升自主创新能力

一是发展壮大新型研发机构。引导南阳院士专家工作站、河南省光学薄膜工程技术研究中心、防爆电气河南省工程实验室等研发机构创新发展，推动一批关键原创技术的应用。二是加强重点领域关键核心技术突破。实行重大科技项目"揭榜挂帅"制度，支持企业联合高校院所攻克"卡脖子技术"，承担和深度参与国家和省级重大科技专项。围绕"主新特"产业，加强关键性、前沿引领技术的攻关和产业化应用，加快形成一批重大标志性成果。提升前沿技术研发能力，加快占领系统集成与控制、电机与驱动控制一体化、大功率高速电机、海洋动力系统、四代核电与小型堆五大技术制高点，支持智能变电站、配电网等成套装备关键核心技术突破。三是强化企业技术创新主体地位。健全"政府引导、企业主导、社会多渠道参与"的科技投入机制，支持企业用好用活科技创新券、科技贷款贴息、企业研发投入税收优惠等政策。支持区内龙头企业与高校院所组建创新联合体，提升综合实力与竞争位势。四是创新促进科技成果转化机制。加强与南阳市科技大市场、中关村天合科技等载体资源对接，加快建设国家技术转移中部中心南阳分中心、南阳院士专家创新研究院，搭建全方位的科技成果转化服务平台。推进以产学研合作促进科技成果转化，深化与上海交通大学、北京理工大学、长春光机所等国内外知名高校和科研院所合作，探索"大学（研究院）+创新平台+合作项目"的合作模式。

2. 注重人才集聚

一是推动大学生引进培育。依托南阳理工、南阳师院、南阳科技园等高校院所，培养一批具有创新意识和创新能力的大学生。开展"豫见南阳"人才招聘活动，招引一批优质大学生来宛就业创业。探索优秀毕业生就业见习制度，通过先"见习"后"签约"引入更多人才。建立大学生人才数据库，分析掌握本土大学生基本情况，有针对性地推送信息，实现政府与大学生信息互通、互动交流。二是强化青年科技人才引进。深入落实"诸葛英才"等人才计划，面向全球发布"招贤令"，引进一批掌握产业关键技术和共性技术的高层次青年科技人才、技术专家。探索候鸟型、季度型等柔性引才模式，引进一批院士或院士团队成员。

3. 强化项目支撑

面向数字光电产业、防爆装备产业等领域，出台产业发展专项规划和产业扶持政策，推动产业园区建设、产业本地化发展。出台专门政策，支持企业在本地新建、扩建厂房，成立关键配套企业，不断扩大产业规模，延展产

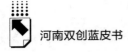

业链条。加快创新创业主体培育，探索设立高新技术企业、规模以上企业动态培育库，采取入库奖励、贷款贴息、政府扶持资金配套等形式支持发展。

4. 扩大对外开放合作

积极参与京津冀协同发展，将南阳市打造成为京津地区重要的产业转移承接基地和科技成果转化孵化基地。推动在市场、产业、资本、人才等方面的对接融合，打造跨区域资源要素的重要承载地和引力场。加强与郑洛新、武汉、西安国家自创区对口合作和交流。探索异地孵化、飞地经济、伙伴园区、辐射源区等多种合作机制。

（五）凝聚合力培育产业集群

1. 立足南阳特色产业，延伸上下游产业链条

依托本地的防爆器材、数字光电、新材料、绿色食品加工等基础，进一步补链延链强链，支持做大做强，围绕产业链上下游招大引强、招先引优、招新引特，打造具有虹吸效应的产业集群。重点打造千百亿产业集群，推动产业转型升级，提升发展质量和品牌竞争力，延伸产业链上下游，增强产业链聚合力和爆发力。加快传统产业转型智能新装备，构建数字光电产业生态圈，支持新材料产业跃向高端前沿，打造轻纺食品现代时尚新品牌；同时积极布局未来新兴产业和创新产业，推动产业转型升级，构建具有南阳特色的先进制造业产业集群。

2. 区域垂直整合，打造特色化产业集群

着力打通产业链堵点、畅通痛点、补上断点，精准施策，推动产业快速发展升级。招商引进投资规模大、辐射范围广、带动作用强的重大工程、重点项目，带动产业链条上下游资源聚集，提升产业链价值。打造零部件、半成品的集群化生产基地，最大限度降低运输成本，建立自主可控的全产业链条，提高抵御风险的能力。促进专业化分工和创新资源汇聚。形成产业集群效应，强化创新力量。

3. 加强政府支持引导，推动产业集约发展

引导支持小微企业抱团发展、做大做强，加强与本地其他相关产业之间的合作，对规模较大、技术先进、市场领先的企业给予重点扶持。建立产业发展基金，积极争取国家、省专项资金支持，实施降息贴息政策，降低企业融资成本。降低中小企业落地成本，提升企业入驻效率。积极搭建沟通桥梁，促进产业链企业在技术、产销、资源、人才等方面的协作，推动产业规模化、集群式发展。

（六）融合发展优化产业生态

1. 着力构建招商引资政策体系

整合优化投资推介宣传平台和项目信息化管理平台，不断提升精准服务成效。实行全流程、"一对一"服务保障，吸引优质企业到南阳考察投资。定期召开政企"茶话会"，主动问需于企、问计于企，以"现场办公"的形式，第一时间协调相关部门帮助企业解决土地供应和人才引进的难点堵点问题。搭建解决企业诉求"直通车"平台，成立重点项目工作专班制度，确保及时解决企业面临的问题。持续推进"放管服"改革，深化"一门式、一网式"政务服务改革，着力营造公平、开放、透明的法治化营商环境，形成吸引优秀企业、优质项目和优异人才的"软实力"。

2. 聚焦创新需要，打造服务生态圈

通过打造开放融通的创新创业环境，为高水平创新创业人才、科技型创新创业企业提供专业服务的载体平台，为科技创新企业提供法律、知识产权、财务咨询、检验检测、认证和技术转移等服务，加快形成校内外、创新链上下游、政府和企业等各相关方共同参与、有效协同的创新生态圈。建立多方风险共担机制，与银行、担保机构、保险公司等金融机构开展合作，为创业企业和团队提供各类科技金融信贷产品和服务。

3. 分类施策、对症下药，持续打造健康产业生态

基于具有不同特征的产业集群，结合其各自发展的条件和环境给出不同的发展建议。对于快速成长的产业集群，要加强企业培育、强化项目引领、加大政府支持，促使其快速发展成型。对于精进发展的产业集群，要整合产业资源、融合现代技术，激发发展动力，推进集聚化发展。对于成熟稳定的

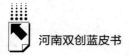

产业集群，要发挥产业优势、扩大产业市场、加强品牌建设、强化要素保障，推动产业整体进一步发展。对于优势骨干的产业集群，要发挥龙头作用、强化招商引资、加强政府管理，弥补产业短板，着重提高产业安全稳定性。

参考文献

陈宝明：《世界先进制造业创新与发展趋势及其启示》，《海峡科技与产业》2006 年第 5 期。

谭蓉娟、谭媛元、陈树杰：《产业位势视角下中国先进制造业竞争力维度结构研究》，《科技进步与对策》2015 年第 16 期。

干勇等：《先进制造业集群现代科技支撑体系建设研究》，《中国工程科学》2022 年第 2 期。

龚唯平、查伟伟、薛白：《先进制造业的三维理论模型及其特征》，《学术研究》2008 年第 6 期。

李煜华、张敬怡：《先进制造业发展政策量化评价与优化路径》，《统计与决策》2022 年第 10 期。

刘卓聪、刘蕲冈：《先进制造业与现代服务业融合发展研究——以湖北为例》，《科技进步与对策》2012 年第 10 期。

B.18
许昌以营商环境优化带动
产业链提升研究

魏　征*

摘　要： 产业链提升发展是当下各地正在积极推进的重要政策，河南省政府也及时出台了指导意见，支持全省积极提升发展 28 个重点产业链。本文通过对河南省许昌市营商环境和产业链发展现状进行研究，发现许昌的传统产业、先进制造业和战略性新兴产业都在积极地进行转型提升、展链延链和拓展新的链条；同时存在着产业结构不合理、创新能力不强、协同效应不明显等问题。在营商环境方面，近年来许昌市继续践行深化改革，营商环境得到大幅度的改善，但同时也存在着基础设施水平低、创新不足、人才缺乏等诸多问题，对此本文提出加强营商环境的监测和评价、优化行政审批流程、加大税收优惠力度、加强产业链的培育和引导、加强人才引进和培养等政策建议来促进许昌市产业链的提升发展。

关键词： 许昌市　营商环境　产业链　特色产业集群

　　2023 年 10 月 20 日，河南省政府办公厅印发《河南省培育壮大尼龙新材料等 27 个重点产业链行动方案》，加上此前已印发的超硬材料产业链行动方案，这也标志着河南省谋划多时的 28 个重点产业链详细内容全部出炉。在迈向经济高质量发展的新征程中，河南省将把制造业高质量发展作为主攻方向，坚持制造业立省、建设制造业强省，培育壮大 28 个重点产业链，聚

---

* 魏征，河南中原创新发展研究院讲师，研究方向为房地产经济、区域经济、创新创业。

力形成新材料、电子信息、先进装备、新能源汽车、现代医药、现代食品、现代轻纺 7 大先进制造业集群，构筑河南制造核心竞争优势。同时，产业链的发展离不开良好的营商环境，为了支持企业的高质量发展，作为郑州市后花园的许昌正在如火如荼地推进"万人助万企"活动，其中明确要求把活动重点聚焦提升产业链的现代化水平，围绕壮大支柱产业和战略性新兴产业攻难点、通堵点、除痛点，持续优化营商环境，推动优势支柱产业优势再造、新产业培育壮大，打造一流的产业链群。

一　许昌产业链和营商环境的发展现状

许昌是中原经济区的重要组成部分，拥有丰富的历史文化资源和优越的地理位置，是河南省的文化旅游中心和交通枢纽。近年来，许昌市大幅度推进改革，不断激发经济活力，不断推进经济转型发展，持续打造全省一流、国内领先的产业链体系，许昌的主导产业主要是传统产业、先进制造业和战略性新兴产业。

（一）传统产业积极延链展链，焕发生机

随着社会的转型发展，在过去为许昌市的经济发展做出了巨大贡献的传统产业，也面临着资源消耗大、技术含量低、市场竞争力弱等问题。为了适应新时代的发展要求，许昌市积极推进传统产业转型升级，通过创新驱动、结构调整、品牌打造、绿色发展等措施，提高传统产业的附加值和竞争力，实现高质量发展。许昌市的传统产业转型升级，焕发出了新的生机和活力，为许昌市的经济社会发展注入了新的动力。

禹州市中医药文化源远流长，是"药王"孙思邈行医采药、著书立说之地，也是全国四大药材集散地之一、全国 17 家中药材专业市场之一。禹州的中药材久负盛名，动、植、矿物药材多达 1084 种，名贵药材 45 种，拥有道地药材 36 种。以往中医药企业主要做中药材初加工、饮片生产、中成药制药、生物制药、中药保健品、化妆品、调味品、中兽药等，现如今各大

中医药企业抓住许昌市积极推动康养旅游项目建设契机，积极探索中医药养生、中医药养老、中医药旅游等中医药新业态，延伸中医药产业链条。抓住杜仲非药用部位综合利用，开发了杜仲鸡、杜仲酒、杜仲茶等保健食品，成功举办了首届杜仲鹅美食文化旅游节；充分利用药用花资源，开发出蜡梅花茶套盒、精油、纯露等产品；姚花春保健酒、姚花春咏梅酒、"仲逸堂"养生酒3个系列产品已成功上市。

襄城县推动煤化工产业向采煤炼焦之外的产业延伸，先后建成7亿立方米焦炉煤气制氢、10万吨甲醇等重大项目，焦炭产量达到300万吨；通过"三大改造"尤其是绿色化改造，襄城县发展循环经济，打造了"原煤入洗—矸石制砖—中煤发电—精煤炼焦—煤气综合利用—化产回收"的绿色循环产业链，将煤炭"吃干榨净"，衍生出30多种化工产品，为下游硅碳新材料产业提供原材料保障。目前已在高纯硅烷、针状焦、区熔级多晶硅等6个领域建成国内首台（套）装置，二氧化硅气凝胶、原子催化剂、黏合剂等5个领域研发出首批次新材料，解决了一批制约产业发展的"卡脖子"问题。许昌市依托"一块煤"持续延链、补链、强链，推动硅碳新材料产业集群规模达到450亿元。

（二）先进制造业顺势拓链，跑出"加速度"

许昌市作为河南省的重要工业城市，近年来积极推进先进制造业的发展，以高质量的产品和服务满足市场需求，提升自主创新能力和核心竞争力。不断延伸产业链和价值链，形成了以汽车、机械、电子、化工等为主导的产业体系，打造了一批具有国内外影响力的品牌和企业。加快了转型升级的步伐，积极引进和利用国内外先进技术和管理经验，加强与高校、科研院所、行业协会等的合作，推动产学研用一体化，提高产品质量和技术水平，坚持绿色发展，增强市场竞争力和抗风险能力，实现了经济效益、社会效益和生态效益的统一。

近年来，随着我国政府明确向世界提出"碳达峰""碳中和"时间表，新能源产业开启了突飞猛进的发展，新能源汽车的普及率大幅度提高，新能源汽车推广的一个很重要的制约因素就是充电站，作为电力装备行业领军企业，许继电气进入全新赛道——新能源汽车智能换电系统。许继电气研发了以充电桩为重要载体的新能源汽车智能充换电系统，在大功率超充领域，许继电气控股子公司许继电源有限公司为阿维塔供应电压1000V、电流600A的液冷高压超充桩。手机扫码，一键操作，只需5分钟，一台重型卡车完成电池更换，实现"满电复活"。该超充桩凭借应用场景广泛、经济优势突出等特点，实现了爆发式增长。作为河南电力装备产业的"链主"企业，2023年8月，由许继集团召开的供应商大会，200多家省内外供应商云集，现场签约金额近20亿元。坚持龙头引领、创新驱动、平台共享，许昌电力装备产业链条不断拉长，产业集群规模达1400亿元。与此同时，许昌智能电力装备制造产业集群成功入选国家创新型产业集群试点（培育）。

（三）新兴产业积极布局新的链条，占据制高点

许昌市近年来积极推动新兴产业发展，以适应国家和地区的经济转型和创新需求。重点发展了高端装备制造、生物医药、新能源汽车、电子信息等新兴产业，通过加强科技创新、人才培养、政策扶持、基础设施建设等措施，提升了新兴产业的竞争力和影响力，为许昌市的经济社会发展注入了新的活力和动力。新兴产业不仅为本地区创造了就业机会和税收收入，也为全国乃至全球的产业链和价值链贡献了自己的力量，展现了许昌市的开放性和包容性。坚持以新发展理念为指导，以新兴产业为引领，以制高点为目标，打造具有特色和优势的新兴产业集群，推动许昌市高质量发展和高水平开放。许昌恒信电子科技有限公司是一家专业从事电子元器件研发、生产和销售的高新技术企业，主要产品包括电容器、电阻器、电感器、滤波器等。该公司拥有先进的生产设备和检测仪器，产品广泛应用于通信、汽车、医疗、军工等领域。许昌中科生物工程有限公司是集生物技术研究、生物制品开发、生物工程项目建设和运营为一体的综合性企业，主要产品包括重组人胰岛素、重组人干扰素、重组人白细胞介素等。该公司拥有国家级生物技术实验室和国际标准的生产车间，产品远销欧美、东南亚等国家

和地区。许昌华夏新能源有限公司是专业从事新能源汽车研发、生产和销售的企业，主要产品包括纯电动汽车、混合动力汽车、氢能汽车等。该公司拥有自主知识产权的核心技术和专利，产品性能优异，节能环保，受到市场和消费者的欢迎。

（四）推进深化改革，营商环境大幅改善

近年来，许昌市积极优化营商环境，营造良好的营商氛围。一是政务服务效率高，实现了"一网通办""最多跑一次""一次不用跑"等目标，大幅缩短了企业开办、建设项目审批、不动产登记等事项的办理时间。二是创新能力强，加大了科技投入和人才引进，建立了一批高水平的科技创新平台和产业园区，培育了一批具有核心竞争力的创新型企业。三是产业结构优化，突出了特色优势产业，如汽车零部件、食品饮料、装备制造等，形成了一定的产业集群效应和品牌影响力。四是市场环境规范，加强了市场监管和执法，打击了违法违规行为，保护了消费者权益和公平竞争秩序。

二 许昌产业链提升发展和营商环境中存在的问题

许昌市是河南省综合实力排名前列的地级市，拥有丰富的资源和人才，近年来经济发展迅速，传统产业转型升级与新兴产业引进培育相得益彰，产业链在不断地延展，取得了优异的成绩，但在产业链发展和营商环境方面还面临着一些问题不容忽视，制约着产业链的发展。

（一）产业结构不合理

根据最新的统计数据，许昌市的产业结构以第二产业为主，占比达到了60.8%，其中制造业占比高达51.5%。而第一产业和第三产业的占比分别为14.6%和24.6%，相对较低。这种产业结构不合理的现状给许昌市的经济发展带来了一系列的问题，如资源消耗过大、环境污染严重、就业结构失衡、

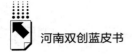

服务业水平低下等，导致产业链不完整，上下游配套不足，附加值较低，因此造成许昌市的产业链的稳定性和竞争力较差。①

（二）产业创新能力不强

许昌市的产业结构不合理，以传统的农业、制造业和服务业为主，高新技术产业和战略性新兴产业的比重较低，创新活力不足。一是科技投入不足，科研人员和专利数量低于全省平均水平，科技成果转化率也不高。二是创新环境也有待完善，创新政策和激励机制不够完善。三是创新资源和要素配置不够优化，创新平台和载体不够多元化，创新文化和氛围不够浓厚。产业创新能力还有待提高，科技投入不足，研发成果转化率低，核心技术缺乏，知识产权保护不力。

（三）产业协同效应不明显

许昌市的产业结构以第二产业为主，主要包括机械制造、电子信息、食品加工、建材等行业。许昌市的产业发展面临着一些挑战，其中之一就是产业协同效应不明显。产业协同效应是指不同产业之间通过合作、交流、互补等方式，实现资源共享、效率提升、创新促进等目标的现象。产业协同效应可以增强产业的竞争力和抗风险能力，促进产业转型升级和区域经济发展。许昌市的产业协同效应不明显的原因有以下几个。一是产业之间的联系不紧密，缺乏有效的沟通和协调机制，导致信息不畅、需求不匹配、合作不顺畅等问题。二是产业之间的分工不合理，存在重复建设、低水平竞争、资源浪费等现象，降低了产业的整体效率和效益。三是产业之间的创新能力不强，缺乏共性技术支撑、公共服务平台和人才培养等方面的投入，影响了产业的技术进步和质量提升。四是产业协同效应还不够突出，各个产业之间的联系和互动不够密切，协作机制不健全，资源共享和利益分配不合理。

---

① 资料来源：万得资讯。

（四）许昌市在营商环境建设方面的不足和面临的挑战

近年来，虽然许昌市在大力改善营商环境，但是存在的问题还不少。一是基础设施建设滞后，交通、能源、水利、信息等方面的供给能力不足，制约了经济社会发展的需求。二是金融服务水平低，金融机构数量和质量不高，金融产品和服务创新不足，金融风险防控能力不强，影响了实体经济的发展。三是人才资源匮乏，高层次人才引进和培养机制不完善，人才激励和保障措施不到位，人才流失现象严重。四是环境治理压力大，污染物排放总量仍然较高，生态环境质量仍然较低，绿色发展理念仍然不深入人心。

三 许昌以优化营商环境带动产业链提升的政策建议

营商环境是指一个国家或地区的政治、法律、经济、社会、文化等因素对企业经营活动的影响和制约。营商环境直接影响着产业链的布局和发展。一方面，良好的营商环境可以吸引更多的投资者和创业者，促进产业链的延伸和升级，提高产业链的附加值和竞争力；另一方面，恶劣的营商环境会导致产业链的断裂和转移，降低产业链的效率和稳定性。因此，提升营商环境是促进产业链布局发展的重要途径。为了进一步提升许昌市的营商环境，促进产业链的升级和转型，本文提出以下几方面政策建议。

（一）加强营商环境的监测和评价

建立一个科学、客观、公正的营商环境评价体系，以反映各地区、各行业、各领域的营商环境状况，为政府部门制定政策和改革措施提供依据和参考。同时，也需要加强对营商环境的监测和分析，及时发现和解决存在的问题和不足，推动营商环境持续改善，增强市场主体的信心和活力。建立健全营商环境指标体系，定期发布营商环境报告，及时反映企业和群众的诉求和意见，不断改进营商环境的制度和服务。

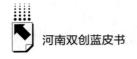

（二）优化行政审批流程

简化办事手续，提高政府效率，减轻企业和群众负担，激发市场活力和社会创造力是提升营商环境的重要举措。为了实现这一目标，我们应该从以下几个方面着手。一是制定统一的行政审批标准和程序，避免重复审批和不必要的环节，缩短审批时间，提高审批质量和透明度。二是推进"互联网+政务服务"，利用信息技术和大数据，实现线上线下一体化的审批服务，方便企业和群众随时随地办理相关事项，提升服务水平和满意度。三是加强监督和问责机制，建立健全行政审批的监督评价体系，定期公布审批结果和数据，接受社会监督和反馈，对违规违纪的行为严肃查处，保障公平公正。四是不断完善和创新行政审批制度，根据经济社会发展的需要，适时调整和优化审批事项与范围，取消或下放一些不必要或过时的审批权限，增加或上升一些符合国家战略和公共利益的审批权限，实现动态平衡和科学管理，提供便捷、高效、透明的政务服务。

（三）加大税收优惠力度，鼓励创新创业，支持中小微企业发展

为了促进经济增长和社会进步，政府应该加大税收优惠力度，税收优惠是一种有效的财政政策工具，可以降低企业的成本负担，提高企业的盈利能力和竞争力，激发企业的投资热情和创新活力。创新创业是经济发展的重要动力，可以推动技术进步和产业升级，增加就业机会和社会财富，培育新的经济增长点。中小微企业是国民经济的重要组成部分，占据了大部分的市场份额和就业岗位，具有灵活性和适应性强的优势，能够快速响应市场变化和客户需求。政府应该通过提供税收优惠、金融支持、行政便利等措施，为中小微企业创造良好的发展环境，帮助其克服困难和挑战，实现健康稳定的发展。

（四）加强产业链的培育和引导，打造特色产业集群，促进产业链的延伸和协同

许昌市应该重点发展高端装备制造、电子信息、生物医药等战略性新兴

产业，提升产业链的附加值和竞争力。推动传统产业转型升级，增强产业链的韧性和稳定性，能提高产业的竞争力和创新力，增强产业的抗风险能力和可持续发展能力，为社会和人民创造更多的价值和福祉。具体而言，应该做好以下几方面的工作。一是加强产业链的顶层设计和规划，明确产业发展的目标、方向和路径，优化产业结构和布局，形成优势互补、协调发展的产业体系。二是加强产业链的创新驱动和技术支撑，加大科技投入和研发支出，培育一批具有核心竞争力的关键技术和产品，提升产业链的自主创新能力和水平。三是产业链的协作联动和集成发展，推动上下游企业之间的深度合作和资源共享，打破行业壁垒和区域隔阂，构建开放包容、互利共赢的产业生态。四是加强产业链的绿色转型和社会责任，坚持节约资源和保护环境的基本国策，推进清洁生产和循环利用，降低碳排放和能耗强度，实现产业发展与生态环境的和谐共生。

（五）加强人才引进和培养，建设高素质的人力资源体系，满足产业链的人才需求

完善人才激励机制，为人才提供良好的工作和生活条件，吸引更多优秀人才来许昌市创新创业。加强职业教育和培训，提高劳动者的技能水平和适应能力。为了适应产业链的发展和变化，必须建设高素质的人力资源体系，培养一批具有创新能力和专业技能的人才。要通过各种渠道和方式，吸引国内外优秀人才，为他们提供良好的工作环境和发展机会，激发他们的创造潜能。同时，要加大对现有人才的培训和教育力度，提高他们的综合素质和专业水平，使他们能够适应产业链的新要求。通过加强人才引进和培养，建设一个高素质的人力资源体系，为产业链的发展提供强大的人才支撑。

参考文献

胡耀辉：《产业技术创新链：我国企业从模仿到自主创新的路径突破——以高端装

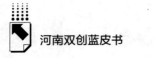

备制造企业为例》，《科技进步与对策》2013 年第 9 期。

曲冠楠、陈凯华、陈劲：《意义导向的"创新链"管理框架》，《北京石油管理干部学院学报》2023 年第 1 期。

史丹、许明、李晓华：《产业链与创新链如何有效融合》，《中国中小企业》2022 年第 2 期。

梁丽娜、于渤、吴伟伟：《企业创新链从构建到跃升的过程机理分析——资源编排视角下的典型案例分析》，《研究与发展管理》2022 年第 5 期。

刘志迎、冷宗阳：《中国制造业企业创新链协同发展实证研究》，《管理现代化》2015 年第 6 期。

B.19
平顶山强力推进绿色食品
产业高质量发展研究[*]

李宁 段纳 程国强[**]

摘　要： 作为国家首批农业可持续发展试验示范区和农业绿色发展先行区，平顶山立足比较优势，聚焦市场需求，以绿色食品原材料基地建设为主攻方向，强力推进绿色食品产业发展，围绕农业增效、农民增收、农村增绿，不断提高农业综合目标和竞争力。研究发现，绿色食品产业发展仍然面临产业层级亟须跃升、企业实力偏弱、产业链较短、自主创新不足等挑战。本文建议围绕加强高品质原料地建设、打造特色食品产业集群、推动绿色产业链融合同构、优化绿色食品产业服务等方面补齐短板，全面支撑绿色食品产业高质量发展，推动"壮大新动能、奋进百强市"的城市建设。

关键词： 绿色食品产业　高质量发展　平顶山

"绿色食品"最早是由原农业部农垦司提出，并于 1990 年 5 月宣布正式发展我国的绿色食品。[①] 我国绿色食品产业的发展历程可分为：产业形成

---

[*] 本文为河南省哲学社会科学规划项目"河南省特色农产品优势区农旅融合实现机制及政策创新研究"（项目编号：2021BJJ078）阶段性研究成果。本文数据资料依据平顶山市人民政府内部资料整理。

[**] 李宁，博士，平顶山学院副教授，平顶山市产业发展研究院执行院长，伏牛山文化圈研究中心研究员，研究方向为生态循环农业；段纳，平顶山学院教授，伏牛山文化圈研究中心主任，新闻与传播学院副院长，研究方向为文化产业经济；程国强，平顶山市农业发展中心副主任、高级农艺师，研究方向为农业技术推广。

[①] 中国绿色食品发展中心把绿色食品定义为："产自优良环境、按照绿色食品标准生产、实行全程质量控制并获得绿色食品标志使用权的安全、优质食用农产品及相关产品。"罗斌：《全面解读绿色食品——谈绿色食品概念、标准及原理》，《中国家禽》2001 年第 23 期。

期（1990～1996 年）、产业加速期（1997～2003 年）、产业成长期（2004 年至今）三个阶段[1]。形成了集绿色原料标准化生产基地建设、高效高质生产、产品精深加工、创新技术研发、现代物流流通于一体的重点新兴产业。发展绿色食品产业是树立大农业观和大食物观的具体体现，是构建中国特色农业农村现代化的必然要求，对构建现代特色农业优势体系具有重要作用和支撑。

一 平顶山市绿色食品产业发展现状

近年来，平顶山市坚持高质量发展理念，以实施乡村振兴战略为抓手，大力发展高效种植、养殖业和绿色食品业，加快形成新质生产力，绿色食品产业体系日益完备，逐步从"天下粮仓"发展成"全国厨房"和"百姓餐桌"。

（一）绿色食品原料供给能力不断增强

一是粮食播种面积产量"双增"。2022 年，全年平顶山市粮食播种面积669.56 万亩，同比增长 0.07%；全年粮食总产量 228.34 万吨，同比增长0.19%。[2] 2021 年至今，平顶山市创建小麦绿色高质高效面积 17.06 万亩，平均亩产 529.8 公斤，实现了节本增效、高产优质目标。

二是高标准农田建设稳步推进。贯彻落实"藏粮于地、藏粮于技"战略，截至 2023 年 2 月底，平顶山市建成高标准农田 317 万亩，占全市耕地面积 65%以上，[3] 持续推进 22.2 万亩高标准农田建设任务。[4]

---

① 孟枫平、祝洋：《中国绿色食品产业发展研究文献综述》，《安徽农业大学学报》（社会科学版）2021 年第 5 期。
② 《河南统计年鉴 2023》，河南省统计局，https：//tjj. henan. gov. cn，2023 年 12 月 11 日。
③ 《平顶山：把饭碗牢牢端在自己手中》，河南省人民政府网，https：//www. henan. gov. cn，2023 年 2 月 28 日。
④ 《2023 年平顶山市政府工作报告》，平顶山市人民政府网，https：//www. pds. gov. cn，2023年 1 月 9 日。

三是绿色食品原料标准化生产基地建设实现突破。目前，河南共有绿色食品原料标准化生产基地 64 个（全国 762 个），占全国 8.39%，居全国第一方阵，[①] 其中平顶山 6 个，占全省 9.38%。平顶山市成为全省唯一实现县（市）全覆盖的省辖市。平顶山绿色食品原料标准化生产基地总面积 333.4 万亩，占播种总面积的 49.79%，总产量达 170 余万吨；作物加工总产量 44.8 万吨，占基地总产量的 26.35%，居全省领先地位。

（二）绿色农业产业集群规模逐步壮大

一是绿色产业集群有效形成。河南省农业农村厅公布的数据显示，平顶山市形成了省市县三级现代农业产业园建设体系，累计创建了郏县红牛、舞钢鸽业、宝丰生猪等 5 个省级现代农业产业园，叶县肉牛、宝丰乳业、舞钢白茶等 15 个市级现代农业产业园，宝丰珍稀菌、郏县马头岭、叶县中药材等 46 个县级现代农业产业园。[②] 2022 年，叶县常村镇以艾草产业入选国家级农业产业强镇，郏县红牛入选国家级豫西南肉牛产业集群，舞钢市庙街乡、郏县姚庄乡、叶县龙泉乡 3 乡入选省级农业产业强镇（乡）。2023 年，鲁山县昭平台库区乡、汝州市米庙镇、叶县任店镇 3 镇（乡）入选省级农业产业强镇（乡）。

二是龙头企业队伍不断壮大。截至目前，平顶山市有 217 家市级以上龙头企业，居全省第六位；省级农业产业化联合体 17 家（居全省第 8 位），涵盖了种植、养殖和加工三类。[③]

三是特色产业发展成效显著。近年来，平顶山市以创建"一村一品"为抓手，推动资源比较优势转化为特色产业发展胜势。截至 2023 年 3 月，国家已公布 12 批共计 4175 个国家级"一村一品"示范村镇，其中河南省 187 个，

---

① 《全国绿色食品原料标准化生产基地信息》，农业农村部中国绿色食品发展中心，http://www.greenfood.agri.cn/xxcx/bzhjdcx/，2023 年 12 月 20 日。
② 《平顶山：强健富有韧性的农业产业链供应链》，平顶山市人民政府网，https://www.henan.gov.cn/2023/03-09/2703870.html，2023 年 3 月 9 日。
③ 《关于公布农业产业化省重点龙头企业名单的通知》，河南省人民政府网，https://www.henan.gov.cn/2023/01-05/2667861.html，2022 年 12 月 29 日。

居全国第五位。平顶山市有国家级"一村一品"示范村镇 14 个，居全省第四位（南阳市 18 个，信阳市、驻马店市均为 16 个）；省级以上"一村一品"示范村镇 25 个，居全省第三位；市级以上现代农业产业园 20 个。

（三）绿色食品市场流通体系日益成熟

一是现代化物流体系建设发展迅速。聚焦物流业发展重点，加大招商引资力度，开展驻地招商和精准招商。近年来，依托电子商务进农村示范县建设，汝州市、鲁山县、叶县等五个县（市）建成了"电商物流运营中心+物流快递网点"架构，逐步完善"两核两区多节点全覆盖"物流枢纽布局体系，加快推进县乡电商与快递物流协同发展，实现畅通快递物流"最后一公里"。

二是电商平台营销模式逐步多元化。平顶山市持续推进电子商务与"三农"深度融合，成立了市级电子商务协会 1 家、县级 4 家，引进了一批国内知名电商运营团队和国际跨境电商平台服务商。拥有国家级、省级电子商务进农村综合示范县 6 个，省级电子商务示范基地 2 个，省级跨境电子商务示范园区 1 个；注册了"豫鲁张良"等 20 余个本地农产品商标，培育了"稻谷泉"等十余个电商品牌。[1]

三是绿色食品品牌影响力持续扩大。平顶山市积极推行"行业+地理标志+农户"生产运作模式，大力实施"区域公共品牌+企业品牌+绿色食品标识"行动任务，提升品牌影响力和市场竞争力。目前，全省绿色食品获证总数达 2848 个，其中平顶山有效期内的绿色食品达 188 个；知名农产品品牌数量 83 个，名特优新产品 81 个，登记地理标志农产品 12 个。[2] 平顶山市培育了一批如"郏县红牛""平顶山韭菜""鲁山酥梨"等知名区域品牌；打造了一批如"创大挂面""汝州三粉"等具有影响力的知名农产品品牌。

---

[1] 《平顶山市人民政府关于印发平顶山市加快推进农业优势特色产业发展实施方案的通知》，平顶山市人民政府网，https://www.pds.gov.cn/contents/31766/349 902.html，2022 年 4 月 14 日。

[2] 《做优特色产业 做强龙头企业 建设更具影响力的现代食品产业集群》，河南省人民政府网，https://www.henan.gov.cn/2023/07-04/2773022.html，2023 年 7 月 4 日。

（四）绿色科技服务不断创新

一是农业科技服务体系不断壮大。2022 年，平顶山市成立省、市两级产业科技特派员服务团 13 个（共 317 人），组织开展农业科技会诊、技术咨询活动 6000 余次，服务 1 万余人次，引进种植、养殖新品种 69 个，推广农业新技术 156 项，建立示范基地 14 个。[①]

二是绿色防控推动产业提质增效。2023 年上半年[②]，平顶山市通过开展化肥使用量零增长行动，测土配方施肥技术覆盖率达 91.6%，主要农作物化肥利用率 41.26%。统防统治 505.1 万亩，覆盖率 60%；绿色防控 193.8 万亩，覆盖率 55.5%，农药减量控害成效显著。制定了废旧农膜回收方案，废旧农膜综合回收率为 92.51%，废旧农膜回收稳步推进。

二 平顶山市绿色食品产业高质量发展存在的问题

对标对表高质量发展的要求，平顶山市绿色食品产业总体存在产业层级偏低、企业实力不强、产业链条偏短、创新能力不足、专业人才紧缺等问题。

（一）产业层级亟须跃升

一是播种面积规模小。如图 1 所示，2022 年平顶山市粮食播种面积居全省第 11 位、总产量居全省第 12 位，制约了高标准农田和绿色食品原料标准化生产基地创建工作。

二是产业结构不均衡。2022 年平顶山市拥有 73 家农业产业化省重点龙头企业。[③] 其中，绿色食品初级加工类 28 家，占比 38.36%；畜禽养殖类 22

---

① 《平顶山："藏粮于技"锻造丰收密钥》，平顶山市人民政府网，https://www.henan.gov.cn/2023/03-04/2700680.html，2023 年 3 月 4 日。

② 《2023 年市政府重点工作上半年完成情况》，平顶山市人民政府网，https://www.pds.gov.cn/contents/20462/372881.html，2022 年 7 月 14 日。

③ 《关于公布农业产业化省重点龙头企业名单的通知》，河南省人民政府网，https://www.henan.gov.cn/2023/01-05/2667861.html，2022 年 12 月 29 日。

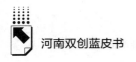
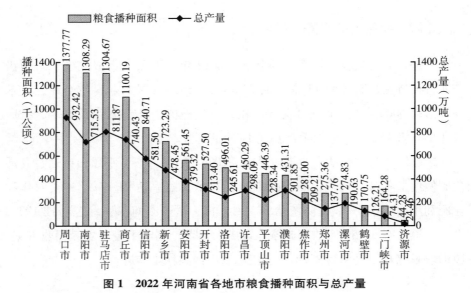

图1 2022年河南省各地市粮食播种面积与总产量

资料来源:《河南统计年鉴2023》。

家,占比30.14%;种植类17家,占比23.29%;技术开发与支持类6家,占比8.22%(见表1)。

表1 2022年平顶山市农业产业化省重点龙头企业类型

单位:家,%

企业类型	数量	百分比	企业类型	数量	百分比
初级加工类	28	38.36	种植类	17	23.29
粮油奶加工	18	24.66	果蔬种植	8	10.96
纺织品加工	4	5.48	果林种植	6	8.22
中药饮片加工	3	4.11	食用菌种植	2	2.74
牲畜屠宰加工	2	2.74	小麦种植	1	1.37
预制菜加工	1	1.37	技术开发与支持类	6	8.22
畜禽养殖类	22	30.14	总计	73	100

资料来源:《关于公布农业产业化省重点龙头企业名单的通知》。

综上所述,平顶山市绿色食品精深加工、预制菜品多为A级绿色食品,技术研发少,附加值偏低、税收贡献少。这与《绿色食品产业"十四五"

发展规划纲要》中提到的"绿色食品畜禽、水产品及加工产品比重明显提升"发展目标还有很大差距。

（二）食品企业实力不强

一是行业百强企业尚缺。《2022 胡润中国食品行业百强榜》数据显示，河南省有 4 家中国食品行业百强企业（牧原、双汇、卫龙、三全），广东省有 11 家，四川省有 10 家。河南省营收超百亿元企业有 2 家（牧原和双汇），山东省有 10 家，四川省有 7 家。平顶山市没有一家企业入选。

二是龙头型企业数量少。平顶山市现有 217 家绿色食品龙头企业。其中，市级 140 家，占比 64.52%；省级 73 家，占比 33.64%；国家级 4 家，占比 1.84%。国家级龙头型企业占比低。

三是企业发展韧性较差。平顶山市 97.26% 的省级食品龙头企业为中小微企业（见图 2），"多、小、弱、散"问题突出，表现在发展方式粗放、生产水平低下、创新能力薄弱、竞争优势不强。

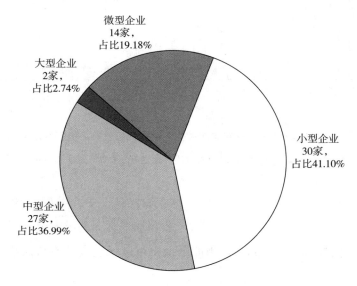

图 2　平顶山市省级绿色食品龙头企业规模

资料来源：《关于公布农业产业化省重点龙头企业名单的通知》。

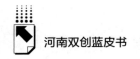

（三）绿色食品产业链短

一是产品种类分布不均衡。截至目前，河南省登记地理标志农产品163个，涵盖14个产品类别。① 从地区分布看，主要集中在洛阳市（27个）、商丘市（15个）、三门峡市（14个）、驻马店市（13个），平顶山市12个，居全省第五位。从产品类别看，平顶山市涵盖了5个类别，其中果品和蔬菜类占比58%、肉类和粮食类占比34%、烟草类占比8%，与洛阳市和商丘市相比，平顶山市缺少药材和水产动物等种类（见图3）。

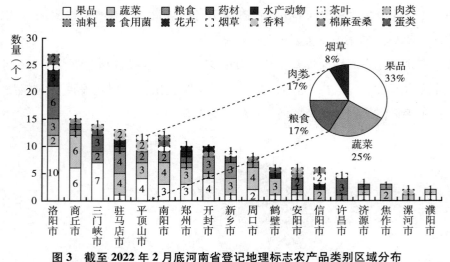

图3　截至2022年2月底河南省登记地理标志农产品类别区域分布

资料来源：根据2022年《全国农产品地理标志登记汇总表》整理。

此外，以汝州市为例，在其12个绿色食品认证中，果蔬类10个，干果类1个，食用菌类1个，畜禽类、水产品和加工类产品尚未突破。②

二是高附加值环节产品少。当前平顶山市以绿色食品原料供给为主，初

---

① 《全国农产品地理标志登记汇总表》，农业农村部中国绿色食品发展中心，http://www.greenfood.agri.cn/xxcx/dlbzcx/，2023年12月20日。

② 裴智鑫、宋忠献：《汝州市绿色食品发展现状及对策》，《河南农业》2023年第4期。

级生产、基础型产品占比高，精深加工、高附加值产品占比低，局限于低端产品生产，食品产业仍处于依赖价格、规模、劳动要素投入的低层次竞争阶段，转型升级困难。

（四）自主创新能力不足

一是食品科技创新投入偏低。国家统计局数据显示，2022 年，全国规上食品制造业企业研发强度为 0.72%（研发经费 164.8 亿元）①，河南省为 0.87%（研发经费 14.96 亿元），平顶山市为 0.65%（研发经费为 1263 万元），分别低于全国 0.07 个百分点、全省 0.22 个百分点。同期，安阳市为 1.17%（研发经费为 3762 万元）、三门峡市为 1.32%（研发经费为 2148.3 万元）。平顶山市在优质有机肥、天然农药、传感器监测等绿色种植技术、加工技术应用上滞后，特别是在提升绿色产品的质量、味道、安全性和储存寿命等方面，与先进地区存在较大差距。

二是企业发展经营理念固化。平顶山市绿色食品企业普遍抱有"小富即安，小进则满"的心态，生产经营理念和模式固化，不肯尝试新产品，不愿开拓新市场，不敢投资新项目，普遍面临着自身素养不高和代际传承两大难题。

三是现代企业管理制度缺失。企查查和"中国裁判文书网"数据显示，平顶山市 73 家省级龙头企业中，有 11 家企业（4 家初级类加工企业、7 家养殖类企业）的股东被列为失信被执行人，表明了平顶山市企业家缺乏现代化经营管理理念，合规诚信意识不强。

三 推进平顶山市绿色食品产业
高质量发展的对策建议

近年来，平顶山市逐步形成了绿色食品"原料生产—精深加工—智慧

---

① 《2022 年全国科技经费投入统计公报》，国家统计局网，https：//www. stats. gov. cn/sj/zxfb/ 202309/t20230918_1942920.html，2023 年 9 月 18 日。

冷链—电商物流—百姓餐桌"的全产业链发展格局，为了进一步推动绿色食品产业高质量发展建设，针对存在的问题提出以下对策及建议。

（一）加强高品质原料基地建设

一是推进高品质原料基地建设。平顶山市聚焦绿色食品城建设，打造一批规模化、集约化的稳产保供基地；瞄准精深加工，建设一批绿色化、品牌化的原料供给基地；满足市场需求，培育一批专业化、特色化的优质产品基地。积极推进高标准农田示范区建设"投融建运管"五位一体机制，破解农业适度规模经营瓶颈问题，形成高标准农田建设"河南标准"。

二是加快绿色食品业转型升级。平顶山市实施冷链食品、健康食品、预制菜品转型升级行动，突出肉、面、油、乳、果蔬五大行业，积极推动绿色食品产业打造成为支柱产业。加快推广以牧原为代表的生猪养殖模式，实施规模化、标准化、绿色化以及智慧化养殖，提升生猪养殖集中度，增强抵御疫病和"猪周期"风险能力。加快推进优质小麦生产基地建设和精深加工，加大特定营养配方和功能食品研发力度，打造高值化利用与功能性食品产业链。加大与鲁花等国内外知名油脂油料精深加工企业合作，开发油料蛋白、生物活性物质等高端、新型健康食用油产品。加强对婴幼儿、营养保健、药食同源等食品领域的开发，创制系列营养健康果蔬休闲食品。

三是强化绿色优质种源供应力。平顶山市加强资源保护与利用，践行"农牧结合、林牧结合、养殖加工、生态循环"理念，建议实施农业种质资源库建设，强化科技助力与赋能，培育小麦绿色新品种，加快畜禽良种改良步伐。

（二）打造特色食品产业集群

一是培育核心骨干企业。按照"有进有出"的原则平顶山市对企业进行动态调整，促进中小微型企业"上规模"和向大型"龙头"企业发展，引导小农户由"小散低"向"名特优"转变升级，构建绿色食品产业"领军—成长—雏鹰—初创"四级梯次企业发展格局。鼓励发展"龙头+基地（合作社）+农户（家庭农场）"的生产经营方式，建立稳定、完善的利益联结机制，在稳经济、促就业、增收入、共富裕等方面发挥重要作用。

二是打造"精准滴灌"机制，推广联合体模式，突出经济组织作用。平顶山市按照产业集群、龙头集中、技术集成、要素集聚、保障集合要求，打造联动机制。市、县两级制定财政精准滴灌机制，鼓励小农户大力发展特色高效农业。加快全面推广"龙头企业牵头+家庭农场或农户跟进+小农业参与"的产业联合体模式，以规模化经营带动产业高质量发展。鼓励行业领军企业与村集体经济组织建立紧密联系，共同推动壮大村集体经济。

三是加大招商引资力度。平顶山市聚焦重点领域、重点企业及薄弱环节延链补链，实施招大引强，吸引绿色食品产业巨头落户本地，构建完善产业链、扩展创新链、提升价值链。持续优化营商环境，结合本地实际制定政策措施，大力推进重点领域和关键环节改革，市县相关部门要把构建亲清政商关系落实走深，要切实履行对落户企业在用地、融资、税费等方面的承诺，奖励扶持企业时既要依法依规，量力而行，也要坚持公平、公开原则，塑造诚信政府形象。

（三）推动绿色产业链融合同构

一是优化特色产业功能布局。坚持"优化布局、分类推进、突出重点"原则，平顶山市持续壮大小麦、畜牧等优势产业，加快推进果蔬、菌药等特色产业，积极培育富硒功能农业、中药加工等潜力产业，提升重点产业集聚效能。推动绿色食品产业向数字经济领域进行"延链"，对绿色食品精深加工关键环节进行"补链"，推动优势产业与三产融合进行"建链"，围绕潜力产业价值进行"强链"。

二是实施四级品牌发展战略。实施全域品牌、区域品牌、企业品牌、产品品牌"四级"并进融合发展战略，重点培育"鹰城名优"区域公共品牌。借鉴省内周口、漯河等地，平顶山市深耕"她经济"需求，将"小毛刷"变成"大产业"；洞察"懒人经济"需求，以预制菜"小切口"撬动高质量发展"大场景"。推动营养功效、产品功能、包装设计向功能化、特色化、年轻化方向发展。通过文化赋能、品牌强农，把"好产品"转化为

265

"好商品"。利用新媒体、全国"农洽会""农交会"等平台进行宣传推介，扩大"鹰城名优"的品牌竞争力和市场影响力。

三是促进绿色食品企业科技创新。平顶山市科学引导绿色食品企业瞄准产业链关键技术、集成技术和未来前沿技术，加大研发投入，构建"政产学研金介"六位一体的绿色食品科技创新协作新体系。聚焦优势主导产业技术创新，在精深加工、智慧冷链、食品安全等领域，支持重点企业实施重大科研专项。聚焦集成技术和未来前沿技术研究，推进新一代数字信息、生物技术、新型绿色制造、智慧监管等在食品产业的集成应用研究，强化"健"字号、"药"字号新技术、新产品研发，引导企业加大预制菜、应急食品、功能性食品及特殊膳食用食品（婴、幼、孕、老年等特殊群体的营养健康产品）研发投入，提升食品产业绿色化、智能化、高端化、特色化水平，抢占未来食品制造赛道。借鉴云南"航天育种和航天食品研发与示范"项目，培育发展"太空经济"新业态，打造世界一流"绿色食品品牌"。

（四）优化食品产业服务

一是强化专业人才培养。平顶山市持续加强青年创新型人才队伍建设，着重引育紧缺型、高端型、创新型团队，构筑人才战略优势，打造食品产业研发、投资与经营管理等领域的创新人才高地，壮大食品领域职业群体，加强高素质技能培训，打造人才汇聚的"新洼地""梧桐树"，为产学研协同推进提供一流人才支撑。探索"院士+平台""院士+项目"模式，打造"引进一个院士、带来一个团队、培养一批人才、带动一个产业"的模式，形成以产业聚才，以人才兴业，充分发挥人才在动能转换中的新质生产力作用。

二是强化金融供给质效。平顶山市引导和鼓励社会资本注入绿色食品产业，形成财政支持、企业主导、社会投入的投融资模式。大力推广"种植 e 贷""活体抵押""香菇贷""木耳贷"等金融产品，创新推广活体养殖质押担保方式，解决"融资难、融资贵"的难题。全域推行完全成本保险惠农政策，探索农业保险创新模式，完善农业保险风险保障体系，提升抗风险能力，确保特色农业保险"扩面、增品、提标"的高质量、可持续发展。

借鉴深圳前海、珠海横琴等地经验，制定相应的税收优惠政策。

三是创设产业发展基金。充分解读《河南省绿色食品集群培育行动计划》《支持绿色食品业加快发展若干政策措施》等政策，加快对接省级产业发展升级引导基金和省农投集团，设立本级食品产业集群培育基金，通过参股、控股、直投等方式，平顶山市形成多元化出资结构，加大绿色食品产业领域投资力度。

参考文献

郑偲岚：《数字技术重塑中国绿色食品产业国际竞争力》，《中国外资》2023 年第 19 期。

裴智鑫、李蓓蕾：《汝州市创建全国绿色食品原料（小麦、玉米）标准化生产基地措施及成效》，《河南农业》2023 年第 28 期。

汪萌萌：《河南绿色食品产业的现状和对策》，《现代食品》2023 年第 29 期。

沈兴兴、朱守银、彭超：《绿色食品助力乡村振兴：理论逻辑、实践路径与对策建议》，《农村经济》2023 年第 1 期。

李凤玲、李勇：《关于绿色食品"三链同构"的几点思考》，《中国农业综合开发》2022 年第 8 期。

苗洁：《河南省绿色食品产业高质量发展面临的问题及对策》，《黄河科技学院学报》2022 年第 24 期。

张瑞娟：《2022 年种植业经济形势分析及 2023 年展望》，《中国农村经济形势分析与预测（2022~2023）》，社会科学文献出版社，2023。

探索篇

B.20
人工智能大模型赋能河南产业
数智化转型的应用分析

张 冰*

摘 要: 人工智能大模型带来的技术革新能与现有技术、产业形成互补,促使数字技术与传统产业深度融合,提高现有技术应用的效率,促进传统产业向数字化、智能化转型升级。人工智能大模型加速河南智慧农业、先进制造业、电子信息产业、供应链、数字金融等产业的数智化转型,但同时人工智能大模型发展面临开发或训练基础模型的成本较高、数据质量、数据安全和模型输出的可靠性的挑战。河南省应落实监管制度方面的包容审慎原则,鼓励产学研用各主体基于开源共享平台促成协同合作、加速技术与应用创新和加大产业投入。

关键词: 人工智能大模型 河南 数智化转型

---

* 张冰,博士,河南中原创新发展研究院数字经济研究部部长,研究方向为数字经济、创新创业。

从"十二五"到"十四五"规划,国家从宏观层面上对人工智能新技术、新产业给予巨大支持,顶层设计从方向性引导到强调落地应用与场景创新,进一步细化、深化。地方政府积极响应国家战略,加快规划人工智能相关产业建设和人工智能赋能的产业数智化转型。河南省人民政府在2023年12月印发《河南省加快数字化转型推动制造业高端化智能化绿色化发展行动计划》提出,到2025年,5G、大数据、人工智能等新一代信息技术与制造业融合成为制造强省重要支撑,重点行业规模以上制造企业实现智能应用场景全覆盖。

一　河南产业数智化发展现状

中国信息通信研究院发布的《河南省数字经济发展报告(2023)》显示,2022年,人工智能、云计算、大数据等数字化技术在河南得到广泛应用。2022年河南数字产业化规模突破3400亿元,同比名义增长18.8%,创5年来最大增幅,数字产业链韧性和竞争力显著增强。河南全省产业数字化规模突破1.59万亿元,同比名义增长9%,占数字经济的比重超过八成,为全省现代化产业体系构建提供强力支撑。2023年7月,河南省"嵩山"和中原人工智能公共算力开放创新平台成功获批入选国家筹建名单,这两家人工智能公共算力开放创新平台将为用户提供高性能、高可靠的一站式人工智能计算服务,为科技创新和产业智能化转型提供人工智能普惠算力服务。2023年8月"独角兽"企业APUS在河南郑州的算力中心再扩容,其人工智能大模型AiLMe也在河南正式公布。人工智能与算力的双重加持,将为河南实施数字化转型战略、全方位打造数字强省,提供有力支持。人工智能大模型在智慧农业、智能制造、数字供应链、数字金融等方面具有广阔的前景,为实现河南省数字经济的高质量发展提供新思路。

二　人工智能大模型推动产业数智化转型的机制

人工智能的渗透性和协同性特征促使数字技术与传统产业深度融合,促进传统产业向数字化、智能化转型升级，改变了各产业间的分布状态，拓展了产业的空间范围，进而打破产业的边界和延伸产业的内涵，促进产业间的耦合协调发展，提升创新能力，从而形成更有竞争力的产业结构。[①] 学者郑世林等（2023）认为人工智能大模型对现有产业具有部分替代效应，助推传统产业的转型升级和突破现有产业的功能局限、提升产业生产和服务质量，催生新业态和新模式。

人工智能大模型带来技术革新。生成式人工智能通过人工智能技术自动生成内容的生产方式，通过训练模型来生成新的、与训练数据相似的内容。人工智能大模型具备通用目的技术特征，人工智能大模型具有横向互补性。与传统类型的人工智能主要关注识别和预测现有数据的模式不同，人工智能大模型着重于创造新的、有创意的数据，其关键原理在于学习和理解数据的分布，进而生成具有相似特征的新数据，在图像、文本、音频、视频等多种领域都有广泛的应用。一是人工智能大模型能够利用非结构化数据源归纳并提炼洞见，从而促进专业知识的传播；它还能解读文本与转录稿，创建嵌入式文本，以支持相关资料来源的查询和引用。二是编码与软件开发。可以解读、生成代码，从旧有系统大规模迁移主机资料，自动开发、记录、纠正测试，简化软件开发流程。三是人工智能大模型能够创作各种形式的内容初稿，可生成文本、图片等信息载体，自动编写合同、招标书等文件，还能生成视觉元素，加快研发节奏。四是人工智能大模型有助于打造高度个性化的消费体验，如通过聊天功能优化客户服务，还能拓宽客户聊天机器人的应用场景，从而加速客户拓展与数据收集。

伴随人工智能预训练大模型持续发展、人工智能生成内容算法不断创新以及多模态人工智能日益主流化，以 ChatGPT 为代表的人工智能大模型技术加速成为人工智能领域的最新发展方向，以大型语言模型、图像生成模型为代表的人工智能大模型技术，成为新一代人工智能的平台型技术。人工智

[①] 耿子恒、汪文祥、郭万福：《人工智能与中国产业高质量发展——基于对产业升级与产业结构优化的实证分析》，《宏观经济研究》2021 年第 12 期。

能大模型能与现有技术、产业形成互补，提高现有技术应用的效率，对原有产业进行智能改造和升级，提高生产的自动化水平，实现人工智能与实体产业的融合发展，加速河南产业数智化转型，对相关产业进行智能技术赋能。

三 人工智能大模型赋能河南省产业数智化转型的应用场景分析

在河南，人工智能大模型的应用加速河南智慧农业、先进制造业、电子信息产业、供应链、数字金融等产业的数智化转型。

（一）人工智能大模型赋能河南省智慧农业

河南建设农业强省，科技创新是其中一个关键变量，农业科技已成为全省农业农村经济增长最重要的驱动力。农业容易受到各种风险的影响，包括恶劣的天气条件、病虫害爆发和市场波动。农业科技解决方案可以提供早期预警、病虫害检测以及实时天气信息，帮助农户做出明智的决策并采取预防措施，有助于降低风险并最大限度地减少损失。

在农业领域中引入人工智能大模型可以促进农业技术显著提升，实现预测分析、精准农业、供应链优化和高级作物育种。在农业中使用人工智能大模型可以提高农业部门的作物产量、盈利能力和可持续性。农业技术的未来在于人工智能大模型的进一步应用，其应用范围将从自主农场管理到更先进的作物育种。农业领域的人工智能大模型对推动智慧农业发展的作用如下。

一是作物优化和产量预测。人工智能大模型算法可以分析大量农业数据，包括历史作物数据、天气模式、土壤状况等。通过分析这些数据，人工智能大模型可以帮助优化作物管理实践，预测产量，并指导农民做出明智的决策。由此提高生产力、减少浪费并改善资源管理。

二是精准农业和智能农业。人工智能大模型可以通过提供实时见解和建议来实现精准农业技术。例如，通过分析来自传感器、无人机和卫星图像的数据，人工智能大模型算法可以帮助识别需要特别关注的田地区域，例如灌溉或

271

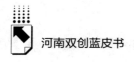

病虫害防治区域。这种有针对性的方法优化了资源利用率，并将对环境的影响降至最低。

三是病虫害检测。及早发现作物病虫害对于有效缓解病虫害至关重要。人工智能大模型算法可以分析图像和传感器数据，以识别作物中病虫害的迹象。这使农民能够及时采取行动，防止病虫害传播并最大限度地减少作物损失。使用人工智能大模型可以提高检测的准确性和速度，帮助农民快速做出明智的决策。

四是作物育种和遗传优化。人工智能大模型可以通过模拟和生成潜在的遗传组合来协助作物育种计划。通过分析遗传数据，人工智能大模型算法可以识别理想的性状并提出优化的育种策略。可以加速改良作物品种的开发，提高作物的恢复力、产量和营养价值。

五是农业供应链优化。人工智能大模型可以提高农业供应链的效率和透明度。通过分析物流、存储条件、市场需求和定价等因素的数据，人工智能大模型算法可以优化供应链流程、减少浪费并增强农产品可追溯性，改善市场准入条件，提高农民的盈利能力。

（二）人工智能大模型助推河南省工业智能化转型

人工智能与制造业融合发展是河南走向制造强省的重要手段，也是河南省推进人工智能与制造业深度融合的重要举措。《2023 年河南省数字经济发展工作方案》提出实施智能制造引领工程，加快人工智能等数字技术与制造业深度融合。

人工智能大模型在以下三个方面助推河南工业智能化转型。一是制造业数字化转型。人工智能大模型应用于工业领域，可以打破信息壁垒，打通制造业研发、生产、物流之间的信息通道，通过数据化和网络化实现企业数据采集与数据的互联互通，能分辨信息真伪、整合订单，提高供需双方的沟通效率，提高产品从研发到产出的转化效率。二是人工智能大模型助推工业产品创新。除了在设计环节的巨大潜力，工程师还可以借助人工智能大模型分析大型数据集来提高产品的安全性、创建模拟数据集、探索如何更快地制造或加工零部件，进而更快地将产品推向市场。三是利用人工智能大模型优化生产流程。人工智能大模型还能利用机器学习、自主学习等技术帮助企业优化和制定生产流程，能利用深度学习技术和仿真系统模拟，使企业的生产流程管理、物流路线规划更加智能，压缩生产成本，减少污染排放，拓展远程运行维护。

（三）人工智能大模型助推河南省电子信息产业数智化转型

电子信息产业具有高渗透性和高科技性，对河南省数字经济发展、产业智能化转型发挥重要作用。电子信息产业产生大量数据，包括网络流量、客户行为分析和运营记录数据，这些大型数据集为生成式人工智能算法提供了发展机遇。人工智能大模型在数据丰富的电信行业具有较大的潜力，估计2035年，中国电信行业人工智能大模型应用率约为65%。随着设备、技术、应用和服务的增加，电信网络变得越来越复杂。人工智能大模型提供分析方案，优化网络配置以提高效率、性能和用户体验，并有效管理扩展网络。人工智能大模型通过数字化提高效率，从以产品为中心转变为以客户为中心，从而简化电信公司运营流程，释放人力资源，用于创造性的、价值驱动的任务，并最终帮助公司发展和创新。

人工智能大模型能够改善电信公司网络、增强客户服务并提高整体效率。一是改善业务运行。人工智能大模型对电信公司的一个关键应用是优化网络，其中人工智能算法分析大量数据以生成优化的配置方案，从而提高网络性能和用户体验。利用人工智能大模型可以检测设备故障或网络问题，以最大限度地减少服务问题和停机时间。二是提升客户体验。利用自然机器学习和语言处理，生成人工智能可以增强客户互动，根据客户的个人需求和情境提供量身定制的服务，从而改善他们的整体体验。基于对客户数据的分析，人工智能大模型算法可以生成个性化推荐、有针对性的广告和优惠举措，从而提高客户满意度，同时提高用户参与度。三是提高工作效率。自动化监控解决方案也是电信市场人工智能大模型的一个重要应用领域。由人工智能驱动的自动化监控解决方案为电信公司提供了有效的网络管理能力。这些解决方案利用大量数据来跟踪网络性能，快速发现问题，并在问题出现之前发出预警。

电信公司利用警报和通知，快速响应并纠正可能影响客户的问题。四是优化业务绩效。人工智能大模型可以帮助电信公司更便捷地定位哪些领域有收入流失或导致了收入流失。通过跨业务流程部署，人工智能大模型可以核查电信公司利润、收入、各种用户套餐、开支和客户费用，就如何进一步调整产品、优化利润提供建议。

（四）人工智能大模型加速河南省供应链数智化转型

人工智能大模型可以通过利用其模拟、建模和生成数据驱动型见解的能力来促进供应链优化，构建弹性供应链，优化决策，有助于降低成本、最大限度地减少浪费并提高整体运营效率。全球供应链高度互联，涉及多个利益相关者，其固有的复杂性降低了供应链效率、缺乏弹性和成本规避。供应链智能化转型成为供应链管理的关键组成部分，这需要一种快速分析来自内部和外部的数据的方法，以确定需要改进的模式和领域。

人工智能大模型从四个方面优化供应链。一是提高供应链智能化。人工智能大模型可以帮助识别和模拟供应链中的潜在中断或风险。通过评估港口拥堵、运输路线和多级供应商的信息，人工智能大模型可用于预测其风险及其对运营的相应影响，并提供建议措施降低这些风险。这使供应链管理者能够主动实施缓解策略，制定应急计划，并提高整体应变能力。二是用于供应链场景分析。供应链专业人员可以使用人工智能大模型在反映真实世界供应链的数字虚拟环境中运行假设场景。通过模拟需求模式、生产能力、库存策略或供应商可靠性变化的影响，供应链管理人员可以根据实时条件改进风险评估和主动决策。三是用于供应链规划。人工智能大模型使供应链专业人员能够使用自然语言与高级计划解决方案进行交互，可以轻松提出涉及所有供应链领域的问题，例如计划、库存、供应保障、订单管理和全球物流，帮助经验不足的用户浏览复杂的主题和数据。四是用于供应商评估。人工智能大模型可以通过分析财务报告、绩效指标、客户反馈和其他数据来协助供应商评估与客户关系和管理客户资料，然后围绕供应商绩效、风险因素和合作机会生成见解和预案，这有助于供应链专业人员在选择、谈判和管理供应商时做出明智的决策。

（五）人工智能大模型赋能河南省数字金融数智化转型

在金融服务行业，人工智能大模型应用重点领域是利用人工智能来改善客户体验，例如，聊天机器人、人工智能驱动的个性化定制金融方案等。人工智能大模型的另一个应用领域是自动化和增强关键的金融服务流程，如欺诈检测、支付处理、现金对账、信用风险分析、承保和索赔管理等高度重复和劳动密集型的工作。

人工智能大模型在银行业的应用场景可贯穿前中后台各个环节（见表1）。通过人工智能大模型，可将一个相对复杂的问题拆解成不同的步骤，每个步骤调用不同的单一任务传统模型，最后人工智能大模型再将不同单一任务模型的输出进行整合。以前，业务流程的数字化往往体现在单一任务上的数字化，但连接不同活动的流程仍需要人的相对介入。在人工智能大模型的帮助下，未来银行可以利用自然语言，将长线的目标任务拆解思路教给有推理能力的机器人，然后由机器人来完成一个完整业务问题的全流程数字化，使得业务流程数字化从"任务数字化"进阶到"目标智能化"。

表1 生成式 AI 在银行业的应用场景分析

市场和销售	渠道和运营	产品开发	投顾服务	客户关系管理	风险合规
客服群细分、更精准地获取客户	智能化进件处理	支持开发编程和文档生成	提供内容以支持投资顾问和客户互动	高度拟人化的客服机器人	合规文件知识库，支持对条款的高效查询
自动生成广告等营销方案，形成超个性化营销内容、方案	为贷前贷后审查文件自动生成要点总结	定价和费用个性化优化	投资报告和研究要点自动提炼	知识库搜索	形成合成数据集，提升欺诈检测
客户情绪分析	自动化查找和录入客户初始化信息	为客户画像和预测模型，生成合成化数据	以对话互动形式提供投资者教育内容	支持会议、通话文档生成和提炼	合规监控报告、合同文本自动化生成
支持营销人员话术培训	新客户注册的自动化客服支持	协作产品团队发现新兴产品优势	根据投资者偏好不同生成个性化配置建议	支持客户数据分析、客户洞察提炼	信贷风险预警

资料来源：《BCG 银行业生成式 AI 应用报告》（2023）。

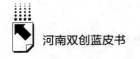

四 人工智能大模型在产业应用中面临的挑战

人工智能大模型技术在产业领域的应用前景广阔，但应谨慎对待。人工智能大模型发展面临的挑战包括开发或训练基础模型的成本、数据质量、数据安全和模型输出的可靠性。不准确、网络安全、监管合规和知识产权侵害是人工智能大模型应用中最常被提及的风险（见图1）。

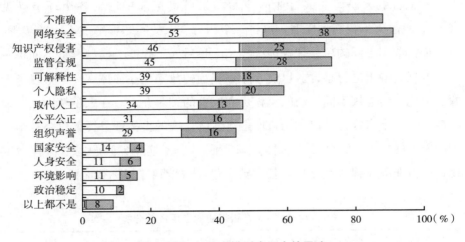

图1 人工智能大模型应用中的风险

资料来源：麦肯锡《2023 年人工智能发展现状》（2023）。

开发或训练基础模型的成本："算力刚需+成本高企"拔高行业进入门槛。大模型的训练成本包括 GPU 算力芯片成本、服务器成本、标准机柜成本、训练时长内的电力消耗费用、人力投入费用等。基础模型，也就是通过大量数据训练并驱动生成式 AI 应用的大型人工智能模型，大部分资金被花在了训练上。公共模型是根据大量公开可获得的数据进行训练的，它们更具通用性，但可能无法很好地执行专门任务。另外，自定义模型可以组合公共数据和企业专有数据进行训练，为特定行业或企业提供更为具体的应用。从零开始构建模型，既耗时又成本高企，而且需要专业知识；但如果企业拥有大量数据、资源和具有特定领域知识的用例，那么开发定制的基础模型将是有意义的。

数据质量和负责任的人工智能：以数据为中心的人工智能对数据质量、数据隐私和安全提出更高的要求。人工智能大模型的优劣取决于它所训练的数据，而且也往往存在偏见或不准确的风险。在考虑采用人工智能大模型之前，最重要的就是要有高质量的、统一的数据。人工智能大模型需要广泛的数据集、训练和监督，才能形成推理和答案。例如，在先进制造业领域，获取和清洗数据集是一个挑战。大模型的输入数据通常有重复、文本格式多样化、非文本内容多等噪声问题，容易对大模型的训练及模型质量造成不良影响。而除公开训练文本数据集外，其他输入侧的数据需要数据主体的授权，且大模型过度依赖训练数据，在数据输入层面可能会存在舆论操控、虚假信息、隐私泄露等风险。需要确保以负责任的方式应用这项技术。一些新的人工智能大模型工具和服务在产品中内置了负责任的人工智能功能，例如当生成的代码与现有开源代码相似时突出显示，或者在训练数据集中检测和删除有害内容，以及过滤包含有害内容的文章。

数据安全：对于企业来说，以经营为目的利用人工智能大模型，需要大量的专有数据。虽然市场上有公开数据可供选择，但会引发关于安全和隐私的新顾虑，例如知识产权的相关问题。业务和计算机部门负责人应与安全、合规和法律团队密切合作，以识别和降低这些潜在风险，确保以安全和负责任的方式部署人工智能大模型；此外，还应围绕合规性和法律法规制定计划范围，并仔细考虑所使用数据的归属权。

模型输出的可靠性：基础模型可能会对提示产生不正确但自认为可信的反应。这些被认作为模型的错觉，导致不正确的内容可伴随着模型的持续学习而产生。不成熟的人工智能模型无法意识到自己什么时候会出错。这在简单的程序中不太可能会出错，但是当问题引入主观性需要模型必须进行决策判断时，人工智能大模型生成不准确内容的潜在可能性会增加，预计这种情况会随着时间的推移而改善。

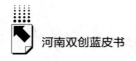

五 政策建议

从总体看，新一代人工智能对河南产业数智化转型具有较大的潜力，如何更好地发挥人工智能大模型在河南省的增长效应，需从五个方面综合施策。一是落实监管制度方面的包容审慎原则。要鼓励相关产品在商业模式、应用领域等方面先行先试，探索分阶段管理和沙盒监管模式，对萌芽阶段的新技术新产品新应用以事中事后监管为主，给予包容期，允许中低风险领域先行先试，加速国产类人工智能大模型走向市场。二是鼓励产学研用各主体基于开源共享平台促成协同合作、加速技术创新与应用创新。要鼓励科研机构和人工智能模型研发公司展开合作，在通用模型基础上，开发更具专业理解能力的模型。推动行业层面在算力、算法技术、技术落地等方面联合攻关，聚焦算法透明度、稳健性、偏见与歧视等技术攻关，突破行业发展瓶颈。三是加大产业投入。在加大对人工智能、智能制造等领域支持的同时，推动数字内容与其他产业多维互动，促进新兴产业和新业态发展，推动传统产业的转型升级和产业结构的优化升级（宋信强等，2023）。四是保护知识产权。开源模型并不代表商业可用，应审查开源协议，选择拥有明确商业许可的大模型作为基本模型，以及使用主机厂自有数据对模型进行微调，避免使用网络爬虫数据等灰色地带数据资产。五是加强相关技术人才培养。未来的人才必须具备数字化素养和人工智能的相关技能，同时要培养人才问题解决能力与批判性思维，鼓励基于跨学科和跨领域的知识进行创新。

参考文献

李勇坚：《ChatGPT 与经济增长：影响机制与政策框架》，《新疆师范大学学报》（哲学社会科学版）2023 年第 3 期。

许雪晨、田侃、李文军：《新一代人工智能技术：发展演进、产业机遇及前景展望》，《产业经济评论》2023 年第 4 期。

吕越、张杰：《人工智能与产业链韧性提升》，《西安交通大学学报》（社会科学版）2023 年第 4 期。

耿子恒、汪文祥、郭万福：《人工智能与中国产业高质量发展——基于对产业升级与产业结构优化的实证分析》，《宏观经济研究》2021 年第 3 期。

郑世林、陶然、杨文博：《ChatGPT 等人工智能大模型技术对产业转型升级的影响》，《产业经济评论》2023 年第 6 期。

宋信强、刘明杰、陈家和：《GPT-4 影响的全面分析：经济高质量发展与国家安全防范》，《广东财经大学学报》2023 年第 2 期。

B.21
河南省产业链绿色化水平提升研究

王　晔[*]

摘　要： 绿色发展是新时期我国基本发展理念之一，河南省在 2023 年大力推进绿色政策制度完善、绿色技术创新应用、绿色标杆试点建设和产业链绿色化发展，实现了产业链绿色化水平的一定提升。然而，河南省也面临着产业结构和能源资源结构绿色化调整，绿色技术、生产方式和管理发展不够充分，绿色意识和绿色财政投入有待加强等诸多挑战。据此，本文依据河南省产业链绿色化发展现状及未来可能面临的挑战，指出应当从构建绿色产业和产品结构、构建绿色能源原材料结构、推动绿色科技创新应用示范和推广、推动企业绿色管理和转型、借势数字化推动产业绿色化发展五个方面下大功夫，以更好更快推动河南省产业链绿色化水平提升。

关键词： 绿色化　产业链　河南省

一　河南省产业链绿色化发展的现状

2023 年河南省全面贯彻落实国家推动绿色发展方针政策，大力推动产业链绿色化水平提升，在绿色规划和制度体系、绿色经济和产业链、绿色技术创新和应用以及绿色标杆试点示范等方面都取得了较大进步。

（一）加强顶层设计，政策制度不断完善

在《关于加快建立健全绿色低碳循环发展经济体系的实施意见》指导

---

[*] 王晔，河南财经政法大学公共管理学院讲师，研究方向为新能源汽车研发支持政策等。

下，2023 年河南省明确了制造业等产业的绿色化发展方向、用数字化转型推动等绿色化发展方法。发布省级顶层行动方案《河南省制造业绿色低碳高质量发展三年行动计划（2023—2025 年）》和《河南省加快数字化转型推动制造业高端化智能化绿色化发展行动计划（2023—2025 年）》，布置绿色低碳产品创新行动、绿色低碳发展项目示范行动和绿色工厂提质发展行动等重点绿色发展任务。顶层规划为河南省各产业链绿色化发展指明方向，重点行动实施是河南省产业链绿色化发展的有力保障。

为支持和保障制造业与绿色食品业等各产业链绿色化发展，河南省还出台《支持重点产业链高端化智能化绿色化全链式改造提升若干政策措施》和《支持绿色食品业加快发展若干政策措施》等针对具体产业链的财税支持政策，实施企业提质增效、企业技术创新和企业融资等方面的政策激励。相关保障政策的实施将从资金、技术和人才等多方面助力企业的绿色转型和产业链绿色化发展。

（二）经济绿色转型加快，产业链绿色化发展提速

绿色经济雏形初显。[①] 2023 年前 3 季度，河南省地区生产总值达到 47785.44 亿元，同比增长 3.8%；[②] 规模以上工业增加值能耗同比下降 4.5%（见图 1），综合能耗增加同比下降 0.7%；规模以上节能环保产业增加值增长 14.2%，新能源汽车产量增长 19.1%，充电桩产量增长 21.4%，太阳能、生物能和风能发电分别增长 61.3%、12.6%、5.5%，三种绿电比重合计提升 4.5 个百分点；[③] 政府绿色采购累计采购金额约 23.5 亿元，绿色产品在相应采购类目下价值占比 90% 以上。

新能源汽车、农业等重点产业链绿色化转型扎实推进。郑州都市圈周围

---

① 《2023 年前 3 季度全省经济运行情况》，河南省统计局网，https：//tjj. henan. gov. cn/2023/10-21/2833513. html？from＝qcc，2023 年 10 月 22 日。

② 《解码"河南造"——择"新"处立 向"绿"处行》，河南省人民政府，https：//www. henan. gov. cn/2023/12-10/2862704. html，2023 年 12 月 10 日。

③ 《河南省财政多措并举支持绿色低碳发展》，河南省人民政府网，https：//www. henan. gov. cn/2023/12-11/2862982. html，2023 年 12 月 11 日。

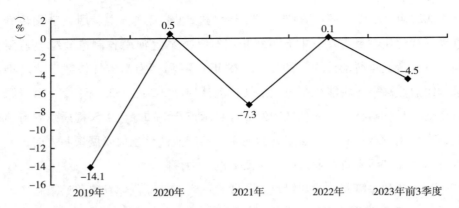

图1　2019年至2023年前3季度河南省规模以上工业单位增加值能耗增长率

资料来源：《河南省国民经济和社会发展统计公报》（2019~2023）。

一个3000亿级的新能源汽车产业集群正在形成，目前比亚迪郑州工厂、宇通新能源客车和奇瑞新能源二期项目纷纷投产或上马，宁德时代新能源电池郑州项目开始建设。氢燃料汽车及氢能领域，宇通客车、海马乘用车和南德新能源汽车等企业都推出国内领先的氢燃料电池汽车，位于洛阳的中国一拖还推出国内首台5G+氢燃料电动拖拉机，豫氢动力有限公司等一批配套企业已经具备氢燃料电池装备全产业链和氢能生产、储运、压缩、加注全流程研发及生产能力。[①] 河南省也在加速推进农业产业链绿色化发展，截至2023年2月底，全省实现绿色食品原料标准化生产的耕地面积占比超过13%，从高标准农田口径统计已达20%，从基本农田口径统计也已达16%，61个绿色原料基地建设全面铺开。

（三）绿色技术创新应用加强，能源利用率有效提升

一大批传统技术绿色改造转型陆续展开。[②] 开展国家级绿色工厂、绿色

---

① 《全省13%的耕地有了绿色食品标准化生产》，大河网，https：//news.dahe.cn/2023/02-23/1192791.html，2023年2月23日。

② 《河南省财政多措并举支持绿色低碳发展》，河南省人民政府网，https：//www.henan.gov.cn/2023/12-11/2862982.html，2023年12月11日。

供应链管理企业、绿色园区建设项目 18 个，安排工业企业深度治理项目 198 个、配套资金 9.51 亿元，2023 年前 11 个月省级投资基金支持节能环保项目 44 个、新能源项目 35 个、新能源汽车项目 18 个，财政投资总额约 45 亿元。在洛阳等地大力推动铝基新材料研发创新和产业链环保节能化改造，在周口、平顶山、许昌和商丘等地全面推动热源清洁化改造、散煤替代等项目。

能源利用率有效提升。经过数字化智能化改造后，省级智能车间和工厂生产效率获得较大提升，而单位产值能耗进一步降低；经过绿色能源替代后，省内主要烟叶产区烘烤用煤大大降低，二氧化碳和二氧化硫排放量随之降低；经过电力蒸汽发生炉改造，菌棒燃料费极大降低。[①] 新材料企业力量钻石股份有限公司的清洁能源改造已实现光伏装机容量 13.07 兆瓦，顶压机技术绿色降碳改造后实现单位能耗降低 50%、产能提升 2 倍。

（四）绿色标杆试点蓬勃发展，示范作用初见成效

重点项目和产业、区域及领域试点全面推进。大力推动"零碳建筑低碳建造关键技术研发与示范应用"等重点项目实施，在洛阳等地全面推进政府采购支持绿色建材试点、绿色建材下乡试点，鼓励政府相关部门扩大绿色采购范围、督促绿色企业认证工作开展。细化落实国家新能源汽车推广应用政策，拓展新能源汽车应用场景和范围，依托河南燃料电池汽车示范应用城市群的获批，加快氢燃料汽车推广应用，强调在钢铁等行业开展试点示范。推进低碳试点县（市）、园区和企业建设，支持国家级食品领域试点示范企业（项目、平台）建设，落实保证冬季清洁取暖试点城乡地区的清洁取暖运营补贴等。

绿色示范效果和作用开始凸显。[②] 在绿色建材试点和绿色建材下乡试点牵引带动下，河南省美术馆新馆的绿色建材应用比例达到 40%，信阳市

---

① 《解码"河南造"——择"新"处立　向"绿"处行》，河南省人民政府网，https://www.henan.gov.cn/2023/12-10/2862704.html，2023 年 12 月 10 日。

② 《解码"河南造"——择"新"处立　向"绿"处行》，河南省人民政府网，https://www.henan.gov.cn/2023/12-10/2862704.html，2023 年 12 月 10 日。

CAZ双创产业园、科创未来中心等建筑也广泛采用绿色建材施工。① 在新能源汽车领域，2023年前11个月河南实现推广应用新能源汽车30362辆，还吸引一批新能源汽车和配套企业来豫落地，逐步建成近万亿级的新能源汽车绿色产业链。氢能源汽车推广应用试点加速发展，带动加氢站布局建设，并在重点城市群逐步形成示范和推广应用。

二 河南省产业链绿色化发展面临的挑战

虽然2023年河南省产业链绿色化发展取得了较大进步，但是也必须认识到未来的产业链绿色化发展依然面临来自产业结构、资源禀赋、创新应用绿色技术、建立绿色生产方式、提高绿色意识和管理水平、完善绿色政策法规等诸多方面的挑战。

（一）产业结构偏重、资源禀赋偏煤、能源利用率不高

三产结构整体偏重。② 2023年前三季度，河南省第一、第二和第三产业增加值分别达到4331.05亿元、19831.69亿元和23622.70亿元，三产增加值结构达到9.1%：41.5%：49.4%，表明河南以煤炭、化工和有色金属等为代表的重工业占比仍然较高，导致整体能源消耗量大、产出低。虽然其战略性新兴产业、高技术产业增长较快，但整体来看高新产业占比仍低于高耗能产业，未能显著改变产业结构整体偏重的格局。

能源需求对煤炭、对外部依赖大，绿色能源占比较低。③ 2023年前三季度，河南原煤总产量7604.1万吨，原油总产量176.1万吨，天然气总产量

① 河南省财政厅：《前11个月评审通过环保和新能源类项目100个，资金需求79亿元》，大河财立方，https：//baijiahao.baidu.com/s？id=17845894728455222 95&wfr=spider&for=pc，2023年12月7日。
② 《2023年前三季度全省经济运行情况》，河南省统计局网，https：//tjj.henan.gov.cn/2023/10-21/2833513.html？from=qcc，2023年10月22日。
③ 《2023年1-9月河南省能源生产情况：河南省生产原煤7604.1万吨，同比增长2.9%》，智研咨询，https：//www.chyxx.com/shuju/1164723.html，2023年10月。

3.1 亿立方米，煤炭产量达到原油产量的 43 倍之多，水能和风能等绿色能源总体禀赋较弱，风能、水能和太阳能发电量分别占总发电量 10.3%、3.7%、2.2%，绿色能源自给率较低。[①] 此外，河南省能源需求对外依赖度高，预计"十四五"期间能源对外依赖比例将达 60%左右。

能源利用效率总体不高。以煤炭开发利用为例，近年来省内主要煤炭企业的经营方向偏重原煤开采，煤炭深加工较少，出产主要产品偏重初级产品、产品结构单一，传统技术仍被广泛大量应用、洁净煤技术发展较慢。与煤炭的开发利用相似，河南省对其他能源资源总体上利用率也不高。

（二）绿色创新应用水平不高，绿色生产方式尚未真正建立

绿色技术种类较少、范围较小、应用水平不高。如在煤炭开采应用绿色技术方面，近年来省内企业对减沉开采、保水开采、矸石减排、煤与瓦斯共采和煤炭地下气化等新技术研发和应用不足，并且采用绿色技术开采的企业多为国有、大型企业，小企业对绿色技术关注严重不足。煤电应用方面的新型动力循环系统、超高参数燃煤机组、高灵活智能燃煤发电和热电联产等技术研发和应用不足。在新能源技术开发利用方面，商业化储能技术研发不足和应用范围较小，使得具有间歇性和波动性特征的风能和太阳能等新能源利用受阻、利用比例较低。

应用绿色循环生产模式的企业和产业较少。虽然河南省积极响应落实国家关于加快建立健全绿色低碳循环发展经济体系等指导意见，但当前省内真正建立起绿色循环生产模式的企业和产业还较少，很多企业发展绿色循环生产模式的意愿不高，政府出台的鼓励激励措施效果也不够显著，资源循环利用水平较低。如河南省农业生产仍以小农分散经营为主体，农地基础设施薄弱，低标准农田面积仍然较多，节水灌溉农田面积占比较小，绿色技术应用和新型农业发展任重道远。

---

① 《"双碳"目标下河南能源供需双侧协同发展路径研究》，映象网，http：//zkhn.hnr.cn/zkmjts/article/1/1594599267955474434？source＝mobile，2022 年 11 月 24 日。

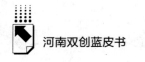
（三）绿色意识和绿色管理水平不高

绿色理念和绿色意识不强。虽然国家和地方都在积极倡导绿色生产经营方式，也出台了一系列支持政策，如《企业绿色采购指南（试行）》和《环保"领跑者"制度实施方案》等，但采用绿色技术和循环发展模式通常意味着更高的投入和成本，对企业利润增长贡献不高甚至为负，导致当前省内企业绿色发展理念和意识不强。

应用绿色管理的企业较少。绿色管理更多出现在国有企业、大型企业和龙头企业等少数企业，且管理水平有待提高。以绿色供应链管理为例，当前省内绿色供应链管理普及率还偏低，绿色产业链管理更是很少能达到。不可否认，河南省乃至全国的绿色供应链管理理论和实践发展起步较晚，企业整体上对于绿色供应链、产业链管理的认识不够，但更大的痛点仍是绿色供应链管理会给企业带来额外的经济负担，难以给企业带来足够丰厚的经济回报，甚至可能因为拔高了产品价格降低企业利润，导致企业不愿积极地普及和深化绿色管理。

（四）配套政策法规有待完善，财政绿色投入有待加强

绿色配套政策法规有待完善。虽然近年来河南省把《加快建立健全绿色低碳循环发展经济体系的实施意见》作为顶层指导，始终把绿色高质量作为发展方向，也出台了一系列配套支持政策法规，但由于我国以及河南省绿色发展相较于领先国家和地区起步偏晚，政策和法规实践的完善和优化需要较长时间，河南省配套政策法规仍需要进一步完善和调整。如缺乏绿色供应链管理制度和信息管理平台等相关政策机制，稳定性、普适性的绿色金融政策也相对较少，促进绿色消费政策较单一、效果不显著。

此外，省财政对于绿色发展的投入仍然不足。一方面，河南省每年绿色科技研发和试验支出占总研发支出比例低于全国平均水平，不能有力支撑绿色科技发展。另一方面，企业终归需要在利润逻辑下选择发展方向，而发展绿色技术具有很大的外部性，很多时候不能给企业带来丰厚的利润，政府必

须通过政策和相应的财政投入来补充市场调节河南省绿色技术发展方向上的失灵。但从现实情况来看，政府的绿色财政投入更多集中到环境基础设施等方面，对企业绿色科技创新的相关支持补贴不够多。

三 河南省产业链绿色化水平提升的路径

推动绿色化发展是河南省未来较长时期内的基本路线方针和重要任务，依据2023年河南省绿色化发展状况及未来可能面临的挑战，河南省应当从构建绿色产业和产品结构、构建绿色能源原材料结构、推动绿色科技创新应用示范和推广、推动企业绿色管理和转型、借势数字化推动产业绿色化发展五个方面下大功夫，以更好更快推动产业链绿色化水平提升。

（一）构建适应绿色化发展的产业和产品结构

优化产业结构。合理的三产结构是提高绿色化水平的必要条件，把实现碳达峰碳中和作为河南省产业结构优化的总体性目标，持续壮大现代服务业，积极发展绿色领先的制造业，特别是大力发展新能源产业、节能环保产业和低碳产业，在产业结构层面为绿色化发展提供新动能。同时，通过政策机制设计引导绿色领先企业做大做强，逐步淘汰重碳落后产能，积极推动产品链绿色比重上升，从产业链层面提供绿色化水平提升的发展条件。加快布置和落实河南省碳交易检测、统计和核算体系，积极探索将更多产业纳入碳交易市场，充分利用市场机制加速绿色化水平提升进程。

调整和优化产品结构。在产品结构调整和优化方面，河南省应当以"去粗存精"和"舍低向高"为基本方向，引导企业构建合理的低碳产品结构，整体上瞄准产业链中高端产品、领先产品和绿色产品，实现产品的高质量绿色化调整，通过更高的绿色价值和附加值为企业打开市场。对于影响产业链发展的关键核心绿色化产品，政府应当积极激励龙头企业、领先企业突破瓶颈，大力支持和帮助企业突破技术难关，从而达到头部企业绿色化向产业链溢出的效果。

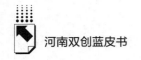

（二）构建适应绿色化发展的能源原材料结构

构建绿色能源结构。虽然无论从全国还是河南省来看，短期内完全淘汰传统能源都不现实，但积极调整能源利用方式是提高绿色化水平的必由之路。河南省应该加快新能源产业发展，尽早完成新能源对传统石化能源的替代。应当大力推动光伏、风电机和水电站等的布局和建设，提高绿色能源在总能源中的占比；坚持实施跨区域能源效率统筹，融入"西气东输"、西电东用高效率能源布局，加快工业设备电气化改造进程，适度推进"以气代煤"，在合适领域探索富氢原料应用，提升高效率能源用比。

构建绿色原材料结构。以绿色降碳为总原则，长期中大力发展生物质工业基础材料，短期中大力发展低碳、轻碳工业基础原料，逐步实现原材料替代。如在化工领域可以采用烯烃原料轻质化、炼厂制氢原料和"煤改气"等项目。积极鼓励企业跨行业耦合，加强废料回收利用，实施"钢化联产"、电化联产等项目，提高产业链整体的资源利用率。

（三）推动绿色科技创新、应用、示范和推广

推动绿色技术创新和应用。以绿色科技创新引领产业链绿色发展，重点关注减碳降碳技术、新能源技术、低碳全流程技术等关键领域的突破和攻关。发挥好产业龙头和高技术企业在绿色科技创新方面的主导作用，利用好国家科技创新战略力量，以"企业主导、科研院所助推"为思路，大力建设多主体共研共用平台，聚焦新能源储运技术、减污技术、污染控制技术、零碳和负碳技术发展，推动新能源、新材料和智能化生产技术发展，探索新技术跨行业融合交叉协同发展、绿色技术集群发展，探索绿色低碳技术全产业链、全流程、全生命周期创新和应用，构建覆盖采购、生产、运输、销售、使用和循环利用的绿色低碳管理体系。

推动绿色技术示范和推广。以绿色科技创新示范、推广和应用为抓手，切实发挥绿色技术在提升绿色产业链绿色水平上的关键作用。着力打造一批绿色工厂、园区和企业，形成多套绿色技术应用和绿色转型发展新模式，打

造一批绿色化智能化高端化产品。推进建筑、交通和消费等生产生活主要领域的零碳低碳示范应用，探索有条件地区的绿色生产生活全覆盖，积极将绿色应用和生产生活模式向新地区、重点地区拓展。

（四）推动企业绿色管理和绿色转型

推动企业绿色转型。抓好龙头企业、产业链关键节点企业和高技术企业的绿色转型，借助市场力量推动绿色转型发展。通过推动龙头企业等产业链关键企业的绿色需求与供给调整，倒逼产业链众多企业绿色转型，寻求各自在绿色供应链的定位，参与绿色技术创新与应用合作，从而借助市场供需拉动产业链绿色化水平提升、促进能源资源利用效率的真正提高。逐步形成绿色转型的政策指引，制定和完善各级政府的绿色转型督促和奖励政策，奖励积极和成功绿色转型的企业，依靠政府政策助推和督促企业绿色转型。

推动企业绿色管理。大力提升企业和消费者的绿色环保意识，推动企业绿色管理的发展。加强对企业绿色发展和绿色转型合理性、必要性和紧迫性宣传，督促企业关注、加快向绿色供应商的转型，鼓励企业参与国内外绿色体系认证，如 ISO14000 等，对成为全球绿色供应商的企业给予一定奖励。通过国家和河南省各级政府的宣传和引导，培养消费者绿色消费意识，建立消费者绿色消费理念，鼓励消费者支持和选择绿色产品，增加消费者对绿色企业和管理模式的认可度。

（五）借势数字化推动产业绿色化发展

借势数字化推动产业链绿色水平提升，关键在于开发和普及企业、产业层面的大数据、云计算和区块链等技术，利用数字技术对企业、产业进行数字化智能化升级，从而提升绿色技术应用效率、提高企业产业效率，助推绿色化发展。企业和产业决策机构应该在绿色决策问题上积极探索和广泛应用数字化技术，实现数字技术赋能企业产业智能化高端化决策，提升决策水平和效率。企业和产业应该大力推动数字技术和绿色技术的融合发展，切实充分利用数字技术助推绿色转型，提升绿色技术应用效率。比如在工厂、车间

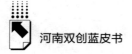

采用数字技术监测绿色技术的实际应用水平，将为绿色技术应用和发展提供显而易见的帮助。实际上，数字技术本身也是绿色技术，企业、产业和政府多方主体都应全面发展数字技术，重点应用到制造业、交通运输业、能源产业等绿色转型关键产业，提升产业效能效率、实现产业更绿色的发展。

参考文献

宋爱峰、梁慧慧、潘朗暄：《"双碳"战略驱动河南省制造业绿色低碳转型路径研究》，《中州大学学报》2023年第2期。

闫炳科、张璇、张颖：《"双碳"背景下河南省农业绿色发展现状问题及对策浅析》，《南方农业》2023年第17期。

李俊：《河南省制造业节能减排的绿色技术路径研究》，《低碳世界》2022年第7期。

吴卓迅：《河南能源推动化工产业绿色低碳发展的问题与对策》，《中国煤炭工业》2023年第8期。

李冠峰、马雁、刘晓明等：《河南省氢能及氢燃料电池汽车产业现状与发展建议》，《河南科技》2022年第9期。

荣培君：《以河南省为例，谈加快发展方式绿色转型积极稳妥推进碳达峰碳中和》，《环境》2022年第12期。

B.22
产业分类统计赋能河南省
产业链提升研究*

于善甫**

摘　要： 产业分类及产业统计的目的是更好地了解产业发展情况，便于国家更准确地衡量和比较各行业的经济活动，为制定各类政策提供依据。当前产业分类研究不足且统计手段落后，导致产业分类及统计不能满足政府决策需求，无法为产业监管及产业布局提供精准支撑，造成人才培养与社会需求脱节等严重问题。借助新一代人工智能技术，在人工研究制定产业分类规则和大样本数据分析基础上建立 AI 预训练模型，可以实现企业产业归属的智能化判定，能够为政府及相关部门科学制定产业分类标准和统一统计口径提供重要支撑。实践结果表明，该方案准确率高且成本可控。加强产业智能分类研究，推动人工智能技术在统计方法中的使用，尽快建立动态的现代产业分类体系，为政府产业发展决策提供精准、动态、及时的数据支撑，是构建现代产业体系、推动重点产业链高端化智能化绿色化全链式发展的关键基础性问题。

关键词： 人工智能　产业智能分类　产业统计　产业链提升　BERT 模型

　　随着新一代人工智能迅猛发展，我们的生活方式、经济结构及管理方法正在发生深刻变革，特别是 BERT、GPT 等生成式 AI 的应用，对一些行业的工作模式产生了实质性的影响。人工智能不但为多个产业提供智能化、高

---

　　* 本文为 2024 年度河南省软科学项目"以人工智能（AI）赋能产业分类统计助力产业高质量发展研究"的研究成果。
　　** 于善甫，河南中原创新发展研究院副院长，教授，研究方向为区域经济、创新创业。

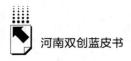

效化、个性化和创新化的服务，从而赋能相关领域的高质量发展，同样也为产业分类、产业统计带来了新的发展机遇，一些长期困扰产业分类统计的问题有望借助 AI 得到彻底解决。

一 产业分类的现状

（一）现有的产业分类

为更好地反映产业的发展情况，满足国民经济核算、服务业统计及其他统计调查对产业划分的需求，我国在 1984 年第一次发布了《国民经济行业分类》，此后，该分类标准又经历了多次修改：GB/T 4754—1994、GB/T 4754—2002、GB/T 4754—2011 和 GB/T 4754—2017。现行《国民经济行业分类》（GB/T 4754—2017）由国家统计局 2017 年 6 月发布，2019 年 5 月修订。在 GB/T 4754—2017 版本的《国民经济行业分类》中，先将产业分为第一产业、第二产业和第三产业，又在此基础上细分为农林牧渔业、采矿业、制造业等 20 个门类，食品制造业、纺织业等 97 个大类，烘焙食品制造、棉纺织及印染精加工等 473 个中类，糕点面包制造、棉纺纱加工等 1382 个小类。同时根据经济发展和行业发展的需要，国家统计局以《国民经济行业分类》为基础，陆续制定、修订和颁布了文化及相关产业、高技术产业（服务业）、高技术产业（制造业）、健康服务业等 18 个派生产业分类标准（见表 1）。

表 1　国家统计局制定的 18 个派生产业分类标准

序号	名称	颁布年份	修订年份
1	文化及相关产业分类	2012	2018
2	高技术产业(服务业)分类	2013	2018
3	高技术产业(制造业)分类	2013	2017
4	健康服务业分类(试行)	2014	2019,健康产业统计分类

序号	名称	颁布年份	修订年份
5	国家科技服务业统计分类（2015）	2015	2018
6	国家旅游及相关产业统计分类	2018	
7	战略性新兴产业分类	2018	
8	新产业新业态新商业模式统计分类（2018）	2018	
9	生产性服务业统计分类	2019	
10	生活性服务业统计分类	2019	
11	体育产业统计分类	2019	
12	知识产权（专利）密集型产业统计分类	2019	
13	养老产业统计分类	2020	
14	教育培训及相关产业统计分类	2020	
15	农业及相关产业统计分类	2020	
16	数字经济及其核心产业统计分类	2021	
17	节能环保清洁产业统计分类	2021	
18	现代服务业统计分类	2023	

资料来源：国家统计标准-国家统计局，https：//www.stats.gov.cn/sj/tjbz/gjtjbz/index.html。

（二）河南省现代产业体系布局

2021 年发布的《河南省国民经济和社会发展第十四个五年规划和二〇三五年远景目标的建议》提到，河南省将壮大装备制造、绿色食品、电子制造、先进金属材料、新型建材、现代轻纺六大战略支柱产业链，形成具有竞争力的万亿级产业集群；打造新型显示和智能终端、生物医药、节能环保、新能源及网联汽车、新一代人工智能、网络安全、尼龙新材料、智能装备、智能传感器、第五代移动通信等十大战略性新兴产业链（见图1），培育具有高成长性的千亿级产业集群。

近年来，河南省深入推进传统产业提质发展、新兴产业重点培育、未来产业破冰抢滩三个专项行动，着力构建以 5 大传统产业为基础、7 大新兴产业为支撑、6 大未来产业为先导的"576"现代化产业体系（见图 2）。

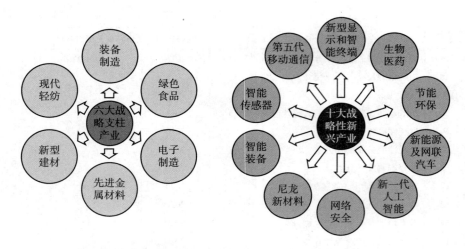

图1 河南省"六大战略支柱产业"与"十大战略性新兴产业"

资料来源：根据2021年《河南省国民经济和社会发展第十四个五年规划和二〇三五年远景目标的建议》整理。

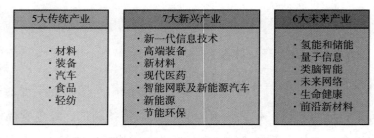

图2 河南省"576"现代化产业体系

资料来源：根据2022年《河南省"十四五"制造业高质量发展规划》整理。

当下，随着《河南省加快构建现代化产业体系着力培育重点产业链工作推进方案（2023—2025年）》《河南省建设制造强省三年行动计划（2023—2025年）》《支持重点产业链高端化智能化绿色化全链式改造提升若干政策措施》等关于产业发展的战略安排陆续发布，河南省提出要重点打造7大先进制造业集群和28个重点产业链（见表2）。

表 2　河南省 7 大先进制造业集群与 28 个重点产业链

新型材料产业集群	新能源汽车产业集群	电子信息产业集群	先进装备产业集群	现代医药产业集群	现代食品产业集群	现代轻纺产业集群
先进超硬材料、尼龙新材料、铝基新材料、铜基新材料、先进合金材料、化工新材料、先进钢铁材料、绿色建筑材料、装配式建筑9个产业链	新能源汽车产业链	新型显示和智能终端产业链、集成电路与智能传感器产业链、光电产业链、先进计算产业链4个产业链	新型电力（新能源）装备、先进工程机械、先进农机装备、机器人和数控机床、航空航天及卫星应用、节能环保装备6个产业链	生物医药产业链、高端医疗器械及卫材产业链2个产业链	休闲食品产业链、冷链食品产业链、预制菜产业链、酒饮品产业链4个产业链	纺织服装产业链、现代家居产业链2个产业链

资料来源：根据 2023 年《河南省建设制造强省三年行动计划（2023—2025 年）》整理。

（三）产业分类及产业统计现状

《国民经济行业分类》（2017 版）包含 1382 个小类，这是产业分类的最小类别，也是实施产业统计的基础。国家统计局在制定 18 个派生产业分类标准时，均以《国民经济行业分类》为基础，但随着产业融合的不断加速，产业界限越来越模糊，所以国家统计局在制定 18 个派生产业分类时为了严谨使用了很多"＊"号，也就是"部分属于"，这为产业统计带来了巨大困难，需要耗费大量人力来判断带"＊"的产业归属问题，面对海量市场主体几乎是很难完成的，这是困扰产业统计的一大难题。另外，河南省关于构建现代产业体系的布局中提到的"六大战略支柱产业"、"十大战略性新兴产业"、"576"现代化产业体系及"28 个重点产业链"等，大多是概念性的，国家或者行业并没有明确的分类界定标准，更难于进行统计分析。

二　当前产业分类及产业统计中存在的问题

由于产业分类研究不足且统计手段落后，产业分类统计不能满足政府决

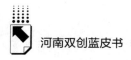

策需要，无法为政府产业监管及产业布局提供精准数据支撑，更造成人才培养与社会需求脱节严重等一系列问题，已成为制约产业高质量发展的重要因素。

（一）产业分类研究不足且统计手段落后

产业分类的目的是更好服务经济社会发展，便于国家更准确地衡量和比较各行业的经济活动，从而更好地理解和预测经济发展趋势，为制定各类政策提供依据。统计工作需要将参与社会活动的各个市场主体划分到《国民经济行业分类》（共 1382 个小类）中的某个小类，因为派生产业"＊"号的存在，需要判断某个市场主体是否属于 18 个派生产业中的某一个就有一定困难，若要快速统计 18 个派生产业并进行细分就更加困难，需要耗费大量的人力物力，且往往因为持续时间太长而失去统计意义。对于河南省"十四五"规划及构建现代产业体系等战略中提到的重点产业，很多仅仅是一个概念，国家或者行业并没有明确的分类界定标准，更难于进行统计分析。对产业分类的研究不足和统计方法不能满足社会发展需要是当前亟待解决的问题。

（二）产业分类及统计不能满足政府决策需求

政府对于产业发展的相关决策，主要是通过制定专门政策、安排专项资金扶持、减免税、成立产业基金等方式，鼓励支持产业相关企业技术创新、转型发展、做大做强，推动产业健康可持续发展。当前，政府对一些主导产业、龙头企业和重点支持领域形成了门类齐全、方式灵活、部门联动的产业政策体系，但这些政策制定是否有充足的科学依据，是否有准确的产业、行业发展数据支持有待研究。一方面，当前产业分类体系和分类标准研究尚不充分，产业分类标准的制定滞后于产业发展。同时各个职能部门在产业分类统计时采用的方法尚未统一，分类标准的科学性也经常出现争议，尤其是一些发展速度快、革新周期短的新兴产业。另一方面，产业融合不断加速，产业边界相对模糊，不同产业之间存在大量交叉重合，产业分类中必然会有更多带"＊"问题的出现，若统计方法不创新，必然无法为科学决策提供精准数据支撑。不论是国家18个派生产业还是河南省要重点打造的产业都是经济发展中最为重要和各地重点发展的产业，如不能有效快速地进行统计分析，不能动态掌握每个产业的发展情况及发展趋势，政府政策制定就缺乏可靠的依据，必然导致很多政策缺乏针对性，效果不及预期。

（三）无法为产业监管及产业布局提供精准支撑

高质量的产业发展离不开高效协同的产业布局和科学合理的市场监管，要做好产业监管与产业布局，就要搞清楚每个产业的边界范围，掌握产业发展存量、增量及发展趋势，这就需要做好产业分类研究与产业统计工作。当下河南省提出的"六大战略支柱"与"十大战略性新兴"产业、"576"现代化产业体系及"7大先进制造业集群"与"28个重点产业链"等多是概念性的，并没有统一的产业界定标准，这就造成政府不同部门在实际工作中对每个产业的认识不同，统计口径不一（多数无法统计），部门之间数据共享困难，既无法实现产业精准监管，更难以预测产业发展趋势，从而很难提前为产业发展谋篇布局。再加上现代产业发展太快，传统统计手段已不能满足产业发展需要，急需借助人工智能（AI）技术，尽快建立健全动态产业分类体系，以满足政府产业监管需求，同时为未来产业布局提供精准数据支撑。

（四）造成人才培养与社会需求脱节严重等问题

人才培养与社会需求脱节严重是多年来困扰学校、政府、企业的老大难问题，虽经多年努力但成效仍不佳。以高校为例，主要体现在高校人才培养与社会需求结构失衡、人才培养目标与社会需求存在偏差、高校人才培养机制与社会需求错位等方面。造成人才培养与社会需求脱节问题的原因是多方面的，但供需信息不对称，人才培养单位不能准确掌握研判社会（产业）发展需求是核心问题，这个问题不解决，高校专业设置、教学改革、产教融合等均难以满足社会需求，不能为产业发展需要提供有力人才支撑。因为不论是国家18个派生产业还是河南省重点打造的产业都是经济发展中最为重

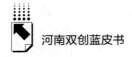

要和重点发展的产业，若不能有效快速对这些产业进行统计分析，不能及时掌握每个产业的发展情况，不能预判每个产业的发展趋势，人才供给端的人才培养改革将无的放矢，高校等人才培养单位的学科专业调整及布局就缺乏科学依据，效果必然很难令人满意。

三　基于 AI 模型进行产业分类统计的实践探索

《国民经济行业分类》包含 1382 个小类，这是产业分类的最小类别，也是实施产业统计的基础，是国家统计局对标参考了多个国际标准而制定的，已与国际接轨。要对某个新兴产业进行分类统计，在规则制定上应该参照国家统计局关于 18 个派生产业的分类原则和方法，也要使用"＊"号标注"部分属于"，这样有利于统一标准和统计口径，"＊"号问题可以通过构建人工智能产业分类模型解决。

（一）产业智能分类设计思路

第一步：制定产业分类规则。针对要进行统计分类的某个产业，在收集相关政策文件说明的基础上，组织相关行业专家，对标国家统计局发布的 1382 个行业小类进行判定，确定该产业及前后供应链涉及的相关产业与国家统计局 1382 个行业小类的所属关系，判断结果为三种情况中的一种，即"全部属于""全部不属于""部分属于"，确定为"部分属于"的就要加"＊"号。

第二步：建设标识数据库。在完成产业分类统计规则制定的基础上，借助足够大（百万级）的企业数据库进行分类，该企业数据库要有尽可能多的企业注册登记及经营业绩信息，同时数据库要能够满足 AI 建模要求（"全部属于"／"全部不属于"的企业都需要超过 3000 家）。

第三步：构建 AI 智能判定模型。使用标识数据库中的一部分企业（先 500/500 家，再扩大至 3000/3000 家）训练模型，实验目标为带"＊"号的产业判断准确率达到 90%+，模型训练中间过程需要多次反复调整，对比专家团队判断和 AI 判断结果，找出判断异常背后的原因，不断对系统进行迭代升级，直到达到预想结果，完成 AI 智能分类模型构建。

第四步：更新迭代 AI 模型。产业发展是一个持续动态的过程，产业融合及新技术的应用不断催生新的产业类型，原有产业特征也在不断演变中发展，一个正确率 90%+的 AI 模型在后续的运行过程中也需要不断地进行完善升级。

（二）产业智能分类模型构建

当前新一代人工智能模型主要有 GPT、BERT、ResNet、Transformer、VGG、AlexNe、LSTM 等多种，这些模型在不同的应用领域都取得了出色的成果。本实践探索选用 BERT 模型，BERT 模型是 Google 在 2018 年提出的一种 NLP 模型，它不仅可以用于各种 NLP 任务，也是一种出色的预训练模型，可以在大规模数据文本上进行预训练，且可以在具体任务上根据需要进行微调，能够有效地减少训练时间和数据需求。

1. 构建训练数据集

训练模型用到的数据包含公司名称、公司简介、公司经营范围以及公司运营产生的销售、纳税等各类数据。由于公司简介和公司经营范围等文本过多，需要做一些预处理工作，具体就是采用中文分词技术，只获取 256 长度的高频词，作为模型训练数据集、测试数据集和验证数据集。具体做法为：从某一个产业大量数据中，随机选择 6056 条数据，通过中文分词技术对公司简介和公司经营范围等数据进行清洗分词处理后，随机选择 5056 条数据作为训练数据集，500 条数据作为测试数据集和 500 条作为验证数据集。

2. 构建 AI 模型

在以 BERT 模型构建产业智能分类模型时，假设已有 A 训练集，先用 A 对网络进行预训练，在 A 任务上学会网络参数，然后保存以备后用，当面对一个新的任务 B 时，采取相同的网络结构，网络参数初始化的时候可以加载 A 学习好的参数，其他的高层参数随机初始化，之后用 B 任务的训练数据来训练网络，当加载的参数保持不变时，称为"frozen"；当加载的参数

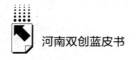
河南双创蓝皮书

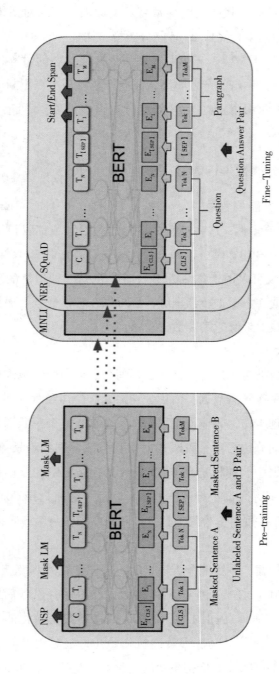

图 3　BERT 预训练和微调整个训练过程

随着 B 任务的训练进行不断地改变时，称为"fine-tuning"，即更好地把参数进行调整使其更适合当前的 B 任务。如图 3 所示，这种设计的优点为，当任务 B 的训练数据较少时，很难得到很好的训练网络，但是获得了 A 训练的参数，会比仅仅使用 B 训练的参数更优。

BERT 预训练阶段是多任务学习过程，实际上是将 MLM（Masked Language Modeling——遮蔽式语言模型）和 NSP（Next Sentence Prediction——预测两个句子是否上下文相关的）两个任务结合起来同时进行，然后将两个任务的 Loss 相加，如图 4 所示。

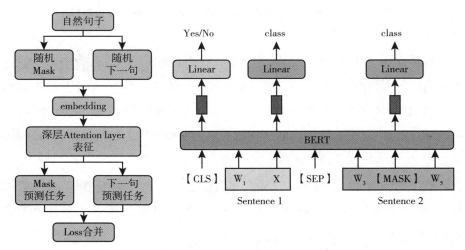

图 4　BERT 模型分类和预测上下文相关性多任务学习过程

基于 BERT 模型的预训练特性，利用某一种产业的训练数据集，对 BERT 预训练模型进行模型参数微调，得到各种产业分类模型，最终实现企业的精准分类（见图 5）。BERT 模型结构：L = 12，H = 768，A = 12（L：block 数量，H：隐藏层维度，A：注意力头的数量），参数总量 110M。

（三）模型训练和验证实践探索

以高新技术产业为例，基于其 6056 条训练数据集，其中"属于"有 3028 条数据，"不属于"也有 3028 条数据，用于模型训练数据，对 500 条

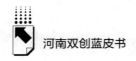

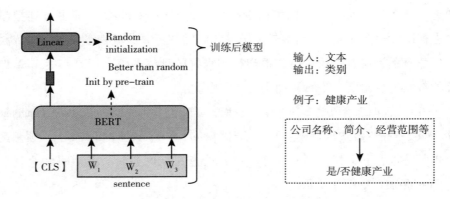

图5 BERT 模型应用于产业分类的过程（以健康产业为例）

测试数据集和 500 条验证数据集进行模型训练。在模型训练过程中，一些超参数为：最大批次数 10（一次使用训练集中全部样本训练一次），批次大小（表示每次训练时在训练集中取 32 个训练样本进行训练）为 32，迭代次数每 50 次进行一次模型性能判断，判断标准为在验证集的总损失是否为最小；模型连续 1000 次迭代没有改进，停止训练。

模型训练结束后，对 87882 条产业数据进行模型大规模测试，预测对的有 80558 条数据（主对角线求和），预测错的有 7324 条数据（副对角线求和），整体识别率 92%，具体测试结果见表 3。

表 3 基于 BERT 模型的高新技术产业分类人工识别与 AI 判断结果

高新技术产业分类	模型识别不属于	模型识别属于
人工识别不属于	67979	6750
人工识别属于	574	12579

（四）小结

为验证 BERT 模型产业分类的可靠性，项目团队进行了智能装备、5G、网络安全、绿色食品、现代轻纺等产业的 AI 模型构建，经过多次反复迭代，均实现了判断正确率90%+的目标，说明运用 BERT 模型进行产业分类统计完全可以实现产业分类高效、便捷、准确、及时的目标，完全可以满足经济社会发展对产业统计数据的需求，利用人工智能技术赋能产业高质量发展是大势所趋。

四　加快建立动态现代产业分类体系的建议

破解当下产业分类统计中存在的问题，需要政府充分认清建立动态产业分类体系对产业高质量发展的重要意义，要在深化产业分类标准研究的基础上建立动态产业分类体系，依托人工智能分类技术打造动态产业分类大数据平台，打通相关部门之间数据篱笆，开展智能分类试点行动。

（一）政府应高度重视人工智能（AI）在产业分类统计中的应用

建设现代化产业体系是实现经济现代化的关键标志。近年来，中共中央政治局会议、国务院常务会议多次强调，大力推动现代化产业体系建设，打造新的支柱产业。这就需要提高产业分类统计效率，全面摸清各个产业家底，为政府和企业决策提供科学依据，为区域经济高质量发展指明前进方向。在市场竞争日益激烈的当下，政府各级部门要深刻认识到提高产业分类统计效率的重要意义，通过建立动态产业分类体系，为更加科学地预测和把握区域经济发展的态势奠定良好基础，从而使产业分类统计高效、准确、及时服务产业发展，为产业健康发展和经济良好运行提供数据支撑。

（二）在深化产业分类标准研究的基础上建立动态产业分类体系

产业分类统计是反映产业经济活动的"晴雨表"，对促进产业经济发展和服务政府决策发挥着重要作用。要解决产业分类统计时效性的突出问题，减少产业分类统计对实际决策和经济运行的拖累效应，必须加强产业动态分类研究。可以在多方协调、充分沟通的前提下，组织跨学科团队对

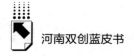

国家 18 个派生产业和河南省重点发展的产业、产业链分类标准进行专门
而深入的研究，以产业链图谱绘制划清产业边界。可以考虑设立专项重大
课题或列入省新基建重点建设项目，以便能够及时、全面、准确地反映各
类派生产业及河南省重点产业的发展状况。建立动态产业分类体系中要发
挥专家和新技术的互补优势，筛选出合适的新技术应用 AI 模型，明确宏
观决策者、数据使用者的多样化需求，分行业确定各派生产业智能分类的
关键变量。

（三）依托人工智能分类技术打造动态产业分类大数据平台

科学、准确、客观、及时监测反映产业高质量发展进程是政府统计部门
的一项重要职责。随着产业内涵的不断拓展、产业融合趋势的日益凸显，要
客观反映产业经济发展的科学内涵和内在规律，必须推动现代信息技术、人
工智能、大数据等技术在产业分类统计领域的广泛应用。比如，将人工智能
应用到产业分类中，在对产业进行充分研究的基础上，通过对智能机器人的
反复训练，机器人最终可以快速实现 18 个派生产业及河南省重点打造产业
的分类统计。以此为基础，若能将教育部门专业设置及毕业生去向信息、工
商部门企业信息、税务部门纳税信息、劳动部门就业信息等各相关部门掌握
的信息进行对接，打造动态产业分类大数据平台，就能为国家及各管理部门
精准制定各类政策提供精准数据支撑，有效解决当前经济发展中多个不匹
配、不精准问题，从而推动产业健康发展与经济高效运行。

（四）由政府相关部门牵头开展智能分类试点工作

构建动态产业分类体系目的是更好地服务经济社会发展，便于更准确地
衡量和比较各行业的经济活动，从而更好地理解和预测经济趋势，为制定各
类政策提供依据。建议由河南省统计局、河南省工业和信息化厅、河南省市
场监督管理局等相关单位牵头，有组织地开展人工智能（AI）产业分类统
计试点工作，推动动态产业分类体系建设。由试点单位牵头汇集统计、工
商、税务、市场监管、工信等相关部门数据，研究制定现代产业分类标准，

选择高技术产业、战略性新兴产业等重点产业建立产业智能分类模型，在人工智能（AI）分类模型实践应用的过程中不断进行迭代优化。通过构建河南省动态产业分类体系，将产业智能分类应用到河南现代产业体系布局之中，为政府产业政策制定、高校人才培养和专业调整、产业发展预判等提供精准数据支撑。

参考文献

刘纪艳、沈义钊：《关于新形势下北京市优化高精尖产业统计监测的思考和建议》，《中国工程咨询》2023 年 6 月 10 日。

赵从朴、袁达、朱溥珏等：《基于 BERT 的医疗安全事件智能分类研究与实践》，《医学信息学杂志》2023 年第 12 期。

河南省人民政府网站：《支持重点产业链高端化智能化绿色化全链式改造提升若干政策措施》，2023 年 9 月 10 日。

河南省人民政府：《河南省建设制造强省三年行动计划（2023—2025 年）》，2023 年 8 月 2 日。

余杭、周艳玲、翟梦鑫等：《基于预训练模型与标签融合的文本分类》，《计算机应用》2023 年 9 月 6 日。

张雯婷、徐映梅：《大数据下政府统计调查升级》，《合作经济与科技》2020 年第 16 期。

秦记峰、任东海：《人工智能课程实践教学改革探讨和研究》，《计算机教育》2019 年 10 月 10 日。

B.23
河南省先进制造业与现代服务业融合发展研究

杜文娟*

摘　要：　产业融合发展是经济高质量发展的重要支撑。近年来，河南省不断加快先进制造业与现代服务业的融合发展步伐，取得了一定的成效。但由于融合工作起步较晚，存在先进制造业效益低、增速缓，主动融合的积极性不够高，生产性服务业发展相对滞后，产业融合范围不够广、程度不够深、水平不够高，企业间、产业间的协同性较弱、融合发展效应没有充分释放等问题。因此，本文从大力发展生产性服务业，持续培育融合发展的新业态新模式，聚焦市场主体培育，提升融合发展水平，围绕重点领域和优势行业，分类探索融合发展新路径，强化关键要素保障，优化融合发展环境等方面提出了建议。

关键词：　先进制造业　现代服务业　融合发展　河南省

　　当前，制造业服务化、服务业制造化的趋势越来越明显，先进制造业与现代服务业融合（以下简称"两业"融合）发展已成为现代经济发展的重要特征。2018年12月，中央经济工作会议强调指出"要推动先进制造业和现代服务业深度融合，坚定不移建设制造强国"；2019年11月，国家发改委联合15个部门印发《先进制造业与现代服务业深度融合发展的实施意见》，将"两业"融合作为推动制造业高质量发展的重要途径；2022年10

---

　　* 杜文娟，河南中原创新发展研究院讲师，研究方向为区域经济。

月，党的二十大报告提出，构建优质高效的服务业新体系，推动现代服务业同先进制造业、现代农业深度融合。推动"两业"融合发展是顺应新一轮科技革命、培育现代产业体系、实现高质量发展的重要途径，也是提升河南省制造业竞争力的必由之路。

一 "两业"融合的历史机遇与现实基础

（一）"两业"融合的历史机遇

一是科技和产业变革加速创新融合。随着大数据、云计算、人工智能等新一代技术加速创新，产业之间的边界逐渐模糊，融合发展成为普遍常态。从要素方面看，服务业在整个产业链中创造的产出和价值不断提高；从技术方面看，新一轮科技革命加速了产业融合进程，催生出众多融合新业态；从企业方面看，企业转型升级步伐不断加快，制造业企业开始向服务化转型，形成了服务型制造企业，一些服务业企业也不断向制造环节深入和拓展。与此同时，科技和产业变革赋能传统产业转型升级，推动了现代化产业体系的智能化转型和绿色化发展，催生了一系列新产业新业态新模式。

二是新发展格局推动产业融合共进。当前我国正处于构建新发展格局的关键时期。新发展格局下，坚持以国内大循环为主体，有利于培育和挖掘内需市场，扩大市场容量和需求，打通供需卡点堵点断点，从而推动产业结构优化升级和产业融合发展。统筹推动国内国际双循环相互促进，有利于推动现代化产业体系补链延链升链建链，增强产业发展的接续性和竞争力。同时，加快构建新发展格局也有利于支持企业深度参与全球产业分工和合作，促进内外产业的深度融合和相互促进。

三是战略叠加激发内生动力。近年来，随着促进中部地区崛起、黄河流域生态保护和高质量发展战略的深入实施，河南省先后获批中原经济区、郑洛新国家自主创新示范区等众多国家战略规划，这一系列战略规划形成了叠

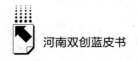
加效应，河南省战略地位和综合竞争优势更加凸显，为推动现代化产业体系的高质量发展提供了更加广阔的空间。

（二）"两业"融合的现实基础

一是政策体系不断完善。近年来，河南省积极推进"两业"融合，不断完善顶层设计，2017 年，河南省下发《河南省发展服务型制造专项行动指南（2017–2020）》，每年确定一批服务型制造示范企业（平台）。2020年，河南省发改委印发实施《河南省促进先进制造业和现代服务业深度融合实施方案》，明确了推动"两业"融合的主要目标、重点任务和发展思路等内容。2022 年，《河南省"十四五"现代服务业发展规划》再一次明确提出，实施"两业"融合新业态新模式的培育工程，着力提升"两业"重点行业、重点领域的融合发展水平。这些政策的制定为推动河南省"两业"融合发展提供了重要支撑。

二是产业基础良好。河南省是制造业大省，工业门类齐全，拥有 41 个工业行业大类中的 40 个，其中，装备制造业规模已跃入全国第一方阵。目前，河南省已经培养了纺织服装、节能环保、生物医药等 19 个千亿级产业链，形成了装备制造、现代食品 2 个万亿级产业集群，① 内需市场庞大。同时，河南省现代服务业发展迅速，业态众多，跨境电商、航空物流、现代商务服务等行业在全国处于领先地位，已成为拉动经济增长的主要动力。

三是金融支持不断增强。中国人民银行河南省分行充分发挥货币信贷政策导向作用，引导优化贷款投向，有力支持了经济社会发展的重点领域。截至 2023 年 9 月，河南省制造业中长期贷款余额 2860.8 亿元，同比增长26%，高于各项贷款增速 17.5 个百分点。② 数据显示，2020~2022 年，河南省累计安排省级服务业发展专项资金 9525 万元，支持包括郑州经开区产业

---

① 数据来源：河南省人民政府网站，https：//www. henan. gov. cn/2023/05–22/2746453. htmll，2023 年 5 月 22 日。

② 数据来源：河南省人民政府网站，https：//www. henan. gov. cn/2023/11–02/2840219. html，2023 年 11 月 2 日。

集聚区等 32 个"两业"融合重点平台项目建设，同时争取到 9398 万元中央预算内投资，重点支持卫华集团等 3 个"两业"融合重点项目建设。[①]

二　河南省"两业"融合发展的现状

（一）"两业"融合整体进展成效明显

近年来，河南省通过创新驱动、转型升级、开放合作、试点先行等举措，积极推进"两业"融合发展，提高了产业的附加值和竞争力，为经济社会发展注入了新的活力。一是大力发展智能制造、工业互联网、数字经济等新兴产业，推动制造业向高端化、智能化、绿色化方向转型。同时，加快了制造业与金融、物流、科技、文化等现代服务业的对接，为制造业提供了更多的资金支持、供应链优化、技术创新和品牌塑造等服务。二是推动制造业与旅游、教育、医疗、养老等生活性服务业的结合，打造了一批具有特色和优势的产业集群与产品品牌，如郑州航空港区的航空旅游、洛阳市的文化旅游、郑州临空生物医药产业园等。三是加强制造业与公共安全、环境保护、社会管理等社会服务业的协同，开发了一系列符合社会需求和公共利益的产品和解决方案，如郑州市的智慧城市建设、焦作市的煤矿安全监测系统、安阳市的生态环境治理项目等，实现了制造业与社会服务业的有效融合。四是通过试点先行，"两业"融合发展得到了快速推进，取得了积极进展。2020 年 6 月和 2021 年 10 月，河南省先后组织开展省级"两业"融合试点培育工作，将郑州经开区、长葛产业集聚区等 15 个区域和中国一拖集团有限公司、河南卫华重型机械股份有限公司等共 46 家企业列为省级试点单位，同时河南省成功争取郑州市经济技术开发区、长葛产业集聚区、好想你健康食品公司、郑州宇通重工公司 4 家省级试点单位获批国家

---

① 数据来源：河南省人民政府网站，https：//www. henan. gov. cn/2023/04-03/2718029. html，2023 年 4 月 3 日。

级"两业"融合试点。根据河南省统计局的数据,2023 年前 11 个月,河南省制造业与服务业融合指数达到 72.6%,同比提高了 3.2 个百分点,高于全国平均水平。[①] 总体上,河南省"两业"融合水平呈现不断提高的态势,整体进展成效明显。

(二)重点行业领域融合发展步伐加快

"两业"试点开展以来,各地打造了一批深度融合型企业和平台,培育了一批新业态新模式,形成了各具特色的新路径新模式。长葛市产业集聚区园区重点培育了一批"智能制造+增值服务"功能一体的标杆企业,推动关联产业、上下游配套企业和资源要素向园区集聚。目前,由于"两业"融合成效突出,已被纳入第二批国家级"两业"融合试点。长垣产业集聚区引导装备制造企业发展成套装备"交钥匙"工程,开展一体化集成服务,园区 8 家企业先后入选省服务型制造示范企业。孟州市通过引进现代服务业企业为制造企业提供"一站式"出海服务,实现了服务业对制造业的有效支撑,县域经济综合实力排名提升了 54 个位次。[②]

许多行业通过走先进制造业和现代服务业融合发展道路,焕发了生机和活力,重塑了竞争优势。好想你食品公司建成河南省特色果蔬研发公共服务平台,加快从产品制造商向"产品+服务"提供商转型,创造了新的增长点。许昌裕同公司以 MES(企业资源计划)系统为核心,融合 MES(制造执行系统)+WMS(仓储管理系统)+RCS(中控调度系统)等智能化信息系统,攻克全线数字化运营管控、AI 工业相机定位识别、AGV(自动导引运输车)跨楼层自动运输等关键技术,搭建高标准智能工厂战情指挥中心,实现对设计、生产、仓储、销售、运输等供应链各环节的实时动态管控、调度和追踪,建成智能制造标杆工厂。郑州宇通重工公司充分运用大数据、智能装备等核心技术,搭建了智慧环卫互联管理平台,开展智

---

① 数据来源:wind 资讯。
② 数据来源:河南省人民政府网站,https://www.henan.gov.cn/2023/04-03/2718029.html,2023 年 4 月 3 日。

能工厂、柔性化定制生产等业态模式创新，成为"绿色环卫装备+服务系统集成服务商"。黄河旋风公司依托国家级企业技术中心和博士后科研工作站等创新平台，在大单晶金刚石、聚晶金刚石、导电金刚石合成等前沿领域走在国内前列。

（三）产业竞争力不断增强，打造了一批国内国际有影响力的品牌

随着产业结构的转型升级，河南省的产业竞争力不断增强，已经成为全国甚至世界重要的生产基地，打造了一批具有国际影响力的先进制造企业品牌，如"宇通客车""中国一拖""风神轮胎"等。2023年，全国工商联发布的数据显示，河南共有14家企业登上"2023中国民营企业500强"榜单，18家企业入围"2023中国制造业民营企业500强"[①]。"2023中国企业500强"榜单中河南有12家企业入围。[②]"2023中国制造业企业500强"榜单上，河南企业万洲国际、洛阳钼业、中国平煤神马控股集团、牧原集团、河南能源集团、河南交通投资集团等25家企业入榜，河南品牌的影响力不断提高。[③]

（四）制造业数字化水平明显提升

近年来，河南省全面推进制造业数字化转型，建立了省市两级智能制造示范体系，累计建设省级智能车间641个、智能工厂278个，为全省83家水泥、钢铁、焦化等重点企业提供了数字化转型诊断服务，累计建设郑州深澜动力等智能车间516个、西峡县众德等智能工厂218个，打造双汇、郑州日产等智能制造标杆企业44家。[④]

---

① 数据来源：大河网，https：//baijiahao.baidu.com/s？id＝1776840650997187176&wfr＝spider&for＝pc，2023年9月12日。

② 数据来源：河南省人民政府网，https：//www.henan.gov.cn/2023/09－23/2820611.html，2023年9月23日。

③ 数据来源：河南省人民政府网，https：//www.henan.gov.cn/2023/09－23/2820611.html，2023年9月23日。

④ 数据来源：大河网，https：//theory.dahe.cn/2022/01－19/954112.html，2022年1月19日。

河南省加快推动普惠性"上云用数赋智"服务,开展智能工厂、智能车间试点示范,柔性生产、云制造、共享制造等新业态新模式不断壮大。郑州市入选国家中小企业数字化转型试点城市,全省累计上云企业达到21.5万家,① 提升了企业的发展动能和竞争优势。"5G+工业互联网"平台体系进一步完善,形成了涵盖智能制造、智慧能源等一批数字化应用场景。据统计,2022年,河南省工业数字经济渗透率为19.4%,较上年提高1.5个百分点。《河南省数字经济发展报告(2023)》显示,2022年,河南省数字经济规模突破1.9万亿元,同比名义增长10.6%;数字经济占GDP比重超过三成,达到31.5%,较上年提升1.8个百分点。②

三 河南省"两业"融合发展中存在的主要问题

(一)先进制造业效益低、增速缓,主动融合的积极性不够高

2021年,规模以上工业利润总额全国前20名城市中,河南省无一城市上榜,规模以上工业企业营业收入增速低于全国平均水平6.3个百分点,居全国倒数第二位;利润总额同比增长仅1.6%,居全国倒数第一位。③ 2022年规模以上工业增加值比上年增长5.1%,利润总额2534.00亿元,下降4.2%。④ 2023年1~5月,全国规模以上企业营业收入排行榜中,河南省居第10位,但规模以上工业企业利润总额排在全国第20位,排名靠后,下降幅度较大;2023年1~10月,规模以上工业企业累计营业利润排行榜前十位中没有河南省,位居排行榜首位的广东省规上工业企业累计营

---

① 《河南高水平高质量推进新型工业化》,《郑州日报》2023年11月21日。
② 数据来源:河南省人民政府网站,https://www.henan.gov.cn/2023/11-20/2850440.html,2023年11月20日。
③ 数据来源:映象网,http://zkhn.hnr.cn/zkllzx/article/1/1572407189315055617?source=mobile,2022年9月21日。
④ 数据来源:河南省人民政府网站,https://www.henan.gov.cn/2023/03-23/2711897.html,2023年3月23日。

业利润高达 8348.6 亿元，而河南省仅 1315.6 亿元，差距较大。[①] 河南省先进制造业企业盈利能力总体偏弱、沿价值链攀升和融合发展后劲不足的现实不容忽略，"需求抑制效应"明显。同时，目前多数制造业企业仍以生产制造为主要发展模式，量大面广的中小企业开展融合探索的积极性不高。

（二）生产性服务业发展相对滞后，支撑融合能力有待加强

近年来，河南省生产性服务业呈现出加速发展的趋势。但由于基础薄弱、起点低，仍未成为服务业的核心力量。总体来看，一是总量偏小，发展水平偏低，综合竞争力不强，发展相对滞后。二是生产性服务业供给不足，特别是存在一些制度性障碍，导致出现产业技术被"卡脖子"的现象，成为制约河南省产业升级的主要障碍。三是以数字经济、共享经济、体验经济为代表的新兴服务业发展速度和质量滞后于制造业转型升级的实际需求，其支撑融合发展的能力还有待进一步加强。四是中高端专业技术和管理人才缺乏，部分企业自主创新能力不足，成为制约生产性服务业取得突破性发展的重要因素。

（三）"两业"融合范围不够广、程度不够深、水平不够高

近年来，河南省培育了中信重工、中铁装备、宇通客车等一大批优秀制造业"头部"企业，但总体来看，河南省龙头企业还面临数量偏少、规模不够大、品牌影响力不强、核心竞争力不足等问题。从范围看，一些行业龙头企业在"两业"融合中已初见成效，但中小企业鲜有突破，食品加工、节能环保、装备制造、汽车制造等行业融合发展起步较早，其他行业相对滞后；从程度看，一些企业已经开展总集成总承包业务，但还存在品牌影响力较弱、核心关键技术缺乏等问题；从水平看，个别领域的融合发展主要是模仿先进企业的既有模式，创新能力不足，难以适应市场需求变

---

① 数据来源：中国报告大厅，https：//m. chinabgao. com/top/city/72723. html，2023 年 12 月 3 日。

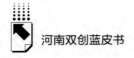

化。此外，高层次"两业"融合人才短缺也大大制约了融合发展的范围、程度和深度。

（四）企业间、产业间的协同性不强，融合发展效应没有充分释放

一是融合发展新业态总体规模较小，产业链协同性不强，一些企业在整合产业链上下游资源方面还没有形成有效的分工协作，难以推动产业转型升级。二是存在行业管理方式滞后、行业标准不健全等问题，行业的效益效率不高，难以形成推动企业向价值链中高端攀升的力量。三是许多企业专业化不强，生产经营涉及领域宽泛，缺乏外包非核心业务，导致核心竞争力弱、融合发展效应没有充分释放。

四 河南省推动"两业"融合发展的建议

（一）大力发展生产性服务业

生产性服务业是"两业"融合的核心。要把部分发展资源和政策重心转向生产性服务业，为先进制造业发展提供强有力的支撑。一是进一步加快发展研发设计、融资租赁、数据服务、电子商务、节能与环保等生产性服务业，引导服务业企业通过创意设计、数据分析等要素融入制造领域，实现嵌入式合作，形成"两业"协同发展的良好循环。二是支持有条件的服务业企业延伸价值链，搭建供应链管理平台、工业设计平台以及共享制造等服务平台，为制造业企业提供专业的平台化服务，提升生产性服务业与先进制造业协同发展水平。三是打造高能级生产性服务业集聚区，如郑州、洛阳、新乡、许昌、安阳、鹤壁六个高新技术产业集群，以及从安阳到许昌沿京广线高新技术产业带都是未来生产性服务业集中发展的地带，可以着重打造全省制造业与服务业融合发展的示范区。四是消除制度性障碍和限制，制定和完善生产性服务业市场准入制度，激发企业的活力。

（二）持续培育"两业"融合发展的新业态新模式

一是大力推广"制造+服务"融合发展的新业态、新模式、新技术，支持企业对技术、市场等各类要素进行整合，发挥链主企业的辐射带动作用，提高全产业链融合发展的协同效能。二是重点发展潜力大、前景好的新业态和新模式，包括支持企业建立智能工厂和发展共享生产平台等，实现厂房、设备、产品、研发等资源整合，推动供应链产业链优化升级；支持企业开展柔性化定制，以用户为中心，按照需求进行灵活生产；开展反向制造和反向整合，鼓励服务业企业通过品牌授权、连锁经营的方式向制造业企业渗透，提升产业规模效益。三是打造"制造+服务"新型产业集群，大力发展智慧集群，提升产业集群融合发展效能。

（三）聚焦市场主体培育，提升融合发展水平

一是继续以试点企业为突破口，优化整合产业链，着力培育一批产业链控制力强的龙头企业，支持链主企业发挥优势，带动上下游企业进行联动与合作。二是继续以试点区域为主阵地，加强先进制造业基地与现代服务业集聚示范区之间的战略合作，构建特色鲜明、资源集聚的公共服务平台，形成融合共生的产业生态圈。三是强化行业领军企业的示范引领作用，形成领军企业先行探索和示范引领、行业内企业跟进学习再创新的融合发展格局。

（四）围绕重点领域和优势行业，分类探索融合发展新路径

一是加快原材料行业融合步伐，推进数字车间、智能工厂、绿色制造等加快发展，重构产业发展模式和竞争优势。二是推动消费品行业深度融合，推动创新设计、品牌管理、售后服务等环节变革。三是提升装备制造业和服务业融合水平，增强系统集成、工程总包能力，提升自主创新能力，拓展增长新空间。四是推动汽车行业与现代服务业深度融合，加快发展汽车后市场及关联服务业，建立汽车制造和汽车服务全链条体系。五是推进物流服务与

生产制造无缝对接，实现供需精准匹配，提升制造业运行效率。六是推进制造业和互联网融合发展，增强人工智能等新一代信息技术业的创新应用，发展面向重点行业和区域的工业互联网平台。七是强化技术研发服务，增强制造业产品的绿色化、智能化、品牌化。

（五）强化关键要素保障，优化融合发展环境

一是持续强化政策扶持，加大对"两业"融合的重点领域和行业、集群、企业、平台的支持力度，支持开展"两业"融合发展绩效评价体系研究。二是重点引进和培育"两业"融合的高层次技术人才，深化产教融合与校企合作、加大"两业"复合型人才培养力度。三是强化金融支持，创新金融产品和服务模式，大力发展新兴金融业态，设立战略性产业融合发展基金，为融合发展提供强劲动力。四是加强科技支持力度，深化科技体制改革，重点推动中原科技城、龙子湖智慧岛等平台发展，提高科技转化效率和效益，推动融合更加高效。五是优化营商环境，深化"放管服"改革，破除"两业"融合发展中的体制机制障碍，落实减轻企业负担各项措施，大力弘扬企业家精神，依法保护企业合法权益。

参考文献

《关于推动先进制造业和现代服务业深度融合发展的实施意见》（发改产业〔2019〕1762号），国家发展和改革委员会网站，https：//www.ndrc.gov.cn/，2019年11月10日。

洪群联：《中国先进制造业和现代服务业融合发展现状与"十四五"战略重点》，《当代经济管理》2021年第10期。

《打造我省现代服务业发展高地》，河南日报网，https：//www.henandaily.cn/content/2021/0311/285419.html，2021年3月11日。

《走出人口大省高质量发展新路》，人民网，http：//henan.people.com.cn/n2/2023/0522/c351638-40424880.html，2023年5月22日。

《"两业融合"融出新未来》，大河网，https：//news.dahe.cn/2023/04-03/

1213967. html，2023 年 4 月 3 日。

《推动"两业"深度融合　打造中部崛起的"河南样板"》，大河网，https：//theory. dahe. cn/2022/04-07/996536. html，2022 年 4 月 7 日。

《河南省"两业融合"发展现状及政策建议》，映象网，http：//zkhn. hnr. cn/zkllzx/article/1/1572407189315055617，2022 年 9 月 21 日。

B.24
产业链提质增效视角下
企业行政合规研究

杨天波*

摘　要：　产业链提质增效需要企业治理模式的发展创新，企业行政合规建设在创新资源、创新动力和创新策略方面影响着产业链的创新发展。行政合规建设包含企业内部合规建设与外部行政监管的完善。企业内部需要加强风险评估、调查监督和应急响应，而外部行政监管则需要政府转变执法理念，创新发展多种执法手段，包括建立合规指引、完善行政指导、探索行政执法和解制度等。通过内外部合规建设合力助推河南省产业链提质增效。

关键词：　产业链　提质增效　企业行政合规

党的二十大报告指出："着力提升产业链供应链韧性和安全水平"，这为我国产业经济高质量发展提供了政策保障，同时也对各省份产业链提质增效提出了新的要求。2023年河南省人民政府出台《河南省建设制造强省三年行动计划（2023—2025年）》，提出培育千亿级现代化产业链。在助力河南省产业链高端化、智能化、绿色化发展的过程中，强调做强龙头企业，聚焦先进制造业企业，培育和支持更多数量、更大规模的"专精特新"企业。

企业作为产业链的基本组成单元，在产业链发展过程中具有基础地位。在产业链构建和运行中，企业治理水平会直接影响产业链的合作与开放，也是影响产业链韧性与安全稳定的重要因素。其中，企业治理模式的创新为产

---

* 杨天波，博士，河南财经政法大学讲师，研究方向为行政法、企业行政合规。

业链创新发展提供着外部和内部机制保障。产业链提质增效离不开完善的企业合规治理机制，同时配合外部监管的有效激励与监督。在内部控制层面，需要加强内部控制完善合规体系建设；在外部监管层面，需要建立健全合规指引与行政执法体系。可以认为，企业内部和外部两个层面合规治理模式的完善，是助推产业链提质增效的双重支撑。

一　河南省产业链提质增效背景下企业治理现状

河南省在推动产业链发展的同时也面临转型升级的挑战。近年来，河南省相继出台《加快构建现代化产业体系着力培育重点产业链工作推进方案》《河南省建设制造强省三年行动计划（2023—2025年）》等重要文件，对加强产业链的整合优化、推动产业协同发展起到重要作用。但同时，面对高新产业的冲击，一些传统产业继续升级的需求更加突出，在转型升级的道路上，目前河南省尚需解决以下困难以进一步推动产业链提质增效。

（一）整体布局层面：产业链中企业协作与融入水平有限

区域经济发展中的企业协作是产业链提质增效的重要内容。河南省产业集群的良好协作不仅能够实现中原地区产业间互动协调，还能够科学有效加快生产要素的流动。但河南省产业链中的企业协作还处于起步阶段，以粮食产业链为例，河南省作为粮食大省，粮食的产供销是全省经济稳定的重要方面，目前河南省粮食产业在链前、链中与链后环节仍需继续推进企业深度融合。在前端种业环节，河南省种子品质和品种有待进一步提高，相比于一些种业强国，河南省一个主要原因在于种业产学研协同创新的体系还不够完善，种业研创主体尚未形成完整的创新链条。而作为粮食产业链中的加工环节，目前尚未形成集群化的加工模式。河南省现阶段主要依赖中粮、今麦郎等全国性连锁企业，河南本土粮食加工企业虽然数量众多（约占60%），但大多数为小型加工企业，技术工艺匮乏、企业设备落后，精深加工程度低，没有摆脱生产在农村、加工在城市的分离式加工方式，难以形成全产业链的大型粮食加工产业群，这反映出整个行业尚未形成统一的集群化作业模式。而在粮食产业链的终端，则存在营销方式落后、农产品附加值增长受限的问题。其中一个原因在于，在销售链上的企业没有重视与相关领域的企业实现进一步合作共赢，例如与一些新媒体公司的合作，未能扩大农产品销售的宣传范围和效果。

除了作为第一产业的粮食产业链存在企业协作问题，在制造业、服务业和新兴高端产业领域也面临新格局的挑战。近年来在战略性新兴产业、高新技术产业冲击下，河南省产业格局发生了新的变化，新的产业链发展布局正在形成，三产的贡献率相较以往有了很大变化，这是产业链发展要面对的新形势，在新的产业链发展布局中，企业深度融合的重要性也将愈发突出。

表1　2018~2022年河南省三产贡献率变化

单位：%

年份	第一产业贡献率	第二产业贡献率	第三产业贡献率
2018	4.5	43.1	52.4
2019	3.3	47.2	49.5
2020	20.2	8.9	70.9
2021	10.5	24.6	64.9
2022	15.2	52.4	32.4

资料来源：《河南统计年鉴2023》。

产业链的深度融合需要统一的行业规范和政策引导。按照《河南省先进制造业集群培育行动方案（2021-2025年）》，河南省产业链应坚持"一群多链、聚链成群"的原则，开展多元稳链、招商补链的行动，这对产业链中的企业协作提出了更高的要求，而企业协作离不开行业的整体规范指引与企业自身机制的完善。

（二）企业建构层面：合作创新下的企业治理需进一步规范

更加开放和创新的经营模式，需要更加规范的制度构建。而河南省目前在支撑产业链创新过程中的企业治理规范还缺乏完善的制度建设。

首先，企业缺乏产业链提质增效激励规范。河南省推动产业链创新的政策环境已经基本具备，但对企业创新的激励机制还有待加强。在企业内部，股东或董事会往往更看重企业的现实收益，而对合作创新这种可能会产生预期收益的行为则缺乏相应激励。企业自身没有从激励机制保障创新出发，整个产业集群就会因为缺乏创新激励而形成封闭和保守的氛围。其次，关于激励企业创新的法律法规上尚未形成完善体系，新修订的《科学技术进步法》2022 年 1 月 1 日起实施，很大程度上满足了创新成为第一动力、人才成为第一资源的需求。作为配套措施，地方性的法律法规需要在上位法的要求下进一步细化实施规定。而目前河南省在支持企业创新发展的地方性法律法规仍待加强。例如缺乏相应的产权激励规范，很多创新成果不断被模仿、窃取，损害了创新投入部门的利益。而对于人才的保护，目前尚缺乏相应合规义务规范，要求企业内部完善其平台建设，为人才提供公平竞争、有效服务的环境，使人才在企业发挥创新的正面效应。

其次，企业缺乏产业链配套组织结构规范。组织结构是创新的组织保证，是创新活动投入与实施的载体。目前河南省大中型企业中，多数企业没有相应的科研机构或研发部门，而是单靠与各自业务相关的部门去创新。这样的形式不但孤立了各个部门，尤其是生产与市场联系脱节，无法及时、准确地预测市场需求，而且缺乏有效的分工协作，甚至使创新成为主营工作的累赘。此外，缺少特定的研发部门与专业研发人才，使公司对政策变化及市场环境缺乏弹性，在一定程度上也导致了产销脱节。而根据 2023 年河南省《政府工作报告》中的目标，河南省要建立省级创新平台 400 家以上，推动高校与规模以上工业企业共建 1500 家研发中心，这些目标都对河南省产业链在组织上的规模和质量提出了新的要求。

最后，企业缺乏产业链创新成果转化规范。企业实施创新最根本的目的是将研究成果转化为产品或产能，而与发达地区高达 60% 的科技成果转化率相比，河南省产业链发展过程中很多创新成果无法与实践接轨。其原因在于：一方面，很多研发项目是由科研人员决定的，而并非由市场决定，由于科研人员对市场缺乏了解，因而研发成果很难有需求或是不能与市场完全相容；另一方面，创新成果很多是由高等院校、研究机构做出的，而高校与企业缺乏合作，因而无法使研究成果市场化。因此，要实现创新绩效最大化，形成初始激励，还需要更深层次地了解市场，以市场为导向进行企业治理模式的创新。

二 企业合规治理机制对产业链的影响因素分析

企业治理机制的缺失将会对产业链的创新发展造成影响。而科学合理的企业治理模式则会最大程度上促进企业创新，进而推动产业链提质增效。企业治理的相关影响因素如表2所示，它们在以下三方面存在着重要联系（见图1）。

表 2 企业治理相关影响因素

类别	治理结构描述	影响因素	评价要素
内部治理	董事会规模	董事会人数	董事会实际人数
	股权结构	股权集中度	大股东持股比例
	经营者激励	高层人均薪资	公司高管平均年薪
	员工教育程度	企业员工学历	大专以上学历职工人数
外部治理	与供应商关系	供应商集中度	头部供应商采购占比

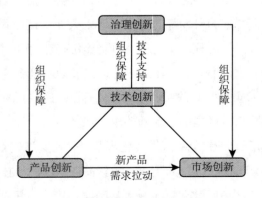

图 1 产业链创新活动的作用因素

（一）企业合规治理影响着产业链的创新资源

首先，产业链创新所需资源不仅包括物质原材料，还包括管理者及研发人员的能力及强大的资金支持，这些均与治理结构有着巨大关系。产业链创新具有一定滞后性和风险性，多数时候不宜通过负债融资来支持企业创新，通常是通过有前景有收益的创新项目实现股权融资。不同的股权结构均会对融资的效率和规模以及稳定性造成影响。

其次，在当今的商业环境中，创新并不仅仅是关于物质资源，它更多地涉及人才资源。经营者和研发人员在此过程中扮演着核心角色。经营者的决策对于企业的创新方向具有决定性影响，尤其是具体实施过程中更多地依赖他们的聪明才智。面对市场的多变和复杂性，经营者需要具备高度的市场洞察力和组织协调能力。他们不仅是策略的制定者，也是执行的推动者，需要对股东负责并确保创新的成功。为了达到这一目标，他们需要具备深厚的专业素养和足够的个人才能。同时，他们的态度、薪酬、工作自由度以及与董事会的关系等因素也会直接影响企业的创新能力。另外，研发人员作为创新的直接实施者，他们的研发能力对于创新的成功至关重要。他们的专业技能和创新能力是决定创新转化为实际成果的关键因素。

最后，原材料供应也是企业创新中不可或缺的一部分。供应商不仅需要确保原材料的及时供应，还要应对高科技和新材料带来的挑战。为了确保实现对供应商的有效约束，企业同样需要建立一套科学有效的治理机制。

（二）企业合规治理影响着产业链的创新动力

产业链创新需要一系列治理机制来为其注入活力，这些机制主要包括薪酬激励机制、企业声誉以及行业竞争压力。

薪酬激励机制是推动企业创新最直接的动力。在企业的内部治理结构中，股东和董事会作为企业的最高决策者，他们的目标是实现企业价值的最大化。而创新所带来的回报往往是长期的、持续的，这与股东和董事会的利益诉求一致。对于企业的管理者和研发人员而言，激励机制的设计同样重

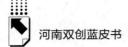
要。如果他们的收益确定，没有在激励机制中设计晋升机制，那么创新则变得无关紧要，因为他们无须承担创新失败带来的职业风险。然而，如果将创新所带来的利润与他们的收益紧密挂钩，那么将极大地激发他们的创新热情。

此外，企业声誉和行业竞争压力也是推动企业创新的重要因素。对于企业管理者和研发人员来说，他们的职业声誉往往与企业的创新成果息息相关。一个成功的创新项目不仅可以为他们带来经济上的回报，还可以提升他们在行业内的地位和声誉。同时，面对激烈的市场竞争压力，企业也必须不断创新以保持其竞争优势。这种外部压力迫使企业不断地寻求新的创新机会和突破口，从而推动整个行业的进步和发展。

（三）企业合规治理影响着产业链的创新策略

在公司的治理结构中，股东通过激励和约束机制促使经营者追求企业创新。这种约束或是激励机制的重要性在于，面对创新这样一种高收益与高风险并存的任务，经营者往往在追求创新收益的同时，设法避免承担创新带来的风险。基于经营者采取的不同收益追求方式和风险规避措施，形成了多种创新路径。在当今竞争激烈的市场环境中，企业需要不断地进行创新以保持竞争力。除了核心业务的持续发展，经营者还需关注规模扩张、多元化投资和短期收益这三个方面，以降低面临的风险，提高企业创新成功率。

首先，追求规模扩张是规避内生增长风险的有效方式。随着公司规模的扩大，其抵御市场波动的能力也会增强。规模扩张还可以带来成本优势和更高的市场份额，从而提升公司的盈利能力。其次，多元化投资策略可以帮助企业分散风险。通过将资金投入不同的领域和项目，企业可以在一定程度上降低单一投资所带来的非系统风险。最后，关注短期收益也是必要的。由于创新通常需要较长时间才能带来回报，企业需要找到一种平衡方式，以确保在创新的同时，也能获得短期的收益来维持公司的运营。这包括投资能够迅速带来收益的项目，或者采用相对容易的创新方式，如模仿创新和引用。总的来说，为了确保企业在创新上的持久动力，需要通过合理的治理模式，在科学有效的规范下使经营者在创新、规模扩张、多元化投资和短期收益之间找到一个合适的平衡点。

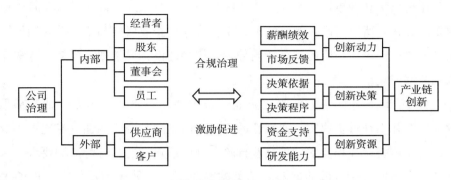

图 2　企业合规治理与产业链的互动关系

三　企业合规内部治理体系的规范要求

企业内部合规体系的建设目前已经有较为成熟的评价标准。这些标准既包含规范层面的设定以及应当具备的核心要素，又从过程角度考察的包括事中、事前和事后三个环节的保障机制。

（一）企业内部合规体系的基本规范

企业行政合规体系以行政立法规范为基础。企业需要合乎的法律规范，包括民商事和行政管理等各部门的法律法规、地方性法规和各种部门规章。企业需在此基础上进一步制定更加详细的内部规范。这是企业内部合规的首要要求，也是企业经营过程中为防范违规风险的必然要求。对企业而言违规风险相对于法律风险更加具有针对性，法律风险包括企业在经营过程中所遇到的各类民商事纠纷，例如违约风险、侵权风险等。民商事活动中的法律风险虽然具有可预期性，但是由于商业活动的不确定性和市场环境的快速变化，企业并不能完全防范民商事活动中的法律风险，违约行为和侵权行为是企业经营中要客观面对的事项。但是违规风险内容是确定的，类型是明确的，对于企业而言是可以通过自律性建设进行防范的。企业经营中主要面临行政违规风险和刑事违规风险，在实践中由于行政管理手段是日常监管中最主要的方式，所以行政违规的情形居于首位，即企业所要面临的首要违规风险是行政违规风险。因此，企业内部合规体系建设首要依据应当是行政法律法规和部门规章。

企业行政合规体系需要强调企业的自主性。企业合规作为一种激励手段，目的并不是对企业实施强制性的规制，而是激发企业加强自身建设。所以，企业的能动性和自主性是企业行政合规体系建设的核心特征和要求，这也是企业治理模式从被动型向能动型的本质变革。具体到强化自主性的手段，例如建立企业合规文化，通过各种途径宣传和灌输合规理念，包括向员工宣传合规的重要性，使合规成为企业文化的共识，让员工深刻理解并自觉遵守。明确合规标准和要求，为员工的合规行为提供指导和依据。强化激励机制，对合规行为进行表彰和奖励。提高员工对合规的重视程度，激发员工的积极性和主动性。建立信息反馈机制，通过及时收集和处理员工的反馈信息，更好地了解员工的合规需求和期望，针对性地采取措施加强合规管理。

企业行政合规体系需与行政监管手段相适应。企业合规内部体系的构建作为前置环节，其本质目标还是要与外部监管与行政管理的目标相一致。因此，企业内部的合规除了从自身实际出发外，还要结合行政管理的方式和特点更好地配合行政监管，共同实现企业治理和产业链提升的目标。这需要企业专门成立合规部门对当前的行政法律法规和各种规章政策保持关注并对企业内部的合规内容进行及时更新。同时在前期合规指引过程中，也要保证与政府执法部门的充分沟通，以期能够更好地理解政策导向从而更加科学合理地构建企业自身的合规体系。

（二）企业内部合规体系的核心要素

一是有效的风险评估。为保证企业合规的有效性，企业首先应针对自身经营过程中的风险进行评估，清楚自身所面临的违规风险的来源。这要根据公司的商业模式、组织结构和产品服务等多方面，对所涉行政法律法规进行逐一排查，对其中可能存在的漏洞和风险进行分析与识别，并对可能存在的隐患进行分级，最后对整个评估情况进行汇总和整理，作为开展下一步合规建设的重要参考数据。二是科学的合规程序。科学合理的合规程序是合规目标实现的关键。有效合理的合规程序不仅包括预防和纠正违规行为的标准规范，还应当包括具体行为指南。不仅需要明确企业各部门以及员工行为准则，还要为他们做出明确的程序指引，让员工清楚哪些行为对企业发展最为有利，能够最大限度地防范违规风险，排除违规隐患。三是有实效的激励措施。为确保合规的有效展开，企业还需通过一定措施激发员工的积极性与创造性，通过满足员工需求提高员工的满意度和归属感，促进员工工作热情和投入，具体措施包括薪酬激励、晋升激励和培训激励等。

（三）企业内部合规体系的保障机制

1. 风险预警机制

风险预警机制主要针对的是事前预防，企业需要根据自身运作模式对经营业务中的风险进行防控。如前文所述，在完成风险评估后，企业下一步要对预警部门进行一定提示和整改。由于企业需要根据市场动态不断调整经营策略，这就需要对风险预警后的防控措施进行动态检视和调整。具体方式可以结合对企业员工开展较大规模的访谈和调查，或是企业合规部门对内部高管和外部合作伙伴、供应商保持及时沟通，以便第一时间获悉企业的最新经营状况。

2. 调查监督机制

调查监督机制针对的是事中能有效识别和规范可能发生的合规风险。企业应当建立高效的调查报告制度，这是企业在合规整改过程中的重要内容，确保企业初期的整改结果落到实处。企业可以设立匿名举报机制，并制定保护举报人的制度，在调查监督的形式上可采用邮件系统、网络平台和举报热线等方式。

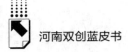

3. 应急响应机制

应急预案的设置和实行是事后监督的重要内容。如果没有严格的事后处理机制和防范措施，整个行政合规机制最终落地将受到影响。应急响应机制要求企业在合规体系建成后，遇到突发情况时能够快速启动内部调查程序，迅速发现问题根源从而尽快组织人力物力采取补救措施。此外，如果应急响应需要涉及外部行政机关的介入，企业应当做好沟通和对接，在必要的范围内进行信息公开，做好信息披露争取到更有利的结果。

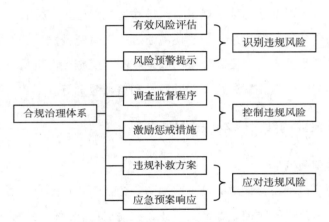

图3　企业内部行政合规治理的要素

四　企业合规外部行政监管的发展与创新

如上文所述，企业内部合规和政府外部监管是合规体系建设的一体两面。在企业加强自律的前提条件下，政府也应当打造好外部法治环境，为企业行政合规提供激励性的营商环境，从而促进整个产业链的良性发展。

（一）静态层面：外部监管执法模式创新的原则要求

1. 行政合规监管必须有明确的法律授权依据

根据行政法依法行政的基本原则，要求行政合规监管应具有法律的明确授权，获得实施行政行为的依据。为了实现有法可依，法律授权依据需要明确监管的要求、内容和程序，这是依法监管的基础，法律规范的完备程度直接关系监管行为的合法性。对于企业合规的行政监管来说，目前在中央层面的法律规范主要分为两类：一类是基础性的行政法律规范，另一类则是针对企业合规的专门法律规范或条款。前者例如《行政处罚法》和《证券期货行政执法当事人承诺制度实施办法》，后者如《中央企业合规管理指引》《证券公司和证券投资基金管理公司合规管理办法》《保险公司合规管理办法》。

河南省在近年来连续出台一系列规范性文件，例如河南省政府国资委印发了《河南省省管企业合规管理指引》，2023 年河南省检察院出台了《河南省检察机关办理企业合规案件工作规程（试行）》。此外，河南省企业合规专项文件还包括《河南省涉案企业合规第三方监督评估机制实施办法（试行）》《河南省涉案企业合规第三方监督评估组织运行规则（试行）》《河南省涉案企业合规第三方监督评估机制专业人员选任管理办法（试行）》等。

由于企业行政合规监管在我国处于起步阶段，法律依据的制定尚处在探索阶段，并未形成完备的规范体系。尤其是河南省的诸多规范性文件有一些还没有上升到行政立法，很多目前仅仅是规范性文件，而且大多数还是试行办法。所以除了进一步提升企业合规的立法工作外，还需在执法时注意法律法规之间的协调性，避免立法空白或是法规冲突相关问题。

2. 行政合规监管在合法的基础上要保证合理性

在行政法的基本原则中，除了依法行政外合理行政也是行政法的基本准则。合理行政要求在保证行政合规监管的程序性要求上还应当增加实质性要求。这些要求包括行政监管中立、监管活动公开、相对人有效参与、高效及时等。其中相较于其他行政监管行为，企业合规的行政监管应当更加注重效率原则，因为企业合规监管的对象是企业，企业在面临复杂的市场环境时需要及时调整经营策略，自身的管理模式也需要随之进行不断调整。因此企业合规的行政监管应当注意到企业自身的特殊性，符合市场快速变化的形势，

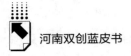

注重监管的针对性和高效性。

行政合理性也体现在企业合规的行政监管需要强调类型化。分类监管的模式是由企业的行业属性决定的。由于企业在经营领域、经营规模、经营模式上存在巨大差异，行政机关在监管时也要先对企业进行划分，然后根据不同类别的企业选择不同的监管手段。例如大型企业有能力设立完备的企业合规部门，那么相应的行政监管则需要注重与企业合规部门的对接，而有些中小企业没有设立完善的合规部门，行政监管部门除了帮助企业完善合规部以外，还需要组织专业的监管队伍深入企业内部进行检查和监督。

此外，行政合规监管手段的多样性也是合理行政的重要体现。行政合规监管既需要严格执法，合理运用刚性手段对企业施加压力，同时也需要结合实际情况运用一定柔性手段增加行政行为的可接受度。尤其是作为一种重要激励型监管手段，企业合规行政监管的本质目的就是在政府的引导下加强企业自身的合规建设，所以作为外力的行政合规监管不应以强制力作为唯一目标实现形式，在适当的时候增加柔性执法的方式也是非常必要的。

（二）动态层面：外部合规监管模式的发展与创新

相较于以往行政机关对企业的执法模式，企业合规的行政监管是一种理念和模式上的创新。过去对企业的执法侧重于事后的惩罚手段，通过事后处罚实现威慑迫使企业遵守法律法规。这种监管模式往往会产生监管滞后的问题，同时当问题出现后也很难弥补已经造成的损失。而根据企业合规在国际上的发展态势，以及近年来在我国逐步实践和探索，激励型监管的理念和模式正在逐步推广，并展现出独特优势和良好效果，基于我国目前实践已经形成多种执法手段，这也是河南省在进一步推进企业治理和产业链提质增效中可以完善的方向。

1. 行政合规指引（指南）的发布

政府发布合规指引或合规指南是实现外部监管的重要模式。政府通过合规指引实现对企业在事前的规制和提示，从而引导企业减少事后处罚的可能性。企业在合规指南的规范下，设定企业管理的组织原则和治理结构，并根据行政处罚的高发事项设立专项防控机制，从而形成一套行之有效的合规管理运行机制。

行政合规指引在类型上可以归为两类：一类是针对企业整体治理的综合性合规指引，另一类是针对企业具体管理事项的专项合规指引。综合性合规指引旨在确立企业管理体系和基本治理框架，帮助其填补管理漏洞，降低经营过程中的处罚风险，同时综合性合规指引还为专项合规指引设立了基本准则。专项合规指引具体到各类专业经营领域，例如金融、证券、反垄断等，在这些领域设立具体合规规则，进而获得政府颁发的合规认证，从而为之后获得优惠待遇或是减轻处罚提供依据。

2. 行政指导制度的完善

行政指导在我国是一种传统的行政执法活动方式，因其非强制性不会对相对人的实质性权利和义务造成影响。行政指导通过建议提示、辅导示范等方式帮助行政机关实现其行政目标，具有较大的灵活性和可接受性，作为对过去行政处分行为的补充起到过重要作用。但是行政指导对企业的约束力是有限的，例如行政机关通过行政指导书建议企业提交合规自查报告，并没有确立具有可操作性的验收程序和标准，因此单纯依靠行政指导难以实现对企业行政合规的全面规范。目前实践中发展出一种强合规义务实施的执法类型，这种强合规义务需要与行政指导加以区别，未来如何做好行政指导与强合规义务的区分是完善行政指导制度的一个重要方向。

3. 行政执法和解制度的推广

行政执法和解某种程度上突破了过去单向执法和刚性执法的行政法传统，作为一种尚处在探索期的执法模式具备初步的实践基础，同时也存在较大的发展空间。我国行政执法和解制度在多个领域已经开始试点，例如我国的《反垄断法》第53条规定了对涉嫌垄断行为的执法机构需要开展调查，被调查者承诺在认可期限内采取措施消除该行为的，反垄断执法机构可以中止调查。类似的规定也出现在《中华人民共和国海关关于〈中华人民共和国知识产权海关保护条例〉的实施办法》中。而在证券法领域，《行政和解试点实施办法》的出台则被认为是在该领域全面确立了证券执法和解制度。

但目前行政执法和解制度依然面临一定的理论难题和实践困境。理论上行政权的处分问题需要进一步澄清和解决，而在实践中已经在证券领域试点成功的行政执法和解制度能否推广至其他执法领域也是需要进一步探索的问题。

参考文献

陈瑞华、李玉华：《企业合规改革的理论与实践》，法律出版社，2022。
熊樟林：《企业行政合规论纲》，《法制与社会发展》2023 年第 1 期。
夏金莱、许聪：《企业行政合规制度研究》，《政法学刊》2022 年第 4 期。
张泽涛：《论企业合规中的行政监管》，《法律科学》2022 年第 3 期。
崔瑜：《论企业合规管理的政府监管》，《行政法学研究》2021 年第 4 期。

B.25

河南农业碳汇产品价值实现的路径研究

——基于生态产品第四产业理论的视角

高　昕*

摘　要： 农业碳汇集生态、经济、社会价值于一体，是生态产品第四产业发展的主导生产要素之一。河南作为一个农业大省，农业碳汇资源丰富。在乡村振兴与"双碳"目标的双重加持下，挖掘农业碳汇功能、开发农业碳汇项目，推动农业碳汇价值实现，已经成为河南建设农业强省的重要任务。面对思想认识不到位、技术支撑不充分、市场体系不完善、政策供给不精准等农业碳汇价值实现的现实障碍，需要妥善处理好政府引导与市场配置的关系、技术创新与制度创新的关系、稳农保供与节能减排的关系，进一步优化农业碳汇顶层设计、厘清农业碳汇资源状况、开发设计农业碳汇项目、强化农业碳汇科技支撑、健全农业碳汇政策体系。

关键词： 农业碳汇　生产要素　生态产品第四产业

全面实现"双碳"目标不仅要全力推进碳排放减量，更要着力提升碳汇增量，构建多层次的碳中和路径。农业作为山水林田湖草沙生命共同体的重要构成部分，兼具碳源与碳汇的双重功能。2021年12月，习近平总书记在中央农村工作会议上指出，农业农村减排固碳，既是重要举措，也是潜力所在，这方面要做好科学测算，制定可行方案，采取有力措施。农业碳汇价值实现作为乡村生态产业化的重要途径，对于同构农业产业链价值链生态

---

* 高昕，博士，河南中原创新发展研究院副教授，研究方向为农林经济管理。

链、培育乡村新产业新业态新模式、打造乡村生态经济体系具有重要意义。2022 年中央一号文件提出，探索建立碳汇产品价值实现机制。农业农村部等 5 部门联合印发的《建设国家农业绿色发展先行区促进农业现代化示范区全面绿色转型实施方案》要求，探索农业碳汇交易机制。随着我国农业绿色发展深化实施、碳市场扩容与产品完善，农业碳汇供给与需求将呈现"双量提升"态势，农业碳汇产品价值实现必将迎来重大机遇。河南作为一个农业大省、粮食大省、畜牧业大省、自然资源大省，农业碳汇资源丰富、农业碳汇种类多元，加快推动农业碳汇价值实现，对于乡村振兴河南实践、建设农业强省具有重要的现实意义。

产业是与人类文明形态共同演变的社会分工的产物。农业碳汇作为一种生态调节服务类产品，其价值实现本质上是将农业碳汇与土地、劳动、技术等要素一样作为现代经济体系的核心生产要素纳入生产、分配、交换和消费等社会生产全过程，实现农业碳汇效益外部化和生态成本内部化。中国工程院院士王金南等提出的生态产品第四产业理论把"生态产品第四产业"定义为以生态资源为核心要素，与生态产品价值实现相关的产业形态，从事生态产品生产、开发、经营、交易等经济活动的集合。按照这一理论的解释，农业碳汇产品价值实现过程中，农业碳汇供给方、需求方、服务方等围绕农业碳汇产品开发、经营、交易、支撑服务等技术经济关系形成的关联关系形态则是农业碳汇产品的产业链。为此，本文尝试以生态产品第四产业理论为分析框架，对河南农业碳汇价值实现意义、基础、困境和路径进行分析。

一 河南农业碳汇价值实现的现实意义

在"双碳"目标、"两山"理念、农业强国建设等大背景下，生态产品第四产业正在逐步成为经济高质量发展的新动力和生态文明建设的新模式。农业碳汇价值实现对于保障国家粮食安全、推动生态强省建设、实现乡村产业振兴、促进农民收入增加具有积极的推动作用和赋能价值。

（一）保障国家粮食安全的有力抓手

河南作为国家粮食核心生产区之一，肩负着维护国家粮食安全和重要副食品安全的重任。农业活动通过植物光合作用吸收二氧化碳，减少了大气中的温室气体含量，从而对缓解气候变化做出了贡献。同时，农业碳汇价值实现还有助于提高农业生产效率，改善农业生态环境，提升农产品质量，确保国家粮食安全。首先，农业碳汇价值实现可以倒逼提高土壤肥力和改善土壤结构来增加农作物产量。在碳汇农业中，农民采用有机肥料、生物农药等环保农业生产方式，使土壤保持充足的养分和水分，从而提高土壤的肥力和产量。此外，通过合理轮作、间作等措施，改善土壤结构，提高土壤的通气性和保水性，也有助于提高农作物的产量和质量。其次，农业碳汇价值实现还有助于改善农业生态环境。通过减少化肥和农药的使用，降低农业对环境的污染，保护生物多样性。同时，通过合理利用农业废弃物和有机废弃物等资源，实现农业废弃物的减量化、资源化和无害化处理，减少温室气体排放，改善农业生态环境。最后，农业碳汇机制实现还有助于提升农产品质量。在碳汇农业生产过程中，农民采用有机肥料、生物农药等环保农业生产方式，使农产品更加安全、健康、营养。

（二）推动生态强省建设的重要内容

推进美丽河南生态强省建设是一个系统工程，需要多领域、多产业、多环节相互协同。农业作为生态建设的重要领域，是唯一可以在短期内产生净碳汇的国民经济部门。农业生产经营活动通过吸收大气中的二氧化碳，并将其储存在土壤和植物中，实现了碳的固定。这种碳汇功能对于降低大气中温室气体的浓度、减缓全球气候变暖具有重要意义。通过农业碳汇项目的开发，可以有效降低温室效应，减轻气候变化的负面影响，不仅有助于减缓气候变化，同时也有益于改善土壤健康，提高土壤肥力。合理的农业管理措施，如轮作、秸秆还田等，也有助于改善土壤结构，提高土壤透气性和保水能力，从而促进植物的生长和碳汇功能的发挥。通过推广节水农业、采用滴灌等节水技术，可以在保证作物生长的同时，减少水资源的浪费。此外，合理的农田管理措施，如土地平整、土壤改良等，也可以提高土壤的蓄水能力，减少水流失，从而提高水资源的利用效率。多样化的种植结构、合理的农田景观设计等措施，可以营造适宜的生态环境，为野生动植物提供栖息地，从而保护生物多样性。同时，农业碳汇的发展也有助于提升公众对环境保护的意识，促进生态文明建设和社会可持续发展。

（三）助力乡村产业振兴的主攻方向

民族要复兴，乡村必振兴，乡村要振兴，产业要先行。习近平总书记指出，乡村振兴要在产业生态化和生态产业化上下功夫。农业碳汇价值实现作为乡村生态产业化的重要路径能够有效推动乡村能源转型与绿色农业发展。农业碳汇是实现碳中和目标的关键途径之一，而能源革命为绿色农业发展提供了技术支持和发展基础。乡村能源革命通过推动生物质能、沼气等可再生能源的发展，促进乡村能源系统向分布式能源转型，同时也为绿色农业发展提供了新的思路和方法，可以有效提升农业全要素生产率。另外，农业碳汇价值实现可以促进农业废弃物的资源化利用。农业废弃物是农业生产过程中产生的有机废弃物，如果处理不当，会造成碳排放。而通过废弃物处理的资源化，可以有效消化这些废弃物，减少不当处理造成的碳排放。同时，废弃物处理也可以产生沼气等可再生能源，为乡村提供新的能源来源。农业生产经营过程的循环化是绿色农业的重要特征之一，它可以通过生态肥料替代化肥等生产资料，推动生产投入的减量化，从而减少农业生产资料使用产生的碳排放。这种循环化的生产方式还可以促进农业经营方式的绿色多元转变。

（四）促进农民收入增加的有效载体

千方百计拓宽农民增收致富渠道，既是推进乡村振兴的出发点和落脚点，也是建设农业强省的关键点和突破点。在当前生态产品价值实现的指引下，将农业碳汇转化为农民增收的生态产品已经成为乡村产业振兴的一个重要路径。农业碳汇价值实现可以为农民开辟新的收入来源和渠道。通过农业碳汇产品的开发交易，农民可以将自己的农业活动产生的碳汇额度进行销售，获取经济收益。这不仅增加了农民的收入来源，也激发了他们参与碳汇交易的积极性，进一步提高农业生产效率。另外，农业碳汇价值实现有利于农产品附加值的提升。随着消费者对绿色、环保产品的需求增加，低碳、环保的农产品在市场上更具有竞争力。这不仅能提高农产品的销售价格，也为农民带来了更多的收益。同时，农业碳汇价值的实现有助于增加农民就业机会。农业碳汇开发可以创造更多的就业机会，从碳汇项目的规划、实施到监测、评估，都需要大量的人力资源。这不仅为农民提供了新的就业岗位，也为农村地区吸引了更多的外部投资，推动农村经济的发展。同时，农业碳汇价值实现可以带动相关产业的发展，如生态旅游、有机农业等，也会为农民创造更多就业机会和增收途径。

二　河南农业碳汇价值实现的机遇优势

生态资源是生态产品第四产业的主导生产要素，也是产业形成的起点。农业碳汇作为通过改善农业管理、改变土地利用方式、育种技术创新、植树造林等途径，吸收二氧化碳的过程、活动或机制，其功能和价值的实现与生态产品密切相关，具有外部性、稀缺性、地域性、整体性、季节性、成本性等生态产品的属性特征。从广义视角看，农业碳汇涵盖农作物碳汇、畜牧业碳汇、耕地碳汇、草原碳汇、造林碳汇等；从狭义视角看，农业碳汇主要指农作物碳汇和农田碳汇。河南农业资源丰富，具有推动农业碳汇产品价值实现的先天优势和禀赋条件。

（一）禀赋资源优势显著

河南是一个农业大省、粮食大省、畜牧业大省、自然资源大省，农业碳汇资源丰富、农业碳汇项目多样。河南省第三次全国国土调查数据显示，全省拥有耕地面积751.4万公顷，占全国耕地面积的4.6%左右，其中，林地面积 439.6 万公顷、园地面积 42.8 万公顷、草地面积 25.7 万公顷。截止到 2023 年，河南省已经建成高标准农田 591.0 万公顷，粮食总产量连续 7 年超过 6500 万吨，播种面积稳定在 1070 万公顷以上。2022 年河南省肉蛋奶总产量达 1335.5 万吨，其中肉类总产量 660.5 万吨、蛋类总产量 457.2 万吨、奶类总产量 217.8 万吨，牧业产值 2832 亿元，居全国第 3 位。按照中国科学院的研究测算，河南现有耕地土壤有机质含量每提高 1%，将实现固碳 1.7 亿吨。根据全国人大代表茹振钢的测算，河南省仅小麦、玉米和水稻三种粮食作物每年的碳汇规模就高达 4946 万吨。有研究表明，河南省农田生态系统碳汇规模高达 8339 万吨。以 2023 年 10 月碳配额（CEA）的日均收盘价 80.37 元/吨计算，全省每年仅三大粮食作物碳汇价值就接近 40 亿元。

（二）宏观政策机遇难得

生态产品第四产业发展离不开政策支撑。随着全球环境问题日益严重，包括农业碳汇在内的生态产品价值实现已成为各国政府和社会关注的焦点。2022 年中央一号文件明确提出，研发应用减碳增汇型农业技术，探索建立碳汇产品价值实现机制。2022 年 9 月，农业和农村部、发展改革委、生态环境部等 5 部门联合印发《建设国家农业绿色发展先行区 促进农业现代化示范区全面绿色转型实施方案》，要求探索农业碳汇交易机制，研究建立减排固碳和核算论证体系，探索开发茶园果园、沼气、农田等农业碳汇项目，促进农业绿色低碳生产转化为碳汇交易产品，鼓励支持企业参与农田碳汇交易。河南省委、省政府高度重视农业碳汇工作，制定"1+10+8"政策体系，以高标准农田建设、化肥农药减量增效、农作物秸秆焚烧还田、畜禽粪污资源化利用等为重点深入推进农业减碳增汇，并对农业农村领域碳汇底数和综合效益等进行测算评价。围绕生态产品价值，依托淅川、西峡、灵宝等国家试点，探索"市场运作+政府监管、生态补偿+社会资本和政府统筹+市场开发"等价值实现路径，积极构建生态产品分类指标"3+17+N"体系，制定生态产品调查监测实施方案，摸清试点生态产品底数，形成以生态系统生产总值（GEP）核算指标体系为基础的激励约束机制。

（三）碳汇市场前景广阔

市场需求是生态产品第四产业发展的核心动力。在实现"双碳"目标的过程中，碳排放交易是不可忽视的关键路径。目前，国内各个层面正在加快推动碳市场发展，碳市场呈现出蓬勃发展态势。我国于 2013 年 6 月开始试点碳交易市场。2021 年 7 月，全国碳交易市场正式启动上线交易。根据生态环境部统计数据，截至 2023 年 10 月 25 日，全国碳排放权交易市场碳排放配额累计成交量达到 3.65 亿吨，累计成交额高达 194.37 亿元。2023年 11 月，《温室气体自愿减排注册登记规则（试行）》《温室气体自愿减排项目设计与实施指南》《温室气体自愿减排交易和结算规则（试行）》"三项制度"的出台标志着中国核证自愿减排（CCER）市场进入重启阶段。目前，我国仅有电力行业被纳入碳配额交易市场，以每年发放 45 亿吨配额为例，按照中国核证自愿减排（CCER）5% 的抵消比例测算，CCER 最大理论需求量为 2.25 亿吨。未来随着石化、化工、建材、钢铁、有色、造纸、航空等行业的纳入，国家核证自愿减排（CCER）需求量将大大增加，伴随着全国碳市场交易范围的扩展、交易主体的丰富、交易产品的创新等，农业碳汇价值实现将迎来重大契机。

（四）外省经验可资借鉴

近年来，在中央宏观政策引导下，全国各地加快探索农业碳汇价值实现路径，这为河南省农业碳汇价值实现提供了有益借鉴。2022 年 5 月，全国首个农业碳汇交易平台在福建厦门落地，现场通过发放首批农业碳票，推动7755 亩生态茶园、共计 3350 吨农业碳汇作为全国首批农业碳汇交易项目签约，助力碳达峰、碳中和战略与乡村振兴工作融合发展。此后，福建、贵州、云南、安徽、山西等省份相继开发林业碳票、竹林碳票、农业碳票，加快推动形成绿色低碳的生产方式和生活方式。浙江、江苏积极探索绿色发展新路径，以碳标签的形式推出了天目水果笋和锡山大米。经过认证核算，每生产 5 公斤锡山大米，从种植到包装碳减排量达到 4.1619 公斤。福建、贵

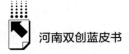

州、浙江等省份还依托农业碳汇产品积极推动质押贷款、碳汇入股、碳汇债券、碳汇保险等投融资活动。四川出台《林草碳汇行动方案》《林草碳汇发展推进方案（2022—2025年）》，在碳汇计量、潜力评估、项目建设、普惠机制、项目管理、科技支撑、政策扶持等方面明确了林草碳汇开发的具体举措。上述这些省外实践探索，为河南省开发农业碳汇项目提供了可资借鉴的经验。

三　河南农业碳汇价值实现的现实障碍

农业碳汇价值实现是协同推进乡村产业生态化和生态产业化的重要路径和有效载体，不仅是推动农业绿色发展、助力双碳目标实现的内在要求，也是实现乡村产业振兴的主攻方向、农业强国建设的重要任务。但目前我国农业碳汇价值实现尚处在起步阶段，农业碳汇价值实现在思想认识、技术支撑、市场体系、政策供给等方面还存在一些问题和短板，同时，在大国小农国情农情条件下，我国农业生产经营规模化程度偏低、分散农户在参与农业碳汇项目开发中也存在诸多现实障碍。

（一）农业碳汇知识普及不够

目前，农业碳汇价值实现在全国范围内尚属新生事物，理论界对于农业碳汇的生态产品属性、交易范围、核算标准、开发流程等均未形成成熟且统一的认识。由于河南省缺乏专业的碳交易培训机构，农业碳汇人才供给不足，相关部门和农业经营主体对农业碳汇开发的市场前景、基本方法、实现路径、交易规则等缺乏必要的知识和技能。部分机构对配额交易和碳汇交易的概念、强制性配额交易与抵消自愿减排交易之间的差异认识不清，对农业碳汇市场交易的减排量的额外性缺乏深入理解。农业碳汇开发技术支撑不足，研究基础薄弱，农业碳汇调查监测、价值核算、经营开发、交易变现等工作推进难度较大。农业生产经营主体对农业碳汇价值是什么、有哪些、有多少、怎么开发、如何利用等普遍认识不足。人们对农业碳汇的认知不清晰，加之农业碳汇的经济、社会、生态价值无法简单地通过传统产品市场出清时的价格传递，使得农业碳汇发展难以形成有效的激励机制。

（二）农业碳汇监测体系缺失

潜力测算、价值评估是农业碳汇价值实现的前提条件，但由于农业碳汇构成复杂多样、分布千差万别、影响因素众多，因此需要大量基础数据和监测数据的支撑，这一过程涉及管理部门众多，部门间统计口径不统一、数据不能及时共享、时效性差等问题都严重制约了农业碳汇监测的规范性、完整性、精确性、时效性。目前，河南省已经完成了农业领域分区域二氧化碳排放量测算及畜牧业温室气体排放样本县数据采集等工作，并对农业领域碳排、碳汇、碳储的种类、渠道、规模、形式等进行了测算，但农业碳汇动态化、精准化、数字化的监测体系建设尚未形成，农业碳汇尚未纳入数字建设，农业不同领域碳汇本底调查和储量评估跟进不足。如何更加精准有效地模拟测度多重因素对农业碳汇潜力的影响，以及如何实现广大范围、持续性、动态化的农业碳汇潜力测定与评估，都是重大的科学挑战。

（三）农业碳汇市场发育滞后

目前，国内农业碳汇市场尚未形成规模，市场规模小，交易量少。这主要是因为农业碳汇项目开发成本高、风险大，且缺乏统一的交易平台和标准。市场规模小导致农业碳汇项目难以实现商业化运营，限制了其发展潜力。农业碳汇发展主要集中在减排固碳方面，碳汇开发则更多集中在造林碳汇领域，其他领域的监测评价、注册登记、核算认证、项目设计、减排交易、结算规则等尚未形成，农业项目纳入自愿减排交易机制（CCER）的实施路径尚处于论证之中。此外，开发农业碳汇项目程序复杂、周期长、中间服务成本较高，缺乏有效的行业标准与政府投资支持，市场化程度较低，企业参与积极性不高。单个小农户由于存在规模、投资及经营能力等方面的限制，其开发农业碳汇项目将面临较高的成本约束，不仅难以获取直接经济利

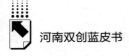

益，而且面临较高的机会成本。由此导致农业碳汇项目市场供需不平衡，全省多地农业碳汇项目处于空白状态。

（四）农业碳汇开发政策短缺

农业碳汇具有较强的公共物品属性，离不开政策引导支持。目前，河南省针对农业碳汇发展出台的文件多侧重于农业减排固碳领域，对农业碳汇交易尚未做出具体安排。2022 年 1 月，省委办公厅、省政府办公厅印发《关于建立健全生态产品价值实现机制的实施意见》，提出到 2035 年全面建立完善生态产品价值实现机制，全面形成具有河南特色的生态文明建设新模式，广泛形成绿色生产生活方式。洛阳、三门峡、南阳、信阳 4 个省生态产品价值实现试点，尚未针对农业碳汇项目出台相应政策。同时，农业碳汇价值实现政策的实施涉及多个部门和多方利益相关者，需要良好的信息沟通与协调机制。然而，目前河南的信息沟通与协调机制还存在不畅的问题，导致政策实施过程中出现信息传递不及时、不准确、不全面等现象，影响了政策的有效性和实施效果。

四　河南农业碳汇价值实现的路径选择

农业碳汇价值实现是依托政策工具或市场手段等将农业碳汇生产开发系统的社会效益或社会成本转化为私人效益或私人成本的过程。目前，我国生态产品第四产业尚处在产业形成期，需要从顶层设计层面进一步厘清生态产品第四产业的内涵、范围、发展定位和发展路径，同时也亟须政府部门从生态产品生产、消费、交易、分配全流程制定和完善支持引导政策。针对当前河南省农业碳汇价值实现的现实特征，应抢抓机遇，加快启动农业碳汇项目开发，抢占农业碳汇交易市场。

（一）加强农业碳汇顶层设计

把农业碳汇项目开发纳入乡村振兴战略规划统筹部署、一体推进。一是完善规划体系。研究制定《河南省农业碳汇发展行动方案》，对农业碳汇发展做出前瞻规划、系统部署、科学谋划。指导地方因地制宜编制农业碳汇发展规划或实施方案。二是成立组织机构。成立农业碳汇工作专班，统筹协调推进全省农业碳汇工作，加强农业农村、生态环境、发展改革、自然资源、财政金融、市场监管、科学技术、工业信息、教育等相关部门的沟通协作。三是深化外部合作。推动中部六省建立农业碳汇合作机制，在制度设计、平台建设、减排项目、场景开发、市场交易等方面加强区域交流合作。四是规范管理体系。加强农业碳汇资源开发行业监管，健全项目实施审核机制。设立农业碳汇综合管理平台，对全省农业碳汇项目备案、碳汇耕地建设、碳汇量核定、碳汇认购、碳中和行动等进行有效监管，为农业碳汇项目开发和交易提供全过程服务。

（二）摸清农业碳汇本底

以全面推进乡村振兴、加快建设农业强省为目标，健全农业碳汇调查监测机制和价值评价体系，精准掌握河南省农业碳汇资源底数和价值潜力。一是建立监测信息平台。以数字乡村建设为契机，依托省农业农村大数据平台、中原农村信息港等，建立数字化、网络化、智能化农业碳汇动态监测网络，通过数字赋能推动农业碳汇发展。二是调查资源分布状况。以第三次全国土壤普查为契机，对河南省农业碳汇资源进行系统调查，全面摸排农业碳汇潜力及其行业和区域分布，对小麦、玉米、水稻等主要农作物和高标准农田排碳量和固碳量进行测算，为全面开展农业碳汇交易做好前期数据分析。三是建立农业碳汇 CCER 方法学。组织专业力量，研究农业碳汇监测、分析、评价和核算的标准与方法体系，厘清农业碳汇核算边界及标准，形成符合国际规范、切合河南省实际的高标准农田、稻谷、小麦、玉米、生猪、茶园等碳汇项目核算方法学。四是培育价值评估市场。借鉴厦门农业碳交易市场实践经验，研究农业碳汇认证标准、交易规则及监督机制等，发展第三方评估认证机构，提升第三方评估机构对农业碳汇项目的认证、核算及评估水平，推动农业碳汇核查体系的发展完善。

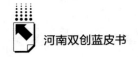

（三）加快开发农业碳汇项目

立足河南省农业碳汇资源丰富、开发潜力巨大的优势，提前布局、因地制宜开发农业碳汇项目。一是设立专业市场。抢抓 CCER 重启战略机遇，申报设立全国农业碳汇交易中心，建立中原农业碳汇大数据中心，统一收集、权威发布实时农业碳排放与碳汇数据，为各类农业经营主体参与碳交易提供支持。二是鼓励先行先试。按照循序渐进、稳步推进原则，建立"政府主导、市场运作、科学合理、简便易行"的农业碳汇评价和交易机制，建议选择周口、信阳、南阳等省辖市，考虑先将周口农高区、信阳茶园、南阳畜牧业绿色发展等纳入自愿减排交易机制，打造可复制可推广的示范项目。三是推动入市交易。关注国内外碳市场动态，推进高标准农田、茶园、畜牧业绿色发展以及农业生物质能源等碳汇项目储备，引导农业碳汇项目及时向碳交易主管部门申报备案和碳汇量核证，利用国家温室气体自愿减排交易平台等挂牌交易。四是培育市场主体。立足河南省"一区两带三山"农业发展布局，因地制宜开发不同类型农业碳汇项目，探索依托高标准农田建设、农作物秸秆综合循环利用、畜牧业绿色发展、农业生物质能源开发等支持碳汇项目建设的机制。加快推动农业股份公司、股份合作社等新型农业经营主体发展，将分散农户联合起来，共同开发农业碳汇、参与碳交易。

（四）强化农业碳汇科技支撑

加大对农业碳汇科研投入力度，鼓励科研院所和企业协同开展技术创新和研究开发。一是推广应用农业碳汇技术。依托高标准农田建设，以耕地土壤有机质提升为重点，增强农田土壤固碳能力。大力推广应用固碳能力强的作物和优良品种，复制生态健康养殖技术与种养结合模式，不断改进畜禽粪便等废弃物资源化循环利用技术、提升有效还田率。二是打造农业碳汇人才队伍。建立农业碳汇专家库，为农业碳汇发展提供决策依据、技术支撑。开展计量监测、项目开发和市场交易等能力培训，夯实农业碳汇科技人才基础。支持、鼓励相关高校开设碳中和与农林固碳减排微专业，培养具有国际视野的高水平碳中和应用研究型人才和管理人才。三是组建农业碳汇发展研究中心。依托河南农业大学、省农科院等，联动龙头企业，成立农业绿色低碳发展研究中心，推动农业碳汇科技资源整合，推动绿色低碳农业科技联合攻关、人才协同培养，在重大科研专项中设立农业碳汇研究与应用相关科技专项，加强农业碳汇基础科学研究。

（五）健全农业碳汇政策体系

完善财政补助、贷款贴息、用地配套、科研创新、绿色金融等政策，支持林草碳汇基础研究、计量监测、市场交易、示范建设、人才培养等，引导各类社会主体广泛参与农业碳汇。一是创新金融支持方式。借鉴先发省份和工业领域的实践经验，探索建立农业碳票、农产品碳标签机制。创造农业碳汇储蓄、碳汇期货、碳汇信用贷款等新型农业碳汇金融产品，逐步将符合条件的农业碳汇交易服务纳入河南省绿色金融支持范围。支持农业保险机构创新开发各类农业碳汇保险产品，鼓励将农业碳汇保险产品纳入特色农产品保险奖补政策支持范围。二是加大财政支持力度。设立农业碳汇发展专项基金，采取以奖代补方式，加大各地农业碳汇的财政奖励补贴力度。通过加强财政支持、补贴减免等形式的政策支持，激发市场活力，鼓励更多的企业、新型农业经营主体及农户参与农业碳汇发展。三是健全社会参与机制。通过发放消费券、税收减免等，鼓励碳排放企业、大型活动组织者、社会公众等通过购买农业碳汇履行社会责任。遵循农业碳汇开发规律，完善农业碳汇利益分配政策体系，充分调动农业经营主体节能减排、固碳增汇的积极性。四是加强宣传普及力度。大力普及农业碳汇知识，将农业碳汇专业技能人才纳入"人人持证、技能河南"培养计划，并在高素质农民培育方案中加入农业碳汇知识，增强农户碳汇意识和应用能力，引导形成全社会关心、关注、支持林草碳汇发展的良好氛围。

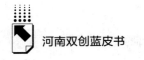

参考文献

王夏晖、朱媛媛、文一惠等：《生态产品价值实现的基本模式与创新路径》，《环境保护》2020 年第 14 期。

王金南、王志凯、刘桂环等：《生态产品第四产业理论与发展框架研究》，《中国环境管理》2021 年第 4 期。

王金南、王夏晖：《推动生态产品价值实现是践行"两山"理念的时代任务与优先行动》，《环境保护》2020 年第 14 期。

Crippa M., Solazzo E., Guizzardi D. 等，Food Systems are Responsible for A Third of Global Anthropogenic GHG Emissions，*Nature Food* 2021 年第 3 期。

朱新华、李雪琳：《乡村生态产品价值实现促进共同富裕的路径选择》，《江苏社会科学》2023 年第 5 期。

张俊飚、何可：《"双碳"目标下的农业低碳发展研究：现状、误区与前瞻》，《农业经济问题》2022 年第 9 期。

Abstract

This book is the eighth annual blue book to track and study the innovation and entrepreneurship situation in Henan Province and is organized by Huanghe Science and Technology University and Henan Zhongyuan Innovation and Development Research Institute. With the theme of "Empowering the Industry Chain with Innovation and Entrepreneurship to improve Quality and Efficiency", the book is divided into a general report, a special topic, an industry repot, a regional chapter and an exploration chapter, striving to reflect the practices and achievements of improving the quality and efficiency of Henan's innovation and entrepreneurship empowerment industrial chain from different perspectives, and providing strong theoretical and intellectual support for solidly promoting the construction of modern Henan and helping Henan to move from a large manufacturing province to a strong province in advanced manufacturing.

The book is divided into five parts and is structured as follows.

Part I, General Report. This section consists of two sub-reports. "The Situation and Prospect of Henan Province's Innovation and Entrepreneurship Empowering Industry Chain to Improve Quality and Efficiency", based on an in-depth analysis of the overall situation of improving the quality and efficiency of the innovation and entrepreneurship empowerment industrial chain in Henan Province, the prospect and countermeasures for innovation and entrepreneurship to empower the quality and efficiency of the industrial chain in Henan Province in 2024 are proposed. "The Evaluation Report on Urban Innovation Capability in Henan Province (2024)" conducts an empirical analysis from five aspects: innovation input, innovation output, enterprise innovation, innovation environment and innovation performance, evaluates the innovation ability of 18

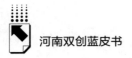

provincial municipalities in Henan Province, and obtains the evaluation scores and rankings of innovation ability of 18 cities in Henan Province.

Part II, Thematic articles. Based on the actual innovation and development of Henan Province, this part focuses on the construction of advanced manufacturing clusters, the deep integration and development of industrial chain and innovation chain, the role of "Specialized and Sophisticated" enterprises in the reconstruction and reshaping of the industrial chain, the improvement of the competitive advantage of the industrial chain driven by digitalization, the construction of digital industrial clusters, and the promotion of high-quality development of the industrial chain by strengthening investment and talent attraction, and carries out systematic research on the quality and efficiency improvement of the industrial chain empowered by innovation and entrepreneurship in Henan Province, and puts forward corresponding countermeasures and suggestions.

Part III, Industry Report. This part closely combines the new requirements of the action plan of 28 key industrial chains in Henan Province, selects five key industrial chains, including advanced equipment, new materials, new energy vehicles, textiles and garments, and cold chain food, and conducts an in-depth analysis of the development status and existing problems of the industrial chain, aiming to comprehensively promote the transformation and upgrading of traditional industries in Henan Province, the cultivation and growth of emerging industries, and help the high-quality development of Henan's manufacturing industry to take solid steps.

Part IV, Regional Chapter. This part takes Zhengzhou, Luoyang, Xinxiang, Nanyang, Xuchang, Pingdingshan and other cities as the research object, examines and summarizes the development of the industrial chain in various places, and puts forward the integrated development of the industrial chain and innovation chain in Zhengzhou metropolitan area, the extension and strengthening of the chain of Luoyang's manufacturing industry, the improvement of quality and efficiency of Xinxiang's key industrial chain, the high-quality development of Nanyang's advanced manufacturing industry, the optimization of Xuchang's business environment to promote the improvement of the industrial chain, and the high-quality development of Pingdingshan's green food industry.

Part V, Exploration. This part takes the application of large-scale artificial intelligence models to empower the digital and intelligent transformation of Henan's industry, the improvement of the green level of the industrial chain in Henan Province, the improvement of the industrial chain in Henan Province, the integrated development of Henan's advanced manufacturing industry and modern service industry, the administrative compliance of enterprises from the perspective of improving the quality and efficiency of the industrial chain, and the path of realizing the value of Henan's agricultural carbon sink products as the entry point, showing the practical studies of Henan Province in the process of improving the quality and efficiency of the industrial chain of innovation and entrepreneurship, and also analyzing the existing problems and difficulties. In the end it puts forward targeted countermeasures and suggestions, in order to provide reference for the high-quality development of the modern industrial chain in Henan Province.

Keywords: Innovation; Industrial Chain; Industrial Cluster; Quality and Effciency; Modernization of Henan

Contents

I General Report

Abstract: In recent years, Henan has insisted on putting innovation at the logical starting point of development and the core position of modernization, focusing on the cultivation of new industrialization and key industrial chains in the province, systematically deploying innovation resources, accelerating the reshaping of innovation-driven patterns, and continuously enhancing the momentum of innovation and entrepreneurship, Henan' continuously improving the ecology, continuing to grow the main body, and making the platform system more complete to improve quality and efficiency, However, at the same time, the ability to curate innovation needs to be improved urgently, the control ability of key industrial chains is not strong, the "same frequency resonance" between the supply side of scientific research and the industrial demand side is insufficient, the cross-regional industry and innovation collaboration is insufficient, and the bottleneck constraints of innovation and entrepreneurship elements still exist.

In 2024, Henan will not only face strategic opportunities such as a new round of scientific and technological revolution and industrial transformation, and the in-depth development of the construction of a new development pattern, but also face severe challenges such as the increased risk of disconnection and decoupling of the global innovation chain industrial chain and supply chain, and the increasingly fierce domestic and regional competition. However, favorable factors are gradually accumulating, and effects such as innovation driven and "7 +28" chain cluster construction will gradually emerge, and the vitality of innovation and entrepreneurship will continue to burst, the level of "building circles and strong chains" in the industry will continue to improve, the effect of innovation and entrepreneurship empowering the industry chain will continue to be demonstrated, and the innovation ecology and industry.

Henan should take advantage of the momentum, make up for weaknesses. Henan will use technological innovation to lead the construction of a modern industrial system, accelerate the development of new quality productive forces, and focus on building a high-quality innovation chain, a high-energy industrial chain, a high wealth fundraising chain, a high-level talent chain, a high-quality service chain, and a high efficiency policy chain. Henan will strengthen the integration of the "six chains" and improve the quality and efficiency of the industrial chain with innovation and entrepreneurship.

Keywords: Innovation and Entrepreneurship; Industrial Chain; Quality and Efficiency

B.2　Evaluation Report on Urban Innovation Ability in
　　　Henan Province (2024)

Research group of Henan Zhongyuan Innovation and

Development Research Institute / 024

Abstract: Since the convening of the 20th National Congress of the Communist Party of China, Henan Province has deeply promoted the practice of

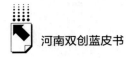

Chinese-style modernization in Henan, the driving force of innovation has become stronger, the formation of new quality productivity has been accelerated, breakthroughs have been made in scientific and technological innovation, the reconstruction of the science and education system has been accelerated, and the city's innovation ability has been continuously improved. Our research group constructed an evaluation index system of urban innovation ability in Henan Province composed of 32 statistical indicators, and used statistical data to evaluate urban innovation ability, and Zhengzhou, Luoyang and Xinxiang maintained the top three cities in Henan Province. Combined with the evaluation results, the research group has countermeasures and suggestions on accelerating the agglomeration of innovation resources, promoting industrial upgrading around the "7 + 28" key chain group, strengthening the cultivation of innovation and entrepreneurship subjects, and continuously optimizing the management system of scientific and technological innovation.

Keywords: Innovation Ability; Innovation ecology; Industrial Upgrading

Ⅱ   Special Topic

B.3   Research on the construction path of advanced manufacturing
clusters in Henan Province   *Liu Xiaohui* / 042

Abstract: Advanced manufacturing clusters are not only a solid foundation for the steady growth of industry, but also a strategic support for new industrialization. Since the beginning of this year, the relevant government departments in Henan have successively issued a number of documents to support the cultivation and upgrading of key industrial clusters, specifying the goals and tasks of focusing on the development of advanced manufacturing clusters such as new materials, new energy vehicles, electronic information industry, and advanced equipment industry. The advanced manufacturing cluster is of great significance to the construction of modern Henan. At present, Henan has a solid foundation for the construction of advanced manufacturing clusters: scientific top-level design, a goose shaped development pattern, a good high-quality development trend, obvious driving force of the "three batches" projects, and continuous consolidation of the innovation foundation of industrial clusters. In the context of accelerating the construction of a strong manufacturing province, the quantity, scale, quality and effect of Henan's advanced manufacturing clusters need to be improved. In order to promote the construction of advanced manufacturing clusters in Henan Province, it is necessary to advance in six ways: facing the requirements of new quality productivity, optimizing the cluster innovation ecology, strengthening digital empowerment, improving the collaborative system, implementing classification guidance and deepening open cooperation.

Keywords: Industrial Clusters; Advanced Manufacturing; New Industrialization; Strong Manufacturing Province

B.4　Research on the deep integration and development of industrial chain and innovation chain in Henan Province

Bao Peng, Wang Na and Xie Rongxin / 058

Abstract: The scale of manufacturing industry in Henan Province has already ranked among the top in the country, but there is still a significant gap in development quality compared to developed regions in China. Through the analysis of the current situation of the integrated development of industrial chain and innovation chain in Henan Province, the study finds that the integrated development of industrial chain and innovation chain in Henan Province is faced with outstanding problems such as low R&D investment, weak basic research, difficulty in transformation of scientific and technological achievements, difficulty in industry-university-research cooperation. It also identifies that Henan is lack of R&D personnel training, difficulty in R&D institution construction, and difficulty in project application of scientific and technological innovation policies.

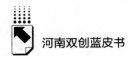

On this basis, the following countermeasures and suggestions are proposed to enhance the deep integration development capacity of the industrial chain and innovation chain in Henan Province. The deep integration development of the industrial chain and innovation chain in Henan Province requires entrepreneurship parks as intermediaries to coordinate various innovation entities and carriers of the scientific and technological innovation ecosystem. In terms of specific measures, it is necessary to carry out chain long term management innovation in the entrepreneurship park, encourage and support scientific and technological research and development, and improve the transformation of scientific and technological achievements. It should promote industry-university-research cooperation, improve the training of technical personnel, improve the construction of R&D institutions, and strengthen the project application of scientific and technological innovation policies.

Keywords: Henan Province; Industrial Chain; Innovation Chain; Integrated Development

B.5 Strengthen the Role of "Specialized and Sophisticated" Enterprises in the Restructuring and Reshaping of the Industrial Chain in Henan Province
Niu Xueyan / 071

Abstract: "Specialized and sophisticated" enterprises are the leaders of small and medium-sized enterprises (SMEs), the key nodes of the industrial chain and supply chain, and also the driving force for supplementing, strengthening, stabilizing, and consolidating the industrial chain. "Specialized and sophisticated" enterprises play a crucial role in the restructuring and reshaping of the industrial chain. This paper systematically analyzes the achievements and existing problems of Henan's "specialized and sophisticated" enterprises in the industrial chain reconstruction, and summarizes the development experience in the advanced regions, so as to provide reference for Henan province. Benchmarking advanced experience, Henan puts forward development suggestions from the following five aspects: improving institutional mechanisms, strengthening technological research, building industrial clusters, optimizing the business environment, and accelerating the allocation of resource elements. Henan strengthens the position of "specialized and sophisticated" enterprises in the industrial chain reconstruction, ensuring the resilience and safety level of the industrial chain and supply chain, accelerating the construction of an independent and controllable modern industrial system, and injecting strong momentum for the high-quality development of "specialized and sophisticated" enterprises in our province.

Keywords: Specialized and Sophisticated; Henan Province; Industrial Chain; Restructure and Reshape

B. 6   Research on Strategies of Digitalization-driven Industrial

Chain Competitive Advantage in Henan Province

Wang Qiao / 087

Abstract: Accelerating digital development is the basic and leading work of building a modern socialist country, and it is a strategic choice to build a new competitive advantage of the country in the digital era. As an important way to promote high-quality economic development, the digital transformation and upgrading of the industrial chain has important value and role in accelerating regional development. In order to promote high-quality development, Henan Province should respond to national policies and adopt effective policies and measures to promote digital transformation and upgrading. This paper starts with the development status and trend of the global industrial chain and analyzes the situation in China. Based on the analysis of the development of China's industrial chain and combined with China's digital development strategy, this paper examines the development status, competitive advantages and difficulties of the industrial chain in Henan Province. Finally, based onthe above analysis, relevant

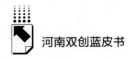

countermeasures and suggestions on how digitalization can effectively enhance the competitive advantage of the industrial chain in Henan Province are proposed.

Keywords: Digital Strategic Transformation; Industrial Chain; Competitive Advantage

B.7 Research on the path of Digital Industrial Cluster Construction in Henan Province *Jiang Rui* / 102

Abstract: Digital industrial cluster is an advanced form of development and evolution of digital industry, which breaks through the physical aggregation of traditional industrial clusters and has a significant spatial spillover effect. In recent years, Henan Province has accelerated the development of digital industrial clusters, the scale of the digital economy has grown steadily, the digital governance system has been improved, and the industrial agglomeration effect has taken shape. However, the development of digital industry clusters is still constrained by factors such as the "large but not strong" digital economy industry, the need to improve technological innovation capabilities, the lack of leading enterprises, the difficulty in forming a "goose formation effect", and the low degree of cluster development.

In response to the above issues, Henan Province can enhance the innovation capability of industrial clusters by focusing on core technology research and development, cultivating cluster enterprises and enhancing the competitiveness of industrial clusters. Henan also needs to focusing on the construction of digital ecology, strengthening the industrial clusters and other measures to accelerate the construction of digital industrial clusters, so as to improve the quality and efficiency of Henan's digital economy.

Keywords: Digital Economy; Digital Industry Cluster; Industrial Chain

B.8 Research on Strengthening Investment and Talent Attraction

in Henan Province to Promote High Quality

Development of the Industrial Chain *Dou Xiaoli* / 115

Abstract: Strengthening investment and talent attraction is the driving force to promote the high-quality development of the industrial chain, which can help the industrial chain to supplement and strengthen the chain with external forces, innovate the allocation of resource elements to build a new mechanism for the upgrading of the industrial chain, and inject talent vitality into the industrial chain to become bigger and stronger.

This paper summarizes the work measures and achievements of Henan Province in promoting the high-quality development of the industrial chain, including the introduction of a number of policies to promoteinvestment and talent attraction, the innovation of the working mechanism of investment and talent attraction, the holding of large-scale activities such as the 6th China Henan Talent Recruitment Conference to attract high-quality talents and projects, the signing of cooperation framework agreements with multiple regions to encourage the implementation of major projects, and the research of the specific model.

On this basis, the paper suggests that it is necessary to integrate investment and talent attraction, accurately predict the needs of key industries, focus on the introduction of key and major projects, innovate new models of foreign economic cooperation, and pay attention to the construction of business environment and talent environment, so as to continuously improve the new concept and enhance the efficiency of investment and talent attraction, expand the new ways and enhance the environmental attractiveness of investment and talent attraction, so as to better promote the high-quality development of the industrial chain.

Keywords: Strengthening Investment and Talent Attraction; Industrial Chain; High-quality Development

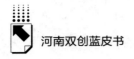
河南双创蓝皮书

Ⅲ Industry Report

B.9 Research on the Development of Advanced Equipment

Industry Chain in Henan Province   *Liu Xiao* / 125

Abstract: At present, a new round of global industrial revolution is booming, in this period of strategic opportunity, vigorously cultivating and developing the advanced equipment industry chain is an inevitable requirement for Henan to build a modern industrial system, and the strategic choice to seize the high point of future economic and technological development is of great significance for Henan to realize the transformation from a large manufacturing province to a strong province. After years of development, Henan's advanced equipment industry chain has achieved remarkable results, but the core links of the industrial chain need to be consolidated, the coordinated development of the industrial chain needs to be strengthened, and the supporting resources of the industrial chain should still be improved. Henan should build a technological innovation system, promote the quality and efficiency of the industrial chain, improve the industrial cultivation mechanism, and promote the coordinated development of the industrial chain. In addition, Henan should strengthen the support of industrial elements, improve the supporting facilities for the development of the industrial chain. Henan also should promote the construction of industrial services, and optimize the development environment of the industrial chain, accelerate the construction and improve the advanced equipment industrial chain, so as to contribute to the practice of promoting Chinese-style modernization in Henan.

Keywords: Advanced Equipment Industry Chain; Equipment Manufacturing Industry; Modern Industrial System

B. 10   Research on the Development of new Material Industry

Chain in Henan Province   *Zhang Zhijuan* / 140

Abstract: As the pioneer and cornerstone of the high-quality development of the manufacturing industry, it is of great significance for Henan to accelerate the construction of a strong province in advanced manufacturing industry. The foundation and results of the development of the new material industry chain in Henan Province have become increasingly prominent, such as the continuous increase in policy support, the acceleration of the construction of the coordinated development mechanism of group chain integration, the strong development trend of industrial clusters, and the new breakthrough in the construction of key industrial chains. However, at the same time, there are still shortcomings such as the need to improve industrial competitiveness, insufficient technological innovation capabilities, relative shortage of high-level talents, and the lack of a coordinated and linked industrial chain ecosystem.

In order to further promote the development of the new material industry chain in Henan Province, Henan needs to continue to make efforts in improving the top-level design, enhancing the independent innovation ability of enterprises, continuously increasing the introduction and training of talents, and creating a good collaborative ecology of the industrial chain group, so as to help Henan build a strong province in new materials and advanced manufacturing.

Keywords: New Materials; Industrial Chain; Industrial Clusters; Independent Innovation

B. 11   Research on the Development of the New Energy

Vehicle Industry Chain in Henan Province   *Song Yu* / 151

Abstract: New energy vehicles adopt clean technology, which has the characteristics of low energy consumption and low emission, and can

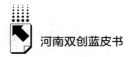
simultaneously improve economic and social benefits. Under the goal of "carbon peaking and carbon neutrality goals", the new energy vehicle industry chain has developed faster. As one of the trillion-level industrial chain clusters that Henan focuses on building, the new energy vehicle industry chain in Henan Province has made remarkable achievements in the R&D and production of upstream raw materials and batteries, midstream vehicle manufacturing, and downstream supporting facilities and services. However, there are still deficiencies in the new energy vehicle industry chain in Henan Province in terms of industrial scale, R&D investment, high-end talents, and industrial ecology. This paper proposes that the development and growth of the new energy vehicle industry chain in Henan Province needs to further improve the industrial scale, adjust the industrial structure, increase R&D investment, vigorously introduce and cultivate high-end technical talents, and optimize the industrial ecology. In order to provide some references for the better and faster development of the new energy vehicle industry chain in Henan Province.

Keywords: Henan Province; New Energy Vehicles; Industrial Chain

B.12 Research on the Development of the Textile and
Garment Industry Chain in Henan Province

Cui Mingjuan / 167

Abstract: Based on the new stage of development, the high-quality development of Henan's textile and garment industry resonates with Henan's prosperity, the revitalization of the Central Plains, and the happiness of the people. It also plays a key role in promoting the economy, ensuring people's livelihood, and stabilizing employment. Over the years, although Henan has carried out a series of practical explorations on the road from a "major textile province" to a "strong textile province", there are also practical difficulties such as weak brand competitiveness, insufficient support for industrial talents, slow pace of digital transformation, and unclear industrial synergy. Therefore, this paper puts forward relevant policy suggestions from the aspects of building high-quality regional brands, optimizing talent training mechanisms, accelerating digital transformation and upgrading, and promoting the coordinated development of industries, so as to help enhance the core competitiveness of the textile and garment industry chain in Henan Province, which is of positive significance for writing a beautiful chapter in Henan's modernization.

Keywords: Henan; Textile and Garment; Industry Chain

B.13　Research on the Development of Cold Chain Food
　　　　Industry Chain in Henan Province　　　　　*Yang liu* / 180

Abstract: With the continuous support of the policy, Henan's cold chain food industry has developed rapidly. This paper analyzes the development status of cold chain food processing and cold chain logistics in the cold chain food industry chain in Henan, and finds that there are some problems in the development of cold chain food industry chain in Henan Province, such as long cold food industry chain, insufficient coordination ability, lack of technology and product innovation, lack of highly educated talents in the industry, insufficient development of cold chain logistics, low efficiency, imperfect industry policies, and inadequate supervision.

From the aspects of promoting the upgrading of the cold chain industry, strengthening the coordination and cooperation between industries, improving themanagement of cold chain logistics, improving the efficiency of the industrial chain, innovating cold chain technology, cultivating high-end talents, strengthening cold chain food safety supervision, and improving industry standards, etc. , it is put forward to boost the development of the cold chain food industry chain in Henan Province.

Keywords: Henan Province; Cold Food Chain; Cold Chain Logistics; Industrial Chain

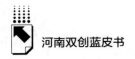

Ⅳ　Regional Studies

B.14　Reflections and Suggestions on the Integration and
Development of Industry Chain and Innovation
Chain in Zhengzhou Metropolitan Area　　　　*Li Bin* / 192

Abstract: Focusing on the integrated development of industrial chain and innovation chain in Zhengzhou metropolitan area, this study analyzes the progress and effectiveness of the integration of industrial chain and innovation chain in Zhengzhou metropolitan area from the aspects of industrial development foundation, innovation factor level, science and technology enterprise group, and innovation ecosystem and analyzes the problems and shortcomings of the integration of industrial chain and innovation chain in Zhengzhou metropolitan area under the new situation from the aspects of industrial energy level, integration subject, integration degree, talent guarantee, service system, etc. On the basis of the experience of "dual-chain" integration, combined with the actual integration of the dual-chain in Zhengzhou metropolitan area, it is proposed to focus on reshaping the provincial laboratory system, build a national strategic scientific and technological force, and consolidate the foundation of dual-chain integration and innovation. In addition, it is proposed to focus on the key core technology research of the leader, improve the scientific and technological support capacity of industrial innovation and development. It is also proposed to focus on promoting the full coverage of R&D activities of industrial enterprises above the designated size, stimulating the power and vitality of enterprises to promote the integration of dual chains. Furthermore, it is proposed to focus on the introduction and cultivation of high-level talent teams, create an advanced area for the gathering of innovative talents, strengthen the guarantee of talent elements for the integration of the dual chain, and focus on promoting the flow of innovative elements, so as to stimulate the new momentum of the integrated development of the dual chain in the Zhengzhou metropolitan area.

Keywords: Integration of Industrial Chain and Innovation Chain; Zhengzhou Metropolitan area; Industrial Chain; Innovation Chain

B.15 Research on Supplementing, Extending, and Strengthening the Manufacturing Industry in Luoyangon *Guo Junfeng* / 204

Abstract: Luoyang, as a well-known industrial city with a strong industrial base, has always had "high hopes" for the manufacturing industry. In the strategic arrangement of the construction of the sub-central city, the Henan Provincial Party Committee and the Provincial Government have clearly positioned Luoyang's manufacturing industry as a "national advanced manufacturing base". Although in recent years, Luoyang has made every effort to seize the new track of the favorable industry and implement high-level "three major transformations" and other measures, so that the manufacturing industry has initially built a multi-level enterprise gradient cultivation system, led by state-owned enterprises, the development growth rate of private enterprises, the comprehensive momentum of the "favorable" industry, the continuous upgrading of the industry led by scientific and technological innovation, and the special industrial fund to help strengthen the group. However, the proportion of heavy industry is too large, the development of private enterprises is lagging behind, and the intensity of enterprise R&D investment still needs to be improved, other problems such as poor linkage of the industrial chain still restrict the development of the manufacturing industry. Therefore, it is necessary to strive for provincial-level support as soon as possible based on the advantageous industrial chain, promote the construction of a reasonable industrial division system between Luoyang and surrounding cities, increase government support, pay attention to the cultivation of high-quality small and medium-sized enterprises, and promote the transformation of scientific and technological resources into productivity through capital means.

Keywords: Manufacturing; Industrial Chain; Advantageous Industries

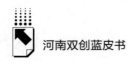
B.16   Research on Countermeasures for Accelerating the Quality
and Efficiency Improvement of Key Industrial
Chains in Xinxiang   *Chang Jianxia* / 216

Abstract: Cultivating and developing key industrial chains and building a
modern industrial system are the key supports for accelerating new industrialization
and promoting Chinese-style modernization. As a strong manufacturing city,
Xinxiang City's key industrial chain is facing the urgent task of improving quality
and efficiency. The article outlines the overview and current development status of
the key industrial chains in Xinxiang City, and proposes the key tasks of the five
major industrial clusters and key industrial chains. From the perspectives of
industrial clustering, digital reform, enterprise innovation consortium, ecological
chain, innovation chain, and chain length system, it proposes paths to improve the
quality and efficiency of key industrial chains, breaking through pain points and
unblocking blockages in the industrial chain, in order to provide a reference role
for the quality and efficiency improvement of the key industrial chain.

Keywords: Key Industrial Chain; Xinxiang City; Improve Quality and
Efficiency; Industrial Clusters

B.17   Research on Accelerating the High-Quality Development
of Advanced Manufacturing Industry in Nanyang
Xia Xiaohua, Han Jiangbo and Wu Peng / 232

Abstract: Advanced manufacturing industry is an important indicator to
measure the degree of industrialization of a country or region, and it is also a key
industry to strengthen the function of scientific and technological innovation. This
paper analyzes the practical basis of the high-quality development of advanced
manufacturing industry in Nanyang City, and further studies the practical

bottlenecks of the high-quality development of advanced manufacturing industry in Nanyang City from the aspects of imperfect industrial chain, insufficient innovation and R&D, insufficient investment attraction, and unadvanced production management. It is suggested that Nanyang should efficiently play the guiding role of the government, enhance regional ties through win-win cooperation, actively build a modern industrial system, promote transformation and upgrading through innovation and breakthroughs, unite efforts to cultivate industrial clusters, and integrate development and optimize the industrial ecology, so as to promote the high-quality development of Nanyang's advanced manufacturing industry.

Keywords: Nanyang; Advanced manufacturing; Industry Cluster; High-quality Development

B.18　Research on Optimizing the Business Environment to Promote the Improvement of the industrial chain in Xuchang　　　　　　　　　　　　*Wei Zheng* / 245

Abstract: The promotion and development of the industrial chain is an important policy that is being actively promoted in various places, and the Henan Provincial Government has also issued guidance in a timely manner to support the province to actively promote the development of 28 major industrial chains. Through the study of the business environment and the development status of the industrial chain in Xuchang City, this paper finds that the traditional industries, advanced manufacturing industries and strategic emerging industries in Xuchang are actively transforming and upgrading, extending the industry chain and expanding the new industry chain. At the same time, there are problems such as unreasonable industrial structure, weak innovation ability and unclear synergistic effect.

In terms of the business environment, Xuchang City has continued to deepen reforms in recent years, and the business environment has been greatly improved. However, there are also many problems such as low infrastructure level,

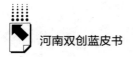
insufficient innovation, and lack of talent. This study proposes policy recommendations to strengthen the monitoring and evaluation of the business environment, optimize administrative approval processes, increase tax incentives, strengthen the cultivation and guidance of the industrial chain, and strengthen talent introduction and training to promote the improvement and development of the industrial chain.

Keywords: Xuchang's Business Environment; Outstanding Problems; Impact; Industrial Chain Improvement

B.19 Research on Pingdingshan's Strong Promotion of High-QualityDevelopment of Green Food Industry

Li Ning, Duan Na and Cheng Guoqiang / 255

Abstract: As one of the first batch of pilot demonstration areas for sustainable agricultural development and a pioneer area for green agricultural development in China, Pingdingshan is based on comparative advantages, focuses on market demand, takes the construction of green food raw material base as the main direction, vigorously promotes the development of green food industry, and continuously improves the comprehensive goals and competitiveness of agriculture around agricultural efficiency, farmers' income and rural greening. It is found that the development of the green food industry is still facing challenges such as the urgent need to industry level upgrading, the weak strength of enterprises, the short industrial chain, and the lack of independent innovation. This paper suggests to make up for the shortcomings in strengthening the construction of high-quality raw materials, building specialty food industry clusters, promoting the integration and isomorphism of the green industrial chain, and optimizing the services of the green food industry, so as to comprehensively support the high-quality development of the green food industry and promote the construction of cities that " strengthening new momentum and forge ahead into the top 100 cities".

Keywords: Green Food Industry; High-quality Development; Pingdingshan

V Exploration

B.20 ApplicationAnalysis of Large-scale Artificial Intelligence Models Empowering the Digital Transformation of Henan Industry

Zhang Bing / 268

Abstract: The technological innovation brought about by large-scale artificial intelligence models can complement the existing technologies and industries, promote the deep integration of digital technology and traditional industries, improve the efficiency of existing technology applications, and promote the transformation and upgrading of traditional industries. Large-scale artificial intelligence models accelerate the digital and intelligent transformation of Henan's smart agriculture, advanced manufacturing, electronic information industry, supply chain, digital finance and other industries. At the same time, the development of large-scale artificial intelligence models faces the challenges of high cost of developing or training basic models, data quality, data security, and reliability of model output. Henan Province should implement the principle of inclusiveness and prudence in the regulatory system, and encourage all entities of industry, academia, research and application to promote collaborative cooperation, accelerate technology and application innovation, and increase industrial investment based on open-source sharing platforms.

Keywords: Large-scale Artificial Intelligence Models; Henan; Digital and Intelligent Transformation

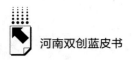
B.21　Research on theImprovement of the Green Level of
the Industrial Chain in Henan Province　　*Wang Ye* / 280

Abstract：Green development is one of the basic development concepts of China in the new era, and Henan Province will vigorously promote the improvement of green policies and systems, the innovation and application of green technologies, the pilot construction of green benchmarks and the green development of the industrial chain in 2023, and realize a certain improvement in the green level of the industrial chain. However, Henan Province is also facing many challenges, such as the green adjustment of industrial structure and energy resource structure, the insufficient development of green technology, production mode and management, and the need to strengthen green awareness and green financial investment. Accordingly, based on the current situation of the green development of the industrial chain in Henan Province and the possible challenges in the future, this paper suggests that great efforts should be made in five aspects: building a green industry and product structure, building a green energy raw material structure, promoting the demonstration and promotion of green technology innovation and application, promoting the green management and transformation of enterprises, and taking advantage of digitalization to promote the green development of the industrial chain in Henan Province.

Keywords：Green Development；Industrial Chain；Henan Province

B.22　Researchon Empowering Henan Province's Industrial Chain
Enhancement through Industrial Classification Statistics

Yu Shanfu / 291

Abstract：The purpose of industrial classification and industrial statistics is to better understand the development of the industry, so that the country can more accurately measure and compare the economic activities of various industries, and provide a basis for formulating various policies. At present, the research on industrial classification is insufficient and the statistical methods are backward, which leads to the fact that industrial classification and statistics cannot meet the needs of government decision-making, cannot provide accurate support for industrial supervision and industrial layout, and causes serious problems such as the disconnection between talent training and social needs. With the help of a new generation of artificial intelligence technology, the AI pre-training model is established on the basis of expert manual research and formulation of industry classification rules and large-sample data analysis, which can realize the intelligent judgment of enterprise industry attribution, and can provide important support for the government and relevant departments to scientifically formulate industrial classification standards. The practical results show that this scheme has high accuracy and controllable cost. Strengthening research on industrial intelligence classification, promoting the use of artificial intelligence technology in statistical methods, and establishing a dynamic modern industrial classification system as soon as possible to provide accurate, dynamic, and timely data support for government industrial development decisions are key foundational issues in building a modern industrial system and promoting the full chain development of high-end, intelligent, and green key industrial chains.

Keywords: Artificial Intelligence; Industrial Intelligent Classification; Industrial Statistics; Industrial Chain Improvement; BERT model

B.23 Researchon the Integration and Development of Advanced Manufacturing and Modern Service Industries in Henan Province
Du Wenjuan / 306

Abstract: The integrated development of industries is an important support for high-quality economic development. In recent years, Henan Province has continuously accelerated the pace of integration development of advanced

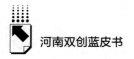

manufacturing and modern service industries, and has achieved certain results. However, due to the late start of the integration work, there are problems such as low efficiency and slow growth rate of advanced manufacturing industry, insufficient enthusiasm for active integration, relatively lagging development of producer service industry, insufficient scope, depth, and level of industrial integration, weak collaboration between enterprises and industries, and insufficient release of integration development effects. Therefore, this paper puts forward suggestions from the aspects of vigorously developing the producer service industry, continuously cultivating new formats and new models of integrated development, focusing on the cultivation of market players, improving the level of integrated development, exploring new paths for integrated development by category around key areas and advantageous industries, strengthening the guarantee of key elements, and optimizing the environment for integrated development.

Keywords: Advanced Manufacturing Industry; Modern Service Industry; Integrated Development; Henan Province

B.24　Research on Administrative Compliance of Enterprises from the Perspective of Improving the Quality and Efficiency of the Industrial Chain　　　　　　　*Yang Tianbo* / 318

Abstract: Improving the quality and efficiency of the industrial chain requires the development and innovation of the enterprise governance model, and the construction of enterprise administrative compliance affects the innovation and development of the industrial chain in terms of innovation resources, innovation motivation and innovation strategy. The construction of administrative compliance includes the improvement of the internal compliance construction and external administrative supervision of the enterprise. Enterprises need to strengthen risk assessment, investigation and supervision, and emergency response internally, while external administrative supervision requires the government to change the concept of law enforcement and innovate and develop a variety of law enforcement methods, including establishing compliance guidelines, improving administrative guidance, and exploring administrative law enforcement reconciliation systems. Through the joint efforts of internal and external compliance construction, it aims to promote the improvement and efficiency of the industrial chain in Henan Province.

Keywords: Industrial Chain; Quality and Efficiency; Enterprise Administrative Compliance

B . 25 Researchon the Path of Realizing the Value of Agricultural
Carbon Sink Products in Henan Province: Based on the
perspective of the theory of the fourth industry of
ecological products   *Gao Xin* / 333

Abstract: Agricultural carbon is one of the leading production factors for the development of the quaternary industry of ecological products. As a large agricultural province, Henan is rich in agricultural carbon sink resources. With the dual support of rural revitalization and the carbon peaking and carbon neutrality goals, it has become an important task for Henan to build a strong agricultural province by excavating the function of agricultural carbon sinks, developing agricultural carbon sink projects, and promoting the realization of the value of agricultural carbon sinks. In the face of practical obstacles to the realization of agricultural carbon sink value, such as insufficient ideological understanding, insufficient technical support, imperfect market system, and imprecise policy supply, it is necessary to properly handle the relationship between government guidance and market allocation, the relationship between technological innovation and institutional innovation, and the relationship between stabilizing agricultural supply and energy conservation and emission reduction, further optimizing the top-level design of agricultural carbon sinks, clarifying the status of agricultural carbon

371

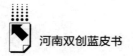
sink resources, developing and designing agricultural carbon sink projects, strengthening scientific and technological support for agricultural carbon sinks, and improving the agricultural carbon sink policy system.

Keywords: Agricultural Carbon Sink; Production Factors; the Fourth Industry of Ecological Products

社会科学文献出版社

皮 书

智库成果出版与传播平台

❖ 皮书定义 ❖

皮书是对中国与世界发展状况和热点问题进行年度监测，以专业的角度、专家的视野和实证研究方法，针对某一领域或区域现状与发展态势展开分析和预测，具备前沿性、原创性、实证性、连续性、时效性等特点的公开出版物，由一系列权威研究报告组成。

❖ 皮书作者 ❖

皮书系列报告作者以国内外一流研究机构、知名高校等重点智库的研究人员为主，多为相关领域一流专家学者，他们的观点代表了当下学界对中国与世界的现实和未来最高水平的解读与分析。

❖ 皮书荣誉 ❖

皮书作为中国社会科学院基础理论研究与应用对策研究融合发展的代表性成果，不仅是哲学社会科学工作者服务中国特色社会主义现代化建设的重要成果，更是助力中国特色新型智库建设、构建中国特色哲学社会科学"三大体系"的重要平台。皮书系列先后被列入"十二五""十三五""十四五"时期国家重点出版物出版专项规划项目；自2013年起，重点皮书被列入中国社会科学院国家哲学社会科学创新工程项目。

皮书网

（网址：www.pishu.cn）

发布皮书研创资讯，传播皮书精彩内容
引领皮书出版潮流，打造皮书服务平台

栏目设置

◆ **关于皮书**
何谓皮书、皮书分类、皮书大事记、
皮书荣誉、皮书出版第一人、皮书编辑部

◆ **最新资讯**
通知公告、新闻动态、媒体聚焦、
网站专题、视频直播、下载专区

◆ **皮书研创**
皮书规范、皮书出版、
皮书研究、研创团队

◆ **皮书评奖评价**
指标体系、皮书评价、皮书评奖

所获荣誉

◆ 2008 年、2011 年、2014 年，皮书网均
在全国新闻出版业网站荣誉评选中获得
"最具商业价值网站"称号；
◆ 2012 年，获得"出版业网站百强"称号。

网库合一

2014 年，皮书网与皮书数据库端口合
一，实现资源共享，搭建智库成果融合创
新平台。

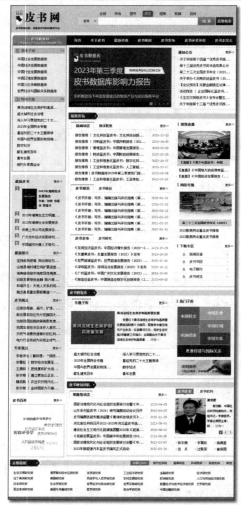

皮书网

"皮书说"
微信公众号

权威报告·连续出版·独家资源

皮书数据库
ANNUAL REPORT(YEARBOOK)
DATABASE

分析解读当下中国发展变迁的高端智库平台

所获荣誉

- 2022年，入选技术赋能"新闻+"推荐案例
- 2020年，入选全国新闻出版深度融合发展创新案例
- 2019年，入选国家新闻出版署数字出版精品遴选推荐计划
- 2016年，入选"十三五"国家重点电子出版物出版规划骨干工程
- 2013年，荣获"中国出版政府奖·网络出版物奖"提名奖

皮书数据库

"社科数托邦"
微信公众号

成为用户

　　登录网址www.pishu.com.cn访问皮书数据库网站或下载皮书数据库APP，通过手机号码验证或邮箱验证即可成为皮书数据库用户。

用户福利

- 已注册用户购书后可免费获赠100元皮书数据库充值卡。刮开充值卡涂层获取充值密码，登录并进入"会员中心"—"在线充值"—"充值卡充值"，充值成功即可购买和查看数据库内容。
- 用户福利最终解释权归社会科学文献出版社所有。

数据库服务热线：010-59367265
数据库服务QQ：2475522410
数据库服务邮箱：database@ssap.cn
图书销售热线：010-59367070/7028
图书服务QQ：1265056568
图书服务邮箱：duzhe@ssap.cn

社会科学文献出版社　皮书系列
SOCIAL SCIENCES ACADEMIC PRESS (CHINA)

卡号：769977189677
密码：

S 基本子库
SUB DATABASE

中国社会发展数据库（下设 12 个专题子库）

紧扣人口、政治、外交、法律、教育、医疗卫生、资源环境等 12 个社会发展领域的前沿和热点，全面整合专业著作、智库报告、学术资讯、调研数据等类型资源，帮助用户追踪中国社会发展动态、研究社会发展战略与政策、了解社会热点问题、分析社会发展趋势。

中国经济发展数据库（下设 12 专题子库）

内容涵盖宏观经济、产业经济、工业经济、农业经济、财政金融、房地产经济、城市经济、商业贸易等 12 个重点经济领域，为把握经济运行态势、洞察经济发展规律、研判经济发展趋势、进行经济调控决策提供参考和依据。

中国行业发展数据库（下设 17 个专题子库）

以中国国民经济行业分类为依据，覆盖金融业、旅游业、交通运输业、能源矿产业、制造业等 100 多个行业，跟踪分析国民经济相关行业市场运行状况和政策导向，汇集行业发展前沿资讯，为投资、从业及各种经济决策提供理论支撑和实践指导。

中国区域发展数据库（下设 4 个专题子库）

对中国特定区域内的经济、社会、文化等领域现状与发展情况进行深度分析和预测，涉及省级行政区、城市群、城市、农村等不同维度，研究层级至县及县以下行政区，为学者研究地方经济社会宏观态势、经验模式、发展案例提供支撑，为地方政府决策提供参考。

中国文化传媒数据库（下设 18 个专题子库）

内容覆盖文化产业、新闻传播、电影娱乐、文学艺术、群众文化、图书情报等 18 个重点研究领域，聚焦文化传媒领域发展前沿、热点话题、行业实践，服务用户的教学科研、文化投资、企业规划等需要。

世界经济与国际关系数据库（下设 6 个专题子库）

整合世界经济、国际政治、世界文化与科技、全球性问题、国际组织与国际法、区域研究 6 大领域研究成果，对世界经济形势、国际形势进行连续性深度分析，对年度热点问题进行专题解读，为研判全球发展趋势提供事实和数据支持。

法律声明

"皮书系列"（含蓝皮书、绿皮书、黄皮书）之品牌由社会科学文献出版社最早使用并持续至今，现已被中国图书行业所熟知。"皮书系列"的相关商标已在国家商标管理部门商标局注册，包括但不限于 LOGO（ ）、皮书、Pishu、经济蓝皮书、社会蓝皮书等。"皮书系列"图书的注册商标专用权及封面设计、版式设计的著作权均为社会科学文献出版社所有。未经社会科学文献出版社书面授权许可，任何使用与"皮书系列"图书注册商标、封面设计、版式设计相同或者近似的文字、图形或其组合的行为均系侵权行为。

经作者授权，本书的专有出版权及信息网络传播权等为社会科学文献出版社享有。未经社会科学文献出版社书面授权许可，任何就本书内容的复制、发行或以数字形式进行网络传播的行为均系侵权行为。

社会科学文献出版社将通过法律途径追究上述侵权行为的法律责任，维护自身合法权益。

欢迎社会各界人士对侵犯社会科学文献出版社上述权利的侵权行为进行举报。电话：010-59367121，电子邮箱：fawubu@ssap.cn。

社会科学文献出版社